NADINE PUNGS

# DAS VERLORENE KOPFTUCH

NADINE PUNGS

# DAS VERLORENE KOPFTUCH

*Wie der Iran mein Herz berührte*

Mit 60 farbigen Abbildungen
und einer Karte

MALIK

*Mehr über unsere Autoren und Bücher:*
*www.malik.de*



FSC
www.fsc.org
MIX
Papier aus verantwortungsvollen Quellen
FSC® C083411

ISBN 978-3-89029-494-0

Bildteilfotos: Nadine Pungs
Karte: Marlise Kunkel, München
Satz: Satz für Satz, Wangen im Allgäu
Litho: Lorenz & Zeller, Inning am Ammersee
Druck und Bindung: CPI books GmbH, Leck
Printed in Germany

*Für S.*

*We don’t need no education.*
*We don’t need no thought control.*

Pink Floyd

# TEHERAN

## Das Ende

»Und? Was denken Sie über mein Land?«

Ich schaue aus dem Fenster, über Teheran legt sich die Nacht. Stahl und Beton ziehen an mir vorüber, Lichterketten blinken, und von den Fassaden glotzen die bärtigen Ayatollahs auf mich herab. Der Taxifahrer hat die Musik leiser gedreht, lächelt in den Rückspiegel.

Was denke ich über den Iran? Jetzt im Ausklang, zum Schluss? Eine Frage, die mir in den letzten Wochen unzählige Male gestellt wurde mit den immer gleichen erwartungsfrohen Augen. Ich möchte ihm antworten und kann es nicht. Die Worte haften am Gaumen, lassen sich nicht sprechen. Was denke ich über den Iran? Über dieses Land, das mich verwirrt und das keine schlichte Antwort zulässt? Es gibt so viel, was ich sagen könnte.

Ich könnte ihm sagen, dass mich der Iran wütend macht. Dass ich die letzten 37 Jahre nicht verstehe. Dass ich die Islamische Revolution nicht verstehen will. Mit all ihrem Zorn auf Körper und Freiheit. Ich verstehe nicht, warum die Revolutionsgardisten damals Frauen auf der Straße in Stücke schlugen, nur weil das Kopftuch eine Haarlocke preisgab. Ich verstehe nicht, warum die Sittenpolizei den Mädchen ihren Lippenstift mit einem Messer vom Mund kratzte. Ich könnte ihm sagen, dass ich das Regime verachte. Dass ich niemals akzeptieren werde, wie es seine Einwohner verletzt. Immer noch. Wie es in Gottes Namen straft und schlachtet. Wie es seine Kinder frisst und auskotzt.

Ich könnte ihm sagen, dass die Iranerinnen schön sind. Doch vielleicht weiß er das bereits. Persische Männer verehren ihre Frauen. Aber die staatlich verordnete Verschleierungspflicht bleibt. Die Manteaus werden jedoch enger, und das Kopftuch rutscht nach hinten. Einzig der Haarknoten im Nacken hält das Stück Stoff. Ein religiöses Possenspiel. Auch das Rouge auf den Wangen und die operierten Nasen sind unislamisch und trotzdem da. Wenn nur noch ein Schnipsel Haut zu sehen ist, so soll er leuchten.

Ich könnte sagen, dass dies die Anekdoten sind, die Reisende über den Iran erzählen. Jedes Mal. Vielleicht, weil das Erscheinungsbild der Frauen die erste Widersprüchlichkeit ist, die ihnen ins Auge springt. Auch mir. Dabei ist im Iran alles widersprüchlich.

Ich könnte ihm sagen, dass ich Menschen traf, die das Regime hassen. Und andere, die mir Bilder der Ayatollahs auf ihrem Smartphone zeigten und dabei jubelten. Ich könnte sagen, dass ich Angst hatte, in sein Land zu reisen, und wie lächerlich ich mich aufführte. Wie ich mich die ersten 102 Minuten im Gottesstaat fürchtete, auf der »Achse des Bösen«. In einem Taxi, so wie diesem. Wie ich auf meiner Unterlippe herumkaute und mich von meinen Klischees einwickeln ließ. In mir waberte das Gefühl einer Bedrohung, einer Angst, so milchig wie die Dunstwolken über Teheran.

Doch nichts bedrohte mich. Gar nichts. Keine Pistole an meinem Kopf, kein hässliches Wort, keine Gefahr. Ich saß nur in einem Taxi und ließ die Stadt vorbeirauschen. Nichts weiter.

Ich könnte sagen, dass ich dumm war. Trotz all der Geschichtsbücher, all der Zeitungsartikel und all der Dokumentationen, die ich zuvor über Persien verschlungen hatte, war ich stockdumm. Ständig ploppten grimmgraue Bilder wie Internetwerbung in mir auf. Immer wieder sah ich Mullahs mit Zottelbärten, die ihre Fäuste in die Luft reckten, Frauen in schwarzen Tüchern spuckten auf brennende US-Flaggen. Szenen, die ich aus unseren Nachrichten kannte oder aus Spielfilmen. Sie schlichen in meinen Kopf, sickerten hinein, verklebten meine Synapsen.

Ich könnte sagen, dass ich nichts begriffen hatte. Ich dachte, es gebe zwei Seiten: die Regimeanhänger und die Regimegegner. Die

Betenden und die Feiernden. Eine fromme Frau werde niemals ihren Kussmund auf Instagram posten. Ein Student, der vom Westen träume, könne Khomeini nicht verehren. So dachte ich. Ich dachte falsch.

Ich wusste nicht, wie geschmeidig sich die Iraner durch ihr System bewegen und wie jede Situation eine neue Anpassung erfordert. Dass Freiheit ohne Lüge nicht möglich ist. Und dass die heruntergleitenden Kopftücher nur Schablonen sind, nur meine westliche Vorstellung von Selbstbestimmung. Ich war zu naiv, um die tiefe Zerrissenheit im Land zu erahnen. Nicht zerrissen in Schwarz oder Weiß. Das wäre ja kinderleicht. Nein, da sind nicht nur zwei – da sind Myriaden von Seiten. Und durch all die Risse kommt das Licht hinein.

Habe ich nach dreißig Tagen überhaupt irgendetwas verstanden? Obwohl ich am Leben der Menschen teilnahm? Obwohl ich sie nach ihrer Freiheit fragte? Nach ihren Lügen und ihren Innigkeiten? Was weiß ich schon.

Ich könnte ihm sagen, dass es für mich als Europäerin schwierig war, wenn ich begafft und bedrängt wurde. Dass ich mich oft verloren fühlte, doch selten verloren ging. Ich könnte ihm sagen, dass es für mich als Europäerin leicht war, denn die Iraner zeigten mir den Weg. Wie das Mütterchen, das mich durch die Stadt zu einer Sehenswürdigkeit führte und meinetwegen seinen Bus verpasste. Wie der Mann, der mich auf dem Motorrad mitnahm und zum Ziel fuhr. Oder die Frau, die mit zehn Taxifahrern den besten Preis für mich aushandelte. Die vielen Gesichter, die mich anlächelten und auf einen Chai einluden. Fremde Menschen, die ihre Herzen bedingungslos verschenkten.

Ich könnte sagen, dass ich mich in den Iran verliebt habe. In die Einwohner, in die Landschaft. In die Poesie, die nach schwerem Jasmin duftet. Und wie ich Wüstensand im Haar trug oder unter den Nägeln.

Ich könnte sagen, wie sehr ich die Farbe von Safran mag, wenn er als gelbe Haube den Reis bedeckt, und dass die Straßen nach Qualm und Orangenblüten rochen. Süße Marihuanawolken umhingen uns auf Partys. Und der Geschmack von Hundeschweiß klebte auf unseren Zungen. So nennen sie ihren Rosinenschnaps. Ich könnte ihm sagen, dass wir auf Dächern tanzten und Schweiß tranken. Über Verbote könnte ich sprechen. Verbote, die ich brach.

Ach, die vielen Brüche. Die Knackse. Die zerschlagenen Löwenköpfe. Smog und Schnee. Schönheit, die nur sichtbar wird durch das Gegenteil.

Ich könnte ihm von tiefbraunen Augen erzählen. Von Kourosh und seinen Lachfalten. Meiner Hand in seiner.

Ich könnte sagen, dass sich meine schwarz-weißen Vorstellungen in tausendundeine Graustufe aufgelöst haben. Und wie mich der Iran berührt. Wie er Seele und Kopf und alles anfasst. Ich könnte ihm antworten, dass mein Herz randvoll ist mit Persien.

Aber ich tue es nicht. Ich kann die Worte nicht greifen, in keiner Sprache. So lüge ich und sage doch die Wahrheit: »Iran khube.« Der Iran ist gut.

Und der Taxifahrer lächelt.

## Der Anfang

*Vier Wochen zuvor. Nachts in Teheran.*

Ich habe Angst. Seit 102 Minuten.

Der Mann schaut auf den Zettel, liest die Adresse, wendet das Auto, diskutiert durch das heruntergekurbelte Fenster mit anderen Taxifahrern. Teheran wuchert. Wir müssen in den Norden, dorthin, wo die reichen Iraner wohnen. Das ist alles, was ich weiß. Er dreht sich zu mir um, deutet auf das Gekritzel, runzelt die Stirn und stellt scheinbar eine bedeutende Frage.

»Farsi balad nistam«, ich spreche kein Farsi, das ist der erste persische Satz, den ich im Iran aufsage. Ich habe ihn auswendig gelernt.

Wir rollen in einen Kreisverkehr, es blinken Lichterketten in Grün und Rot. Die »Achse des Bösen« leuchtet mir entgegen.

Am 29. Januar 2002 sprach der damalige US-Präsident George W. Bush das erste Mal von der »Axis of Evil« in seiner Rede zur Lage der Nation. Angelehnt ist der Terminus an die einstige Verbindung zwischen Deutschland, Italien und Japan im Zweiten Weltkrieg. In seiner Ansprache beschuldigte Bush den Iran, Irak und Nordkorea, Terrorismus zu fördern und Massenvernichtungswaffen zu entwickeln. Amerika sei bedroht. Es gab jedoch nie eine Achse, denn Iran, Irak und Nordkorea pflegten keine Allianz. Und obwohl mittlerweile Atomdeals geschlossen und Sanktionen aufgehoben werden, hat sich diese leidige Bezeichnung in den westlichen Köpfen festgezeckt. Auch in meinem.

Aus dem Taxi heraus erspähe ich nichts Böses. Im Radio läuft ein persischer Popsong, der Blick in die Nacht offenbart keine Abgründe. Nur Saipas und Peugeots auf einer sechsspurigen Autobahn.

Der Flug war ebenfalls unbedrohlich. Ein Mann rollte mitten im Gang seinen Gebetsteppich aus, ein Mädchen übergab sich nach dem Abendessen in die Spucktüte, jemand rauchte heimlich auf der Toilette, und die alte Dame neben mir schaute einen James-Bond-Film. Die restlichen Passagiere tranken sich durch das Alkoholsortiment.

Kurz vor dem Landeanflug folgende Durchsage: »Bitte stellen Sie Ihre Rückenlehne senkrecht, schließen Sie den Gurt, und legen Sie Ihre Kopftücher an.« *Welcome to Iran.* Ab jetzt werde ich Schleier tragen. Ständig und überall. Außer in meiner Unterkunft. Doch sobald es klopft, müssen meine Haare verhüllt sein, und meine Arme bedeckt. Die weiblichen Kurven verwischt ein Mantel oder ein weites Hemd, das bis zum Oberschenkel reicht. Dazu eine Hose, die lang genug ist, um die Knöchel zu verbergen. Nackte Füße in Sandaletten sind von Staatsseite aus unerwünscht.

Bis auf die Kopftuchträgerinnen unterschied sich der Teheraner Airport nicht von anderen Flughäfen dieser Welt. Vor der Passkontrolle warteten eine Handvoll Ausländer, müde Familien und Iranerinnen mit großen Tüten von Victoria's Secret. Für Irritation sorgten fünf Frauen in schwarzen Tschadors, die in Rollstühlen angesaust kamen. Sie alle heulten und warfen ihre Köpfe in die Hände.

Die Menge teilte sich wie das Wasser vor Moses, und die fünf flitzten durch. Guter Trick.

Gastfreundlich und großherzig seien die Iraner, so berichten Wiederkömmlinge. Und – welch Überraschung – die Frauen hier seien sogar selbstbewusst und gebildet. Da staunt so mancher Westler. Verbindet er mit dem Iran doch eher Atomraketen. Persien jedoch, das zaubert eine Verklärung ins Gesicht. Da fliegen nicht Raketen, sondern Teppiche. In Persien berauschen die Gärten, die Mosaike, die Basare. Aber ist diese Darstellung nicht auch nur Klischee? Die netten Perser, die Herzlichkeit? Gibt es nichts zwischen Morgenland-Nostalgie und finsterer Mullah-Hegemonie? Sind Idealisierung und Dämonisierung nicht zwei Seiten derselben Medaille?

Eine Stunde sitze ich jetzt schon im Taxi. Vor zweieinhalb Minuten wechselte der Fahrer die CD, und nun dröhnt deutscher Achtzigerjahre-Pop aus den Boxen. Vermutlich meint es der Mann gut mit mir. Ich sage nichts, begaffe nur still die überdimensionalen Köpfe der beiden Ayatollahs, die an einer Häuserwand prangen. Zwei Greise mit weißen Bärten und schwarzen Turbanen. Khamenei lächelt, Khomeini schaut düster in die Welt. 1989 starb der Imam. Seitdem ist Ali Khamenei der Revolutionsführer und lenkt den Staat. Als Junge liebte er Romane, las ich neulich in einer Zeitung. Leo Tolstoi, Michail Scholochow, Honoré de Balzac. Victor Hugos *Les Misérables* bezeichnete er gar als Wunderwerk der Literatur. Üblicherweise äußert sich Khamenei nicht so wohlwollend über die westliche Kultur.

Der Taxifahrer dreht die Musik noch lauter und lächelt mich im Rückspiegel an. Mich rührt sein Bemühen, mir eine Freude zu machen. Wahrscheinlich hat er meine Anspannung bemerkt und möchte mich beruhigen. Und vielleicht hat er recht? Vielleicht droht mir ja gar keine Gefahr. Vielleicht wird die Reise sogar schön. Ein Mutanfall?

Monatelang fieberte ich dem Aufbruch entgegen. Ich las Wäschekörbe voll Bücher, kaufte Hemden, stand vor dem Spiegel und wickelte mir einen Schal um den Kopf. Ich lernte ein paar Brocken Farsi, ließ mir Koransuren erklären und hörte persische Musik. Mir ist bang, aber ich will hier sein. Tausendundeinmal ja. Ich will mich umschauen, möchte die Wunder bestaunen, von denen berichtet wird. Ich möchte Menschen treffen und mit ihnen über ihre Träume sprechen, über ihre Sehnsüchte. Ich möchte verstehen, inwiefern die Bevölkerung ihre Regierung unterstützt. Wenn überhaupt. Gibt es einen Konsens, oder muss zwischen Oben und Unten unterschieden werden? Zwischen Drinnen und Draußen? Was ist hinter dem Schleier?

Himmel, schon der letzte Satz klingt gräulich und ausgelutscht. Glaubt nicht jeder zu wissen, wie es »hinter dem Schleier« aussieht? Weiß denn nicht jeder von Partys, Drogen und feiernden Jugendlichen in der Islamischen Republik? Reicht da nicht eine vermeintlich investigative Reportage des *Galileo*-Magazins über Regelverstöße im Mullah-Land? Alles schon gesehen? Alles schon gewusst?

Gewiss, das ist für manche Leute keine Neuigkeit. Aber ist sie deshalb weniger spannend? Weniger verwirrend? So darf man doch nicht vergessen, was ein Leben »hinter dem Schleier« für Konsequenzen haben kann.

Der Iran ist ein Land, in dem die Scharia herrscht, ausgeformt durch das Strafgesetz der Islamischen Republik Iran. Ein Land, in dem Frauen nur halb so viel wert sind wie Männer. Für uns alltägliche Dinge können im Gottesstaat Peitschenhiebe bedeuten oder zumindest eine Geldbuße. Manchmal baumeln die Sündigen am Strick. Es ist verboten, Alkohol zu trinken, unverschleiert über die Straße zu laufen und zu lieben, wen man möchte. Nur verheirateten Paaren ist Lust erlaubt. Das iranische Strafgesetzbuch sah 2015 immer noch die Steinigung als Hinrichtungsmethode für Ehebruch vor. Und das im 21. Jahrhundert! Mindestens zwei Personen verurteilte ein Gericht dazu. Es existieren allerdings keine Berichte, ob die Urteile tatsächlich vollstreckt worden sind. Gelebte Homosexualität und Apostasie stehen ebenfalls unter Todesstrafe. Die Anklagen für Glaubensabfall bleiben bewusst vage formuliert, wie »Feindschaft zu Gott« und »Hochverrat am Staat«. Das ist Totalitarismus. Das ist Diktatur. Viele Perser leiden unter der Staatsgewalt. Einige flüchten. Die Angst treibt sie. Tausendundeine Angst.

Auch das meint jeder zu wissen. Aber sind diese Ereignisse folglich weniger skandalös? Sollten sie deshalb nicht mehr angeprangert werden? Insbesondere, da der Iran sich derzeit öffnet?

Die Nacht vor der Abreise durchwachte ich und grübelte, weil die Sorgen wie ein Gewitter durch mein Hirn tobten. Ist es überhaupt richtig, in solch restriktive Regime zu reisen? Kann ich damit leben, mich verschleiern zu müssen? Und das Patriarchat am Leib zu tragen? Sind Ferien auf der »Achse des Bösen« moralisch vertretbar? Oder gerade deswegen? Vielleicht ist es meine Pflicht, die Welt zu begreifen? Es zumindest zu versuchen? Um eben nicht in das bornierte Geplapper über Muslime oder den Mittleren Osten mit einzustimmen und flachköpfige Kommentare auf Facebook abzulaichen.

Doch was sind schon vier Wochen, um ein Land zu verstehen? Selbst nach zwölf Monaten könnte ich mir nicht anmaßen, irgendetwas durchschaut zu haben. Ich bin keine Iranerin, und ich lebe nicht im Iran. Ich schreibe nur nieder, was ich erfahre, was ich sehe und was ich fühle. Mehr kann ich nicht wissen.

Nach eineinhalb Stunden erreichen wir endlich meine Unterkunft. Ein Hochhaus in einer Seitenstraße. Der Taxifahrer atmet durch, er trägt meinen Rucksack vor das Messingtor und schaut zu, wie ich die vielen Geldscheine sortiere und von Rial in Toman umrechne. Toman ist keine offizielle Währung, nur eine Bezeichnung, denn die Iraner streichen prinzipiell eine Null weg, um den Überblick über die riesigen Summen zu behalten. Aus 700 000 Rial werden folglich 70 000 Toman. Der eigentliche Rial-Betrag wird fast nie genannt. Ich bin verwirrt. In der Dunkelheit kann ich zudem die fremden Banknoten nicht voneinander unterscheiden.

Ich überlege, zähle, überlege, zähle, beginne von vorn. Bis der ganze Vorgang in meinem Oberstübchen um vier Uhr morgens endlich abgeschlossen ist, hat der Taxifahrer bereits ein Bündel aus meiner Hand genommen. Er wartet noch, bis mir der Concierge das Tor öffnet, und kurvt dann in die sterbende Nacht zurück. Beschallt von Dieter Bohlen und Thomas Anders. Ihre Musik war bisher das Schlimmste, was mir auf der »Achse des Bösen« widerfahren ist.

## Katze im Sack

Neun Uhr. Es fehlen Vorhänge, und die Morgensonne durchflutet das Appartement. Iran. Ich bin tatsächlich im Iran.

In Deutschland verlief die Suche nach einem günstigen Hotel erfolglos. Entweder waren die Internetseiten auf Persisch, oder sie verschwanden nach einer Woche wieder aus dem Netz. Und wenn sich endlich eine englischsprachige Homepage auftat, antwortete niemand auf meine Mailanfrage. Geld für ein teures Businesshotel habe ich nicht. Obendrein schleppe ich meine gesamte Reisekasse in kleinen Scheinen mit und kann nicht abschätzen, ob das Ersparte reicht. 1500 Euro sind in verschiedenen Fächern des Rucksacks versteckt. Das ist alles, was ich besitze. Geldautomaten gibt es für mich nicht.

Obwohl der Westen die Sanktionen, die er einst aufgrund der iranischen Atompolitik verhängte, aufgehoben hat, zögern die Geldhäuser immer noch. Der internationale Datenverkehr zwischen dem SWIFT-Bankensystem und der Islamischen Republik ist seit 2012 blockiert. Kein Zahlungsaustausch möglich. Irans Außenhandel brach daraufhin ein. Da SWIFT unerlässlich ist, damit sich Geldinstitute weltumfassend vernetzen, kann ohne das System keine Verbindung zu den Kreditanstalten im Gottesstaat hergestellt werden. Die Großbanken misstrauen dabei allerdings (auch) den USA. Das amerikanische Außenministerium droht mit Strafen, sollten sie mit der Islamischen Republik Geschäfte machen. Und immer noch fehlt internationalen Geldinstituten das Vertrauen in die politische Führung des Iran. Die Hardliner im Land stemmen sich gegen die wirtschaftliche Öffnung und stiften Unfrieden. Und angesichts der beharrlich geschürten Feindschaft zu den USA und Israel ist Vertrauen sowieso kaum zu erwarten.

Das Appartement ist modern, unbewohnt und thront hoch oben im zwölften Stockwerk. Ausgestattet mit Möbeln aus Eichenholz und karamellfarbenen Ledersofas, wartet es auf Mieter. Solange es keine gibt, wohnen gelegentlich Gäste hier. So wie ich jetzt. Die Böden sind aus Marmor, die Tische aus Glas, in der offenen Küche ist der Kühlschrank prall gefüllt mit Käse, Schokolade, Obst und der persischen Cola Zamzam. Dass ungesunde Softgetränke hier den gleichen Namen tragen wie der göttliche Brunnen in Mekka, ist komisch. Dem Wasser der Zamzam-Quelle werden heilende Kräfte nachgesagt. Frisch aus dem Paradies. Wenn das kein Grund ist, ab sofort Limonade zu trinken.

Auf dem Küchentisch liegt ein Zettel: »Welcome to Iran«. Ich öffne das Fenster und schaue auf den Milad Tower, den höchsten Turm des Landes und den sechsthöchsten Fernsehturm der Welt. Es riecht nach Sonne und Abgasen. Mein Blick schweift über Straßen, Autos und Motorroller. Lärm, Brausen. Reklameschilder blinken, Fenster spiegeln sich im Licht. Ein Lastwagen knattert irgendwo, jemand hupt. In der Ferne schwenken Baukräne ihre Hälse hin und her wie Giraffen. Eine Moschee ist eingeklemmt zwischen Hochhäusern. Dahinter türmt sich das schneebedeckte Elburs-Gebirge auf, das die Stadt wie eine Steilküste begrenzt. Aus den Wolken schält sich der »frostige Berg«, der Damavand. Ein ruhender Vulkan mit 5671 Metern. Höher geht's nicht im Iran.

Wie viele Menschen leben in Teheran? Dreizehn, vierzehn, sechzehn Millionen? Eine Megalopolis, ein Moloch, der täglich wächst. »Teheran« – das Wort klingt immer noch so fern.

Nachdem ich die Hotelsuche kurz vor der Abreise aufgegeben hatte, schlug das Glück zu. Eine ehemalige Klassenkameradin bot mir ihre Hilfe an und stellte einen Kontakt nach Teheran her. Wie dankbar ich ihr bin, denn irgendwann kam Omid ins Spiel. Ich kenne Omid nicht. Ebenso wenig seine Frau Yasemin und auch nicht die beiden Kinder Yara und Bijan. Und sie kennen mich nicht. Ich bin für sie die Katze im Sack. Und sie sind es für mich. Dennoch stand für die »Omids« unverrückbar fest: Das Mädchen reist durch den Iran? Allein? Wir kümmern uns! Das Appartement gehört der Verwandtschaft, und ich darf so lange bleiben, wie es mir gefällt. Kostenlos und einfach so. Die berühmte persische Gastfreundschaft. Es gibt sie! Ich bin schon jetzt über alle Maßen beschenkt. Und aufgeregt. In einer halben Stunde besucht mich Omid mit seinen Kindern.

Ich räume meine Hemden in den Rucksack, stelle die Schuhe in den Flur, tusche die Wimpern und überlege, ob ich ein Kopftuch überziehen soll. Konservativ erscheint hier nichts, aber ich habe die Spielregeln in diesem Land noch nicht verstanden. Was ist erlaubt?

Stehen fremde Herren vor der Tür, wie der Pizzabote oder ein Nachbar, müsste ich mein Haar bedecken. Und bei Omid?

Es klingelt. Das Tuch hängt über dem Küchenstuhl. Ist es unhöflich, es nicht zu tragen? Oder albern, es anzulegen? Wie kann eine so simple Frage derlei Ratlosigkeit auslösen?

Ich erinnere mich an einen Artikel, den ich vor Wochen gelesen hatte. Über iranische Türen. Damit die Damen des Hauses unterscheiden konnten, ob ein Mann oder eine Frau um Einlass bat, verfügten die alten Exemplare über zwei verschiedene Klopfer. Einen Eisenstab für Männlein und einen Ring für Weiblein. Der Stab knallte dumpf auf das Holz. Ein Tiefton. Der Ring klang wie ein Sopran. So wussten die Bewohnerinnen flugs, ob der Gast männlich war und ob sie sich verhüllen mussten. Keine Ratlosigkeit, kein Zögern. Geklopft, gewusst.

Es klingelt ein zweites Mal. Ich greife mir das Tuch vom Stuhl und wickele es um meinen Kopf. Lieber albern als unhöflich. Ich öffne. Omid, Yara und Bijan stehen aufgereiht im Flur und strahlen mich an. »Hello, nice to meet you!« Omid kommt auf mich zu und küsst mich auf die Wange.

Ginge es nach den Mullahs, dürften sich Männer und Frauen gar nicht berühren. In der Öffentlichkeit halten sich alle brav an die Regel, falls irgendwo verstockte Moralapostel lauern. Privat küsst jeder jeden. Jetzt der Haken: Im Iran küsst man sich dreimal auf die Wange, nicht zweimal. Das erfahre ich allerdings erst, als ich das Gesicht bereits zurückgezogen habe und Omid verloren in die Luft bützt. Wie peinlich. Da mag man noch so viele Bücher über Persien lesen, über Schia, Schah und Sassaniden – diese essenzielle Information, die solche Fettnäpfchen hätte verhindern können, bleibt in der Literatur unerwähnt.

Ich bitte die drei herein, niemand zieht die Schuhe aus. Omid hat neugierige Kinderaugen und grinst im Kreis. »Bist du gut angekommen? Wie teuer war das Taxi? Weshalb reist du allein? Was machst du heute?«, legt er los. Ich antworte, so gut ich kann, und Omid nickt dazu.

Bijan deckt einen Teller und Besteck auf, Yara schmeißt den Teeboiler an und sucht nach einer Pfanne.

»Darf ich den Schal ablegen?«, frage ich.

»Aber natürlich!«, lacht der Familienvater.

Erleichtert ziehe ich mir das Tuch vom Kopf, und auch Yara hat sich mittlerweile entschleiert. Lange pechschwarze Locken fallen ihr über den Rücken. Die Sechzehnjährige ist eine Schönheit, und offensichtlich brät sie mir gerade Spiegeleier. Nur mir. Der Fremden. Für niemanden sonst ist aufgedeckt. Mir ist das unangenehm. Unverdiente Wärme auszuhalten bereitet mir Schwierigkeiten.

Der Tisch ist überladen mit Fladenbrot, Eiern, Käse, Tee, Zamzam, Joghurt und Keksen. Während ich kaue, schauen mich drei braune Augenpaare an, dann prasseln die nächsten Fragen auf mich ein: »Was möchtest du sehen? Wo willst du hin? Was zuerst? Was danach?«

Ich weiß es nicht. Treiben lassen. Das reicht. Yasemin ruft an und lädt mich heute, morgen (und immer) zum Essen ein, Yara will mir unbedingt Teheran zeigen und ihre Musiksammlung vorspielen, Omid erzählt von Museen und einer Gondelbahn, die auf den Hausberg Tochal hinaufschwebt. Nur der elfjährige Bijan versteht von all dem nichts. In der Schule lernt er erst seit ein paar Wochen Englisch.

»Du kannst auch schwimmen gehen, da ist ein Pool im Keller«, sagt Yara, »hast du einen Bikini dabei?«

Ein Bikini stand tatsächlich nicht auf meiner Packliste für den Iran.

»Du kannst meinen haben!«, schlägt sie vor. Ich betrachte das zierliche Mädchen, das zwei Köpfe kleiner und knapp zwanzig Jahre jünger ist als ich.

»Lass uns lieber in die Stadt fahren«, sage ich und lächle.

## Der geheime Freund

Wir brechen auf. Rasch die Kopftücher übergestreift, und schon stürzen wir uns ins orientalische Straßenchaos. Ich verstehe die Verkehrsregeln nicht. Rot wird weithin ignoriert, Zebrastreifen sowieso, Fußgänger werden angefahren und angehupt, zweispurige Straßen wachsen zu vierspurigen. Und dabei sei Teheran zurzeit menschenleer, meint Omid, während er einem SUV die Vorfahrt nimmt.

Es ist *Nouruz*, das iranische Neujahrsfest. Wir schreiben das Jahr 1395. Die meisten Geschäfte haben geschlossen, und die Hauptstädter nutzen die Gelegenheit, um aufs Land zu fahren. Hoffentlich lassen sie dort das Auto stehen. 2013 starben laut Weltgesundheitsorganisation im Iran rund 25 000 Menschen im Straßenverkehr. Zum Vergleich: Deutschland zählte bei ähnlicher Einwohnerzahl 3500 Unfalltote.

An einem Kreisel steigen Yara und ich aus. Omid und Bijan winken, fädeln sich zwischen Saipas und Peugeots ein und lassen sich von der Autoschlange schlucken.

Vor uns erhebt sich das Azadi-Monument, das Wahrzeichen des modernen Teheran. Der Turm, der wie ein zweibeiniger Atommeiler aussieht, wurde 1969 anlässlich des 2500-jährigen Jubiläums der persischen Monarchie errichtet. Damals trug er den Namen Shahyad-Turm – »Denkmal der Schahs«. Nach der Revolution wurde er in Burj-e Azadi umbenannt. *Azadi* bedeutet »Freiheit«. Wo die sich im Gottesstaat versteckt, gilt es noch herauszufinden.

»Salam.« Ein Jüngling mit Dreitagebart begrüßt uns und gibt Yara die Hand. Ein Klassenkamerad? Ein Nachbar? Kian heißt er, und er lächelt verlegen. Wir gehen zu dritt zum Eingang des Turms. Yara kichert, Kian kichert, und jetzt verstehe ich: Die beiden sind verliebt. Und Yara flüstert mir zu, dass Kian seit fünf Monaten ihr fester Freund sei. Ich staune.

Ist das erlaubt? »Nein«, sagt sie, »es ist geheim. Wenn uns die Sittenpolizei erwischt, gibt's Ärger.«

»Wissen deine Eltern davon?«

Yara grinst und nickt. Ich bin beruhigt. Eine ganz normale Familie mit einer ganz normalen Teenagerin und einer ganz normalen Jugendliebe. Nur der Staat, der ist nicht normal.

Wir betreten den Kassenbereich, und bevor ich meinen Geldbeutel zücken kann, hat Yara schon die Tickets bezahlt. So wird das den gesamten Nachmittag gehen, und jeglichen Protest meinerseits wiegelt sie ab. Lehrstunden in Gastlichkeit. Ich versuche, es auszuhalten.

Wir schlendern durch das Azadi-Museum und betrachten Keramiken, Bronzebecher und Stillleben, die im Funzellicht vor sich hin schlummern. Viel fesselnder als die verstaubten Exponate sind aber die beiden Liebenden. Kein Anschmiegen, keine Hände, die sich zufällig streifen, keine Komplimente. Doch ihre Augen verraten alles. Das Kichern, die roten Backen. Ganz rein, ganz unschuldig. Im Freiheitsturm entdecke ich die erste bescheidene Freiheit. Zwei himmelhübsche Jugendliche, die nicht verliebt sein dürfen und es dennoch sind. Das hatten die Revolutionäre bei der Umbenennung des Monuments gewiss nicht im Sinn. Wie schön!

Wieder draußen, laufen wir zum Teheraner Schauspielhaus. Yara interessiert sich für Architektur, Kian interessiert sich für Yara, und ich interessiere mich für iranisches Theater. Die einzige professionelle Bühne des Landes wurde in den 1960er-Jahren errichtet und ist ein Rundbau aus Säulen. Vor dem Festspielhaus hat sich eine Menschenmenge versammelt. Ein Mann brüllt ins Megafon. »Irgendwas mit der Regierung«, meint Yara und schenkt dem Schreihals keine Beachtung. Ich bin nicht so lässig und frage nach. »Die fordern irgendein Zeug. Keine Ahnung. Solchen Versammlungen muss man immer aus dem Weg gehen«, sagt sie, und Kian öffnet die Eingangstür. Ein Wachmann döst hinter der Theaterkasse. Yara spricht ihn an, lächelt, fragt, lächelt. Er gähnt, er nickt. »Wir dürfen«, freut sie sich, »normalerweise ist das Schauspielhaus jetzt geschlossen, doch wir können ein paar Minuten rein. Aber nur ins Foyer.« Der Aufpasser bleibt auf seinem Stuhl kleben und weist mit dem Finger in die Wandelhalle. Kronleuchter hängen herab, und durch die deckenhohen Fenster sprudelt Tageslicht. Wir gehen eine Runde, und ich feiere hier Premiere, leiste das erste Mal im Iran Ungehorsam. Denn ich muss die Bühne sehen – ich kann nicht anders –, und so öffne ich die Flügeltür zum Innenraum. »Nein, das ist verboten«, entgegnet Yara, doch da bin ich schon drin.

Der Saal erinnert an mondäne Zeiten, der Zuschauerraum ist umrahmt von roten Logensitzen, der Bühnenvorhang ist aus Samt. Theaterluft. Stille.

Das allererste Stück wurde 1973 aufgeführt. *Der Kirschgarten* von Anton Tschechow. Im Publikum saß Schah Mohammad Reza Pahlavi mit seiner Kaiserin Farah Diba – und nun schwirren Glitzerbilder durch meinen Kopf, ich fantasiere ausverkaufte Ränge, Champagnergläser, Abendkleider, ein lampenfiebriges Ensemble herbei. Damals noch ohne Schleier. Jetzt müssen die Schauspielerinnen verhüllt sein und dürfen die männlichen Kollegen nicht berühren. Eine staatliche Behörde prüft jedes Theaterstück vor der Premiere und streicht Passagen, die nicht islamkonform sind. Ich stelle mir eine Julia mit Kopftuch vor und eine Antigone im Tschador. Schränkt die Unfreiheit die Inszenierungen ein, oder fördert sie die Kreativität?

Kunst und Kultur haben einen hohen Stellenwert im Iran. Es gibt immer wieder Austauschprojekte mit anderen Häusern. Und so spielte Anfang 2016 die Berliner Schaubühne den *Hamlet* in Teheran. Zensiert. Uminszeniert. Keine Küsse, keine Nackten. Doch viele Zuschauer kannten das Stück des Regisseurs Thomas Ostermeier von YouTube. Die gestrichenen Szenen liefen in ihren Köpfen als Lichtspiel mit und entgingen jeder Zensur. Es gab stehende Ovationen.

Yara ist nervös. Ich schließe die Tür und zwinkere dem Mädchen zu. Niemand hat uns gesehen.

## Hier gehöre ich hin

Wir verlassen das Theater und machen Rast in einem angesagten Café. Backsteinwände, Bücherregale und Hipster mit Jutebeuteln. Hier tragen die Jungs die Holzfällerbärte aus modischen Gründen, nicht aus religiösen. In den Vitrinen werden keine Bronzebecher angestrahlt, sondern Cupcakes, und an den Tischen schlürfen Studentinnen ihren Latte macchiato mit Schokoherzen auf dem Schaum. Ein typisch europäisches Café, möchte man meinen. Die Perserinnen könnten auch Berlinerinnen oder Pariserinnen sein. Ihre Kleidung erinnert an westliche Großstadtmode, und das Kopftuch, das salopp übergeworfen wirkt, stört plötzlich nicht. Es fügt sich ein, schmiegt sich an. Mittlerweile ist es kein rebellischer Akt mehr, wenn junge Menschen die Grenzen der staatlichen Bekleidungsvorschriften ausloten. Es ist ebenso wenig politisch oder regimekritisch zu verstehen. Manchmal gewiss, aber oft ist es eher ein Spiel des Zeigens und Verbergens. Nicht aufreizend, doch die Ränder der Erotik streifend. Jeder Millimeter entblößte Frauenhaut bedeutet ein Stückchen mehr Selbstbestimmung. Was immer das bedeuten mag. Und umso weiter der Schleier nach hinten rutscht, umso toleranter scheint die derzeitige Regierung.

Ich lerne, dass Haarteile und Klammern, die den Hinterkopf voluminöser aussehen lassen, »totally bitchy« sind. Absolut tussig. So erklärt es mir Yara unmissverständlich. Viele Läden bieten solche Hilfsmittel zum Kauf, damit die Trägerin eine ausufernde Rapunzel-Haarpracht unter dem Tuch vorgaukeln kann. Das Gebilde gleicht dann der Kuppel einer Moschee. Die coolen *Hejabistas* üben sich dagegen im Understatement, sie brauchen keinen Schopf-

Push-up. Sie tragen die Haare gelöst oder als Zopf, der aus dem Schal herausfließt. Eine Lehrstunde in iranischer Nonchalance.

Übrigens unterliegen auch die Männer gewissen Regeln. Kurze Hosen sind unstatthaft. Und Krawatten zu westlich. Shorts sieht man tatsächlich nicht, Schlipse an jeder Ecke.

Wir trinken heißen Kakao und essen Honigkekse. »Das ist unser Lieblingscafé«, sagt Yara, und Kian nickt. Er spricht kein Englisch und ist auf Yaras Übersetzungen angewiesen. Noch dazu ist er schüchtern. Doch vernarrt ist er. Sein Blick löst sich nicht von ihrem Gesicht, und immer umspielt ein Lächeln seine Lippen, wenn Yara erzählt. Damit die Sittenpolizei die Verliebten nicht aufgreift, müssen sie allerhand Vorsichtsmaßnahmen ergreifen. Sogar ein Kinobesuch ist riskant. Deshalb treffen sie sich mit Freunden, verrät das Mädchen. In der Gruppe fallen sie nicht auf. Und sofern jemand fragt, ist Kian ihr Cousin.

»Und was passiert, wenn ihr doch erwischt werdet?«, frage ich.

»Dann ruft die Polizei unsere Eltern an. Aber bisher ging alles gut.«

Wie praktisch, dass ich heute die Gouvernante spiele und uns deshalb niemand verdächtigt. Clever, die Kleine.

Während die Turteltäubchen Fotos von sich und den Honigkeksen schießen, beobachte ich die Studentinnen, die sich wie Pariserinnen kleiden, und frage Yara, ob sie den Schleier gern trägt.

»Spinnst du?!«, entgegnet sie. »Ich hasse ihn. Alle meine Freundinnen hassen ihn.«

»Wenn du mit der Schule fertig bist, willst du dann das Land verlassen?«

Die Antwort folgt prompt: »Nein, niemals. Ich liebe den Iran, und ich liebe Teheran über alles. Das ist meine Heimat. Hier gehöre ich hin.«

Sie lächelt und nippt an ihrem Kakao. Ich glaube ihr jedes Wort.

Es dämmert. Wir bummeln durch das Viertel, und ich sauge Teheran in mich ein. Braungrauer Beton, Smog, Wohnblöcke und Asphalt. Kein Stil, keine Struktur. Faszinierend hässlich, aber abgesehen von der Luft, sauberer als so manche Großstadt in Europa. Kein Müll auf den Straßen, keine Hundehaufen auf den Gehsteigen. Der Rotz im Taschentuch ist trotzdem schwarz.

Wir stehen vor einer Buchhandlung mit bunten Schaufenstern. Im Iran sind die Straßen häufig wie Basare angeordnet. Jede Gasse ein Thema. Hier die Sportgeschäfte, dort die Juweliere, da hinten Schuhe. In dieser Straße verkaufen die Händler Bücher und Musik. In Shops oder auf dem Trottoir. Wir betreten den kleinen Laden, der bis zur Decke vollgepackt ist mit Schallplatten und CDs von Pink Floyd. Das ergibt durchaus Sinn, denn die berühmten Liedzeilen »We don't need no education. We don't need no thought control« beflügeln freiheitliche Ideen, verheißen Unabhängigkeit und sind in zahllose Herzen eingebrannt. Ich interpretiere den Satz in zwei Richtungen: Zum einen ist er eine klare Botschaft an das Regime, und zum anderen rät er ausländischen »Besatzungsmächten«, den Iran in Ruhe zu lassen.

Ein Regal weiter entdecke ich die Gesamtausgabe von Franz Kafka. Er gehört hier deshalb zu den meistgelesenen westlichen Schriftstellern, weil er in seinen Erzählungen von Willkür und Behördenapparaten schreibt. Das kennt man im Gottesstaat. Und manchmal nimmt der Bürokratiemumpitz sogar durchaus komische Züge an. Möchte beispielsweise jemand einen Reisepass beantragen, so wird er von Gebäude zu Gebäude, von Raum zu Raum, von Schalter zu Schalter, von Beamtem zu Beamtem geschickt. Wie Asterix, als er versucht, den »Passierschein A38« zu ergattern. Ein Land, das Verrückte macht.

Neben Kafka stapeln sich Kunstbände, in denen Gemälde der Renaissance abgebildet sind. Ich blättere in einem Wälzer und bin bestürzt. Urplötzlich. Zwischen Kafka und Pink Floyd schlagen die Mullahs zu, und ich erinnere mich wieder, dass ich nicht in Berlin oder Paris bin. Und auch nicht in einem Asterix-Comic. Die Meisterwerke in dem Buch sind zensiert. Der *Raub der Europa* ist verschandelt, die halb nackte Königstochter trägt ein Kleid aus dicken schwarzen Balken, ihr Körper ist übermalt und verstümmelt. Die

Hintern der Putten sind ebenfalls geschwärzt. Entblößte Leiber verstoßen gegen islamische Gesetze, sogar auf Gemälden. Nur der Stier ist nicht überpinselt. Er schien den Zensoren sittlich genug und zeigt seine Muskeln.

Abends im Bett grüble ich. Warum fürchtet sich Religion vor Körperlichkeit? Warum wird ein gesamtes Volk wie ein unmündiges Kind behandelt? Was machen solche Verbote mit der Liebe? Wie lernen die jungen Iraner sexuelle Unbeschwertheit, wenn Lust und Nacktheit verteufelt werden? Erst Stunden später schlafe ich ein und träume von schwarzen Balken.

## Place of Evil

»Down with USA!« Eine Pistole in den amerikanischen Nationalfarben, Stacheldraht. »We will make America face a severe defeat!« Die Freiheitsstatue als Totenkopf, und Khomeini schreitet durch ein Blütenmeer.

Ich betrachte die beschmierten Mauern der ehemaligen US-Botschaft und bin ratlos.

Der 4. November 1979 ist ein kalter Wintertag, Wolken ziehen auf, und vor dem Gebäude protestieren wie so oft Studenten und verbrennen das Sternenbanner. Seit Monaten tobt eine Revolution. Schah Mohammad Reza Pahlavi floh zuvor schwer krebskrank in die USA, und Ayatollah Ruhollah Musavi Khomeini kehrte nach vierzehn Jahren aus dem Exil zurück. Am 1. April riefen die Aufrührer die Islamische Republik aus, und der Klerus ergriff die Macht.

Die Demonstranten vor der US-Botschaft fordern nun wie üblich die Auslieferung des Schahs. Plötzlich klettern einige über die Mauer, und dann geht alles Schlag auf Schlag. Ein paar Hundert Studenten stürmen das Haus und nehmen 66 amerikanische Diplomaten als Geiseln, unterstützt von Soldaten und den revolutionären Garden. Die Welt ist erschüttert. Was war geschehen?

Seit Jahrzehnten leidet die Bevölkerung unter der Tyrannei ihres Schahs Mohammad Reza Pahlavi, der zwar einerseits im Schweinsgalopp die Säkularisierung vorantreibt und sich für die Gleichberechtigung der Geschlechter einsetzt, andererseits jedoch ein Vasall der USA ist und im Luxus schwelgt. Sein Volk ist wütend. Grundlage so vieler Revolutionen. Darüber hinaus ließ schon sein Vater zu, dass sich Großbritannien noch immer an den iranischen Ölvorkommen bereichert. Als Anfang der Fünfzigerjahre der beliebte Premierminister Mohammad Mossadegh die Ölindustrie verstaatlicht und damit das Vereinigte Königreich erzürnt, sorgen die CIA und der britische Geheimdienst für dessen Sturz. Ohne diesen Putsch hätte es wahrscheinlich keine Islamische Revolution gegeben.

Doch nicht nur das schwarze Gold ist für den Westen interessant; die Marionette Pahlavi wird mit Geld und Waffen aufgerüstet als Bollwerk gegen den Kommunismus. Sein eigenes Volk hingegen unterdrückt er. Er führt zwar das Frauenwahlrecht und ein liberaleres Scheidungsrecht ein, aber jeglicher Widerstand wird von ihm bekämpft. Ebenso die Meinungsfreiheit. Hungerlöhne und soziale Verwahrlosung sind die Folge seiner Politik. Enorme Militärausgaben ruinieren die Staatsfinanzen; die Inflationsrate rast nach oben, und seine Gegner verschwinden für immer in dunklen Verliesen. Zeitgleich ereignet sich in Afghanistan eine Revolution, die zur Gründung einer neuen Republik führt. Das mag einige Menschen im Iran beflügelt haben. 1978 lässt Schah Pahlavi auf Demonstranten schießen.

Ich stehe vor der Botschaft und versuche, mir die verzweifelten Menschen vorzustellen. Wie sie sich in ihrer Bedrängnis hinter Ayatollah Khomeini scharen, der den Monarchen öffentlich kritisiert und seine Absetzung fordert. Und doch ist da die Freude auf Veränderung, auf Freiheit, die die Bevölkerung zusammenhält und jeden Tag Tausende Männer und Frauen auf die Straßen treibt.

Seit 1946 ruft Khomeini zum Sturz der Monarchie auf. »Das Leben eines Menschen im Iran ist weniger wert als das eines Hundes in

Amerika«, skandiert er. 1964 wird er ins Exil verbannt. Von dort aus sendet er weiterhin Botschaften an das iranische Volk. Er verlangt soziale Gerechtigkeit und die Rückbesinnung auf den Islam. Das Wort »Ayatollah« bedeutet »Zeichen Gottes«, und Khomeinis Anhängerschaft wächst. Die Schia, nach dem Sunnitentum die größte Strömung des Islam, wird wiederbelebt. Deshalb ist die »Islamische Revolution« korrekterweise eher eine »Schiitische Revolution«, denn sie betrifft nur den Iran. Linke, Konservative und Liberale sehen in dem Imam einen, der sie versteht. Einen, der den Sprachlosen endlich eine Stimme gibt. Der Journalist Peter Scholl-Latour bezeichnet die Islamische Revolution als eine Revolution von unten, eine Revolution der Entrechteten. Nicht zuletzt ist sie aber auch eine Revolution der Studenten. Dabei halten viele Revolutionäre genauso wenig von Demokratie und Menschenrechten wie der Schah selbst.

Ist das der Grund, warum Khomeinis antidemokratische, antimenschliche und antimoderne Ideen hingenommen werden? In seinem Manifest *Der islamische Staat* könnte jeder nachschlagen, dass der Ayatollah eine faschistoide Theokratie plant, die die Gesellschaft um Jahrhunderte zurückwerfen wird.

Ich gehe die Mauer entlang und fühle mich unbehaglich. Nicht nur wegen der radikalen Graffiti und Parolen, auch wegen der ständigen westlichen Einmischung in den Mittleren Osten. Wie Despoten aufgebaut und gehalten werden, damit die weißen Dickbäuche Benzin für ihren Mercedes tanken können. Wenn ein fundamentalistischer Geistlicher als einziger Rettungsanker angesehen wird, muss ein Volk tatsächlich entmutigt sein. Der Kabarettist Volker Pispers brachte es auf den Punkt: Wie viel Verzweiflung wäre wohl nötig, damit wir Deutsche uns hinter den Papst stellten, um unsere Regierung loszuwerden?

Schließlich flieht Pahlavi im Februar 1979 und nimmt seine Milliarden mit. »Ich bin müde und brauche eine Pause«, soll er gesagt haben. Wenige Monate später stirbt er an Krebs. Nach des Kaisers Flucht kehrt Imam Khomeini in seine Heimat zurück und wird von Tausenden Iranern begeistert empfangen. Er ruft die Islamische Republik aus.

Die USA zieht sich mittlerweile einen anderen schmucken Despoten heran, der praktischerweise gleich um die Ecke wohnt: Saddam Hussein. Denn ein islamischer Iran ist für den vermeintlich christlichen Westen das Reich des Bösen, regiert von Muselmännern. Da hilft nur die Berufung auf ein fassadäres Christentum – und wenn das nichts nützt, dann kommt eben Saddam ins Spiel. Der ist nur formell Muslim, und Ölquellen sind für ihn eh viel lukrativer als Koranschulen. Soll er das doch erledigen.

Aufgerüstet mit Waffen und Chemie durch Amerika und Europa, darunter übrigens auch Dutzende deutsche Firmen, marschiert er in den Iran ein. Ein achtjähriger Krieg beginnt. Das Giftgas riecht nach Äpfeln.

Die US-Geiseln verlieren für Khomeini derweil an Bedeutung und werden nach 444 Tagen Gefangenschaft und finanziellen Zugeständnissen auf freien Fuß gesetzt. Etliche sind traumatisiert, einige berichten von Folter.

Ich habe genug gesehen und verlasse die ehemalige Botschaft. Vorbei an Häuserwänden mit einem gebieterischen Khomeini und einem lächelnden Khamenei. Vorbei an den Bildern gefallener Kämpfer. Die Gesichter dieser oft noch blutjungen Männer hängen überall im Land.

Ein Auto hupt mich an. Ich stehe im Weg. Und leider habe ich die Orientierung verloren, irgendwo zwischen Botschaft und drei Kreuzungen. Straßennamen sind selten ausgeschrieben, und Teheran verwirrt mich. Ich überlege, ob alle Revolutionen dieselben Merkmale besitzen. Wird stets die eine Diktatur durch eine andere ersetzt? Wird Individualität jedes Mal unterdrückt und die erzwungene Gleichheit zur Staatsdoktrin?

Ich denke an die Französische und die Russische Revolution. Absolutisten weichen, Terrorregime folgen. »Die Sauberkeit der Revolution dauert höchstens vierzehn Tage«, sagte einst der Schriftsteller Jean Cocteau. Aber es gab auch den Unabhängigkeitskrieg in

Amerika oder die friedliche Wende, die das Ende der DDR einleitete. Und letztlich führten die düsteren Jahre der Französischen Revolution zur Freiheit. Warum wurde also aus dem Iran ein repressiver Gottesstaat?

Wahrscheinlich gab es keine Alternativen, und der Krieg stabilisierte das theokratische System. Die Mullahs schürten zudem den Hass auf den Westen. Ein Feindbild entstand, das die Menschen wie Kitt zusammenhielt. Zwar wehrten sich Teile der Bevölkerung gegen die neue Regierung, auch protestierten viele Frauen gegen die Einführung des *Hejab*, doch die Mehrheit war verunsichert und verängstigt, Bomben flogen auf die Hauptstadt. Die Iraner sorgten sich, und Khomeini baute währenddessen den Staat kolossal um. Eine Schreckensherrschaft begann, theologisch untermauert. Und vielleicht ist es am Ende leichter, sich gegen einen irdischen Schah aufzulehnen als gegen Gott?

Meine Gedanken reißen ab, denn ich werde um Haaresbreite umgelaufen. Ein Mann eilt aus einem Geschäft, in der Hand ein Jagdgewehr.

## Shoppingmeile

Er hockt sich hinter ein Auto, setzt das Schießeisen an und zielt. Ich haste aus der Schusslinie und sichte plötzlich noch einen Kerl mit Flinte und noch einen. Sie schauen durch den Sucher, sie visieren, sie diskutieren.

Was ist hier los? Wieder Revolution?

Die Antwort ist unspektakulär. Ich bin falsch abgebogen und in die Straße mit den Waffenläden geschlittert. Ausgerechnet. Das Leben beweist Komik. Ein Shop reiht sich an den nächsten wie Patronen in einem Magazin. Da Ferien sind, haben die Herren heute Auslauf, und der Waffeneinzelhandel ist wohlweislich nicht geschlossen. Irritierend, für den ahnungslosen Reisenden jedoch nicht unwitzig. Die Männer verhalten sich so wie ich, wenn ich in der Umkleidekabine eine neue Hose anprobiere. Sie überprüfen, ob alles »sitzt«.

Ich würde gern stehen bleiben und gaffen, aber ich traue mich nicht. Darf ich überhaupt hier sein? Ich sehe keine einzige Frau.

Am Straßenrand winke ich einem Taxi. Der Fahrer spricht kein Englisch, ich kaum Farsi, so wird es vier Wochen lang bleiben. Zum Nationalmuseum möchte ich. Wir sausen los.

Und jetzt folgt eine hinreißende Geschichte: Da das Viertel aufgrund von Bauarbeiten abgesperrt ist, parkt der Mann den Wagen und bringt mich. Zu Fuß. Eineinhalb Kilometer Entfernung, zwanzig Minuten laufen. Sogar bis zum Kassenbereich begleitet er mich und wartet, bis ich das Ticket gekauft und vorgezeigt habe und in den Hallen verschwunden bin.

Nach dem Museumsbesuch holt er mich wieder ab und chauffiert mich heim, ans andere Ende der Stadt. Der Preis ist gering. In Düsseldorf entspräche der Tarif einer zehnminütigen Taxifahrt. Ohne persönliche Betreuung. Eine Lehrstunde in Zuwendung.

Eine amüsante Randnotiz: Der Fahrer ist nicht nur goldig, sondern auch schusselig. Wir suchen meine Unterkunft. Ich entziffere die Nummern an den Häusern, er entziffert mit und schaut dabei leider nicht mehr auf die Straße. Rums. Die offene Tür eines parkenden Autos ist im Weg. Noch dran, aber zerbeult. Der Besitzer schimpft. Der Taxifahrer entschuldigt sich durch die heruntergekurbelte Scheibe, legt die Hand auf sein Herz – und der Autobesitzer verzeiht. Das war's. Wir rollen weiter.

Ich denke an Deutschland: Polizei, Versicherung, Streit, Werkstatt, Gericht, verlorene Lebenszeit. Hier reicht ein »Bebakhshid«, Sorry, und die Welt ist wieder heile.

## Nicht ohne Khamenei

»Ah, du hast den ›Place of Evil‹ gesehen«, lacht Yasemin, als ich von meinem Stadtbummel erzähle. Sie streicht sich die blonden Locken aus dem Gesicht und zündet sich eine Zigarette an. Wir sitzen in der Küche, durch die vorhanglosen Fenster schimmert der Sonnenuntergang. Omid sucht Gläser, Yara ist kichernd in ihr Smartphone vertieft, und Bijan knabbert Pistazien.

»Ja, ich habe mir die Graffiti angeschaut und über die Revolution nachgedacht. Aber ich verstehe sie noch nicht.«

Innerhalb von zehn Jahren errichtete Khomeini ein repressives System mit der Scharia als Rechtsgrundlage. Er ließ Kinos, Theater, Diskotheken und Bordelle schließen. Alkohol wurde verboten, Musik wurde verboten. Zwölftausend Menschen wurden allein in den ersten zwei Jahren hingerichtet. Die Situation der Frauen verschlechterte sich fulminant. Das Tragen des Hejab war von nun an Pflicht. Nach dem Vorbild der SA und der SS marschierten die Revolutionswächter, genannt *Pasdaran*, und die *Basidsch*-Miliz in den Anfangsjahren der Revolution durch die Städte und verprügelten jeden, der sich nicht an die Regeln hielt, verschleppten die Zweifler in die Folterkeller.

Das ist heute nicht mehr so. Trotzdem werden weiterhin Strafen verhängt, trotzdem ist da Gewalt, und das Regime verfügt über genügend Einheiten, um seine Bürger zu überwachen. Da gibt es neben Polizei und Soldaten noch die Cyberpolizei, die eben genannten paramilitärischen Basidsch-Milizen und die Sittenpolizei, auf Persisch *Ershad*. Zur Sittenpolizei gehören im Übrigen auch zahlreiche Frauen, die schwarz verschleiert durch die Straßen flattern und »Sünderinnen« aufspüren.

Wer beim Autofahren das Kopftuch abnimmt oder auf andere Weise die islamischen Kleidervorschriften missachtet, muss blechen. Einen bis einhundert Euro kostet der Verstoß. Je nach »Schwere des Falls«. Manchmal werden die Ungehorsamen mit aufs Revier genommen. Und manchmal werden sie eingekerkert.

Frauen sind gesetzlich stark benachteiligt. Eine halbe Portion. Denn vor Gericht zählt ihre Aussage nur halb so viel wie die eines Mannes. Eine Frau darf nur halb so viel erben wie ein Mann, sie darf nicht studieren oder arbeiten, wenn der Ehemann damit nicht einverstanden ist. Und sie darf manche Berufe gar nicht erst ausüben – wie Richterin. Im Falle einer Scheidung bekommen Frauen nicht das Sorgerecht für ihre Kinder, sofern diese älter als sieben Jahre sind. Möchte Yasemin verreisen, braucht sie die schriftliche Genehmigung ihres Gatten.

»Es ist oft nicht einfach, trotzdem leben wir so frei wie möglich«, sagt Omid, und Yasemin schaut ihn liebevoll an. Er holt eine Plastikflasche Eistee aus dem Kühlschrank und stellt drei Weingläser auf den Tisch.

»Aber wo ist die Freiheit?«, frage ich. »Und was denkt ihr über die Mullahs und die Regierung, die euch diese Regeln aufzwingen?«

Omid überlegt.

Khomeini ernannte sich zum Obersten Revolutionsführer auf Lebenszeit und schaltete das gesellschaftliche sowie politische Leben gleich. Religiöse Minderheiten wie die Baha'i werden bis heute unterdrückt. Wissenschaft und Kunst bluteten aus. Altpersische Denkmäler zerfielen. Der Gottesstaat isolierte sich. Zahlreiche Menschen flüchteten. Und tun es noch immer. Schätzungen zufolge flohen von 1979 bis 2016 zwischen vier und sechs Millionen Iraner in die ganze Welt.

1989 stirbt der Ayatollah, doch er bleibt eine Kultfigur, die an den nationalen Stolz gekoppelt ist (so sagte es Scholl-Latour) und die eine nahezu prophetische Aura umgibt. Warum das so ist, habe ich noch nicht verstanden. Sein Nachfolger Ali Khamenei lächelt zwar auf den Propagandabildern, ist aber nicht charismatisch genug, so vermute ich. Und er galt wohl deshalb lange Zeit als zweitrangig. Im Laufe der Jahre holte er jedoch auf und demonstriert seitdem täglich seine Macht. Es war der Reformerpräsident Mohammad Khatami, der einst sagte: »Alle neun Tage servierte man mir eine

Staatskrise. Präsidenten sind im Iran nicht mehr als Teeservierer.« Das repressive System scheint unter Khamenei also stabil. Seit bald drei Jahrzehnten hält er die göttlichen Zügel in der Hand – und auch alles andere. Wie die Streitkräfte, die Geheimdienste, die Justizbehörde, die staatliche TV- und Rundfunkanstalt und die Stiftungen. Um nur einen Teil seiner Machtbefugnisse zu nennen. Weder Präsident noch Parlament können mitreden. Ebenso besetzt Khamenei die wichtigsten Posten im Kabinett, im Innen-, Außen-, Verteidigungs- und Geheimdienstministerium. Ohne Khamenei läuft hier nichts.

»Ich hasse Khamenei!«, sagte mir einmal eine persische Freundin bei einem Bier in einem Düsseldorfer Café. In Deutschland kann man diesen Satz laut aussprechen, in der Islamischen Republik bedeutet er Schwierigkeiten. Dabei denken viele Menschen im Iran ähnlich. Zumindest in der Hauptstadt. Und auch wenn über die Revolutionsführer Khomeini und Khamenei nicht öffentlich gelästert wird, bekommen doch die kleinen Mullahs den Spott der Teheraner zu spüren. Ich erinnere mich an den Dokumentarfilm *Im Bazar der Geschlechter* aus dem Jahr 2011. Regisseurin Sudabeh Mortezai führte dem Zuschauer die lädierte Autorität der Geistlichen und das Selbstbewusstsein der Iranerinnen vor. Als ein Mullah in einem Restaurant zu Abend isst, machen sich einige Frauen am Nachbartisch über ihn lustig. Sie rauchen Wasserpfeife und reißen Witze über ihn, sprechen ihn sogar an. Der Mullah schaut auf seinen Teller, lächelt verkrampft und bittet schließlich die Kameraleute, nicht mehr zu filmen. Die Szene ist nicht gestellt, und ich hatte ein wenig Mitleid.

In den Dörfern sieht es häufig anders aus. Da genießen die Geistlichen noch Ansehen und besetzen eine wichtige Funktion als Seelsorger. Sie sind die weisen Männer, und das oft nicht zu Unrecht. Viele junge Leute allerdings haben nichts am Hut mit Turbanträgern. Vielleicht hat der religiöse Zwang zu einem Desinteresse an Religion geführt? Vielleicht ist die Islamische Republik schlecht für den Islam? Ich weiß es nicht.

Omid gießt sich einen Tropfen des kirschroten Eistees ins Glas, schwenkt und nimmt einen Schluck. »Der ist gut.« Er füllt die restlichen Gläser und offenbart: »Ich kann nicht viel mit den Mullahs anfangen, aber ich respektiere sie«, er reicht mir den Tee, »was wäre wohl ohne die Revolution aus dem Iran geworden? Khomeini liebte sein Land und wollte die Unabhängigkeit. Vielleicht wäre der Iran ohne ihn jetzt genauso zerstört wie der Irak. Es gibt immer mehrere Wahrheiten. Cheers!«

Der Eistee ist Rotwein und schmeckt süffig. Wie die meisten Iraner hat auch Omid einen Dealer. Kostet in Deutschland die Flasche zehn Euro, so zahlt man im Iran für die gleiche Pulle fast fünfzig Euro. Den Wein versteckt der Gewitzte in der Wäscheschublade, oder er füllt ihn in andere Behälter um und stellt ihn in den Kühlschrank. Iranische Mimikry. Hat funktioniert. Ich hielt den Saft in der Plastikflasche tatsächlich zwei Tage lang für Eistee und rührte ihn nicht an. Ich hasse Eistee!

## Nicht ohne mein Klischee

Ich erinnere mich noch an den Golfkrieg. An den zweiten. Ich erinnere mich an die Bilder im Fernsehen, an das Zischen der Raketen und dass sie wie Feuerwerkskörper am Nachthimmel leuchteten. Ich erinnere mich an Soldaten und Maschinenpistolen. An Kinder und Mütter, die in ihren ausgebombten Häusern standen. Verstaubt und verloren. Neun Jahre war ich damals alt, und ich schrieb meine Ängste ins Tagebuch. Der Iran hatte mit diesem Krieg nichts zu tun. Doch ich verstand die Unterschiede nicht, für mich war das ein großes Land da unten. Der ganze Nahe und Mittlere Osten war ein Land. Und immer war Krieg. Daran erinnere ich mich.

Ein paar Jahre später, vielleicht war ich elf, vielleicht war ich schon dreizehn, durchstöberte ich den Videoschrank meiner Eltern. Sie arbeiteten tagsüber, und so schaute ich mir nach der Schule oft Filme an. Mein Vater sammelte all die amerikanischen Streifen von *Terminator* bis *Flashdance*, legte Listen an und klebte Nummern auf die Hüllen. Ich fischte eine Kassette aus dem Regal. Das Cover war schwarz, und ein Augenpaar blickte unter dunklem Stoff hervor. Darunter in roten Buchstaben der Titel: *Nicht ohne meine Tochter*.

Ich schob die Kassette in den Videorekorder und sah, wie Betty Mahmoody zusammen mit ihrem persischen Ehemann und der kleinen Tochter in den Iran reiste, um die Verwandtschaft zu besuchen. Ich schaute zu, wie der Mann Betty einsperrte und schlug und wie sie schließlich mit ihrer Tochter durch wilde Berglandschaften fliehen musste. Und obwohl ich jung war und den Film schnell wieder vergaß, rieselten Schnipsel in mein Gedächtnis. So wie damals die Aufnahmen vom Golfkrieg. Von der Story blieb nicht der klischeehafte Haustyrann in Erinnerung oder seine stereotype, stets geifernde Sippschaft. Nein, was sich in mein Hirn festbiss, waren die Beklommenheit, das Ausgeliefertsein, die schwarzen Schleier und die Abbildung einer angeblich primitiven Kultur, die bedrohlich zu sein schien.

Kurz vor meiner Abreise, und genau dreißig Jahre nach Betty Mahmoodys Flucht, schaute ich den Streifen ein zweites Mal. Ich glaubte, ihn komplett verdrängt zu haben, und wusste nicht einmal mehr, ob die Handlung im Iran oder in Saudi-Arabien spielte. Mein Unterbewusstsein hatte nur die beklemmenden Gefühle abgespeichert, und nach wenigen Minuten war alles zurück.

Erst jetzt, erst hier, fällt mir auf, wie sehr mich dieser Film verdorben hat, wie sehr der reißerische Wälzer das Bild vom Iran im gesamten Westen versaut hat. Gegen das Buch ist die Verfilmung sogar noch harmlos. Wer ein paar der 540 Seiten bewusst liest, der wird Bettys unterschwelligen Fremdenhass spüren. Sicher, was die Frau durchleiden musste, war grauenhaft, doch letztendlich beschreibt sie nur die Tragik einer kleinbürgerlichen Familie, deren heile Welt zerbrach. Ein Schicksalsschinken. Was geht uns das an?

Das Problem liegt woanders, denn Betty Mahmoodys Darstellung der Iraner ist herabwürdigend und verletzend. Und falsch. Sie spricht von Unflat und Kakerlaken, von Menschen, die stinken und ihre Babys auf Perserteppiche pinkeln lassen. Alles sei schmutzig und verwahrlost, überall lauern Bösewichte. Das ist nicht nur unerträglich zu lesen, sondern auch eine schamlose Lüge einer latent rassistischen Hausfrau aus Michigan, deren Mädchenname kurioserweise Love lautet. Ihre glückliche Flucht aus dem grässlichen Land sei übrigens Gott zu verdanken. Wahrscheinlich ist damit nicht Allah gemeint.

Dieser ganze Blödsinn wäre nur halb so schlimm, hätte sie ihre Memoiren lediglich in ihr Tagebuch gekritzelt. Aber Betty Mahmoody beeinflusste mit ihrem Weltbestseller maßgeblich die antiiranische Propaganda der Neunzigerjahre. Das Buch verkaufte sich über acht Millionen Mal, wurde für den Pulitzer-Preis nominiert, und die Verfilmung mit Sally Field und Alfred Molina war ein Kassenschlager.

Verbessert hat sich der Ruf des Iran seitdem kaum. Präsident Mahmud Ahmadinedschad schraubte zudem kräftig am Schurkenstaat-Image mit. Doch selbst heute sind viele westliche Nachrichten, die Seriosität für sich in Anspruch nehmen, nicht objektiv genug. Die Vorstellung von grimmigen Mullahs, die mit Atomwaffen spielen und Parolen brüllen, bleibt im kollektiven Gedächtnis eingebrannt. Das mag geschehen, es reicht aber nicht aus, um achtzig Millionen Menschen stigmatisieren zu können.

Unseligerweise werden diese schablonenhaften Schimären, diese Karikaturen immer noch in US-amerikanischen Fernsehserien ausgeschlachtet. Zuletzt in *Homeland*. Ich mochte die Staffeln tatsächlich gern, denn die Story um die bipolare CIA-Agentin Carrie ist spannend erzählt und gut gespielt. Geheimdienste, Terrorismus und ein groteskes Porträt der Vereinigten Staaten. Aber auch hier bedient sich die Serie leider oft der alten Klischees von den bösen Muslimen. Und so wundert es nicht, dass Carrie in Teheran – wo sonst – die Hinrichtung ihres Geliebten mitansehen muss. Wie er am Strick zuckt neben einem riesigen Khomeini-Plakat und wie der Mob johlt. Heftige Szene. Dramaturgisch perfekt inszeniert, doch sie hinterlässt einen bitteren Nachgeschmack. Die Ironie: Während auf den Fernsehbildschirmen in amerikanischen Wohnzimmern grantige Iraner brüllen, setzen sich in Genf fast zeitgleich die beiden Länder zusammen und sprechen über ein Atomabkommen.

Dieser propagandistische Quatsch passiert natürlich gleichermaßen auf der anderen Seite. Dann sind die USA der »große Satan« und müssen bekämpft werden. Und flugs geht alles wieder von vorn los. Propaganda erzeugt Gegenpropaganda.

Mich ärgert zutiefst, dass der ganze Scheiß auch in meinem Kopf herumgeistert. Seit meinem neunten Lebensjahr. Man kommt da nicht raus, wenn man nicht reist.

## 1395

Die Sonne dringt kaum durch den blassen Himmel. Nieselregen trommelt auf die Erde, und Nebelschwaden hängen über Teheran. Mit Mütze und Schal steigen Omid und ich den Tochal hinauf. Der Hausberg der Stadt ist ein beliebtes Ausflugsziel, insbesondere an Nouruz. 3964 Meter misst er, doch wir bleiben auf 2000 Metern kleben. Das Wetter ist selbst für die Gondelbahn zu schlecht. »Schade«, meint Omid, »ich war schon oft auf dem Gipfel. Die Aussicht ist wunderschön.«

1395 also. Im persischen Kalender wird der Neujahrstag durch den astronomischen Frühlingsbeginn bestimmt. Wörtlich übersetzt, bedeutet Nouruz »Neuer Tag«. Und die islamische Zeitrechnung beginnt mit der Auswanderung des Propheten Mohammed von Mekka nach Medina – deshalb nicht 2016, sondern eben 1395. Nouruz selbst hat mit dem Propheten nichts zu tun und ist viel älter. Seit etwa 3000 Jahren wird mit bunten Kleidern und üppigem Essen dem Lenz entgegengefeiert. Das Nouruz-Fest entstand ursprünglich im iranischen Hochland als Übergangsritual und ist irgendwann auch in die Türkei, den Irak, nach Syrien und Zentralasien übergeschwappt. Sogar in Russland und auf dem Balkan feiern Menschen Nouruz. Insgesamt also rund 300 Millionen Erdbewohner. Im Iran schwingt zudem eine politische Bedeutung mit, denn der Klerus hält nicht viel von vorislamischen Bräuchen. Die Bevölkerung sieht das anders.

Zur Vorbereitung auf das Fest wird das Haus geputzt und man schmückt die Fensterbänke mit Blumentöpfen. So auch bei den Omids daheim. Als Zeichen für das Winterende werden Lagerfeuer angezündet, über die Jung und Alt springt. Das soll Kraft und Energie verleihen.

Wichtigster Bestandteil der Festlichkeit ist die Zubereitung des *Haft Sin*. Der »Sieben S«. Sieben Gegenstände werden benötigt, die allesamt mit dem persischen s beginnen müssen. Als da wären: *samanu* – eine süße Speise aus Weizenkeimen; *sib* – Apfel; *somagh* – ein saures Gewürz; *senjed* – Mehlbeeren; *sir* – Knoblauch; *sabze* – Weizensprossen; *serkeh* – Essig.

Zusammen mit einem Spiegel, einer Kerze und einem heiligen Buch werden die Gaben auf die geschmückten Tischtücher gestellt – als Zeichen für Glück, Liebe und Gesundheit. Wie bei uns der Weihnachtsbaum bleibt der Tisch eine Weile der Mittelpunkt iranischer Wohnungen. Auf den Neujahrstafeln stehen auch zigmillionen Wasserkrüge, in denen traurig dreinblickende Goldfische ihre Runden drehen. Sie symbolisieren »Fröhlichkeit«. Nach Nouruz schüttet man die Fröhlichen in Bäche oder Seen, wo sie sogleich von noch Fröhlicheren gefressen werden.

Heute ist der dreizehnte und letzte Tag, und böse Geister sollen die Häuser besuchen. Deswegen verbringen Familien die Zeit normalerweise in der freien Natur, bei Picknicks in Parks oder eben hier – hoch oben auf dem Tochal. Yasemin, Yara, Bijan und die meisten Teheraner sind allerdings daheimgeblieben. Lieber Geister als Kälte. Nur wenige Menschlein spazieren an uns vorbei. Eingemummelt in dicke Jacken, fotografieren sie den Nebelschleier, der über die Stadt hinwegzieht. An einer Imbissbude trinken Omid und ich frisch gepressten Granatapfelsaft.

»Und?«, fragt er plötzlich. »Du lebst in Düsseldorf, nicht wahr? Bist du glücklich?«

Über diese Frage muss ich ein paar Sekunden nachdenken.

»Düsseldorf ist keine schlechte Stadt«, antworte ich schließlich, »doch für immer möchte ich nicht dort leben. Es gibt so viele wundervolle Orte auf der Welt.«

Omid nickt. »Was haben eigentlich deine Freunde dazu gesagt, dass du in den Iran reist?«

»Zu gefährlich sei es hier«, sage ich sogleich und muss schmunzeln, »einer meinte sogar, ich solle lieber in den Schwarzwald fahren.«

»Wirklich?« Omid lacht. »Da möchte ich auch mal hin.«

Yasemin hat den Mittagstisch gedeckt. In Schüsselchen duften Köstlichkeiten wie Safranreis, Gemüse, gehackte Kräuter und Auberginenmousse. »Heute Abend gehen wir alle zusammen aus«, verspricht Omid und schiebt sich ein Rindfleischbällchen in den Mund, »magst du mongolisch?«

Nach dem Essen hält Omid ein Schläfchen, Yasemin und Bijan schauen fern, und Yara zeigt mir ihr Zimmer. An den Wänden hängen Poster von Filmstars, im Bett sitzen Stofftiere, und auf der kleinen Kommode glitzern Armreife. Die nächsten drei Stunden hören wir Musik. Yara spielt mir alle ihre CDs vor. Alle. Von Leonard Cohen über Pink Floyd bis hin zu persischem Pop. Von den Siebzigern bis heute. Bett und Teddybären liegen begraben unter Hüllen. Denke ich an die Musik meiner Jugendjahre zurück, so ist Yara tausendundeinmal cooler als ich. Von Leonard Cohen hatte ich damals noch keinen Schimmer, und in meinem CD-Schrank befanden sich solch Kleinode wie *Barbie Girl.*

Wir hören Faramarz Aslani, danach einen Livemitschnitt der Pallett Band, und Yara zeigt mir Konzertkarten, die sie sich von ihrem Taschengeld gekauft hat. Sie vergöttert die fünf Jungs, die eine Mischung aus Folk, Jazz, Rock und Led Zeppelin spielen. Iranische Klezmer-Musik sozusagen. Tanzen ist übrigens auf sämtlichen Konzerten im Land verboten. Sowohl für die Zuschauer als auch für die Künstler. Genauso wenig sollen Musikinstrumente im Fernsehen gezeigt werden, selbst wenn die Musik zu hören ist. Weiß der Himmel, warum.

Wir wühlen uns durch den CD-Stapel, und Yara lässt einen Song aus den aktuellen Charts laufen, gesungen von einer Frau. Frauen dürfen im Mullah-Staat nicht solo singen. Ihre Stimmen verlocken zur Sünde, so heißt es. Zu Zeiten der Revolution war Musik sogar komplett verboten. Im Rundfunk wurde es still. Musikschulen mussten schließen. Auch das Sinfonieorchester, die Balletttruppe und das Opernensemble lösten sich auf. Pasdaran zogen durch Dörfer und zertrümmerten Gitarren und Klaviere. Einzig revolutionäre und religiöse Musik duldeten die Fundamentalisten. Und noch heute verbietet der Klerus vor allem westliche Klänge, kann aber nur wenig gegen ihre Verbreitung ausrichten. Die Pop-Prinzessin in Yaras CD-Player ist eine Exiliranerin, und die Platte aus dem Netz geladen.

»Schau mal«, Yara fischt aus dem Hüllenhaufen eine alte CD hervor. Durch das Plastik zieht sich ein Riss, auf dem Cover lächelt ein Mann mit wallenden schwarzen Haaren. »Das ist ein berühmter Sänger, und soll ich dir was verraten?« Sie grinst. »Er war der Freund meiner Mutter. Lange bevor sie meinen Vater kennengelernt hat.« Sie gickelt und legt die Disc in den Player. Ein Keyboard spielt, Gitarrenriffs setzen ein, dann ertönt eine leidende Männerstimme.

»Wovon singt er?«, frage ich.

»Von einer verlorenen Liebe.«

»Meint er deine Mutter?«

»Vielleicht.«

Yasemin steckt den Kopf zur Tür herein. »Was hört ihr denn da?«

Wir lachen, sie murmelt etwas auf Persisch, kichert und geht zurück ins Wohnzimmer.

»Weißt du was?«, sage ich zu dem Mädchen. »Überspiel mir deine Musik doch auf mein Handy. Dann kann ich sie unterwegs hören.« Yara lächelt.

Es ist weit nach zehn Uhr, als Omid, Yasemin, Yara, Bijan und ich im Restaurant eintreffen. »Restaurant« ist ein zu überschwängliches Wort für ein schnörkelloses Lokal, das sich in einer Shoppingmall befindet. Die Speisekarte preist mongolische Eintöpfe und persisches Sushi an. Ich bin unentschieden. Omid ordert zwei kleine Flaschen Pepsi, Wasser und Delster, die iranische und alkoholfreie Version von Bier. Eine gelbe Brausemischung aus gezuckerter Limonade, Ananasaroma und Malz. Das klingt besser, als es schmeckt.

»Willst du lieber Cola?«, fragt mich Omid und schenkt mir ein. Wir prosten und trinken. Der erste Schluck irritiert, und es dauert zwei Sekunden, bis ich begreife. Omid grinst im Kreis, Yasemin verdreht die Augen. »Gute Cola, nicht wahr?«, feixt er, und seine Frau ermahnt ihn, leiser zu sprechen. Die Pepsi ist Rotwein.

Omid hat eine daheim umgefüllte Flasche mit ins Restaurant geschmuggelt und sie heimlich gegen eine der bestellten Pepsi-Pullen ausgetauscht. Ich muss lachen. Jetzt weiß ich, warum seine Freunde ihn »The Brain« nennen. Seine diebische Freude, das Alkoholverbot zu unterlaufen, ist ansteckend. Ich fühle mich wie ein Backfisch, der den Spirituosenschrank der Eltern entdeckt hat. Mit dem Rotweinglas in der Hand rufen wir den Kellner und verlangen mongolisches Gemüseallerlei, garniert mit Sushi aus Persien.

Über Geschmack lässt sich streiten, aber ich rate ganz dezidiert von iranischem Mongolen-Sushi ab. Gut, dass wir Fusel haben. Wer das isst, braucht Alkohol.

Nachdem der Wein getrunken ist, schüttet Yasemin die echte Pepsi in die Gläser, um verräterische Spuren und Gerüche zu verwässern. Wir verlassen die Shoppingmall pfeifend und schuldfrei. Eine Lehrstunde in Findigkeit.

Auf dem Weg zum Appartement parkt Omid das Auto im Halteverbot und schickt Bijan los, um uns allen Eiscreme zu kaufen. Yara lacht. »Das macht der immer. Papa ist eissüchtig. Ohne Eis dürfen wir nicht nach Hause.« Diese Leidenschaft scheinen so einige Iraner zu teilen. Bijan muss rund fünfzehn Minuten in der Menschenschlange vor dem kleinen Laden warten, bis er endlich mit fünf Bechern Pistazien- und Safraneis zurückkehrt.

Im Appartement stoßen wir mit »Eistee« an, Yara und Bijan schlürfen Wasser. Yasemin drückt die Zigarette aus und fragt mich nach meiner Reiseroute, übermorgen werde ich weiterziehen. »Ach, erst mal nach Süden. Qom, Kashan und dann Esfahan«, antworte ich.

»Qom?!?!« Alle starren mich an. Die Reaktion kenne ich. In Düsseldorf riet mir schon mein Farsisprachlehrer Abu von dem Ort ab.

»Qom ist die ›Stadt der Mullahs‹!«, mahnt Omid. Außer einem Schrein und radikalen Theologen gebe es da nichts Lohnenswertes. Und ob man sich das unbedingt anschauen müsse, bleibe fraglich.

Nach Mashhad ist Qom der zweitheiligste Ort im Gottesstaat und die Hochburg schiitischer Gelehrter. Sowohl Khomeini als auch der jetzige Präsident Hassan Rohani studierten dort Religionslehre. Westlich eingestellte Iraner machen um diese Stadt einen Bogen, heißt es.

»Ich will Mullahs sehen«, antworte ich und spüle mit dem Wein die Zweifel hinunter. »Rohani ließ sich in Qom ausbilden«, sagt Omid und füllt mein Glas, »vor ein paar Monaten war er übrigens in Italien. Wusstest du das?«

Ich erinnere mich an den Besuch. In Europa gab es reichlich Diskussion, denn aus Rücksicht vor Rohanis religiösen Gefühlen verhüllten die italienischen Behörden unbekleidete Statuen auf dem Kapitol. Nackte Marmordamen, die sich seit 2500 Jahren bestaunen lassen, verschwanden in Holzkisten. Mich hat das Einsargen der Skulpturen entrüstet. Die Kunst darf sich nicht der Religion unterwerfen. Warum verstecken wir unsere Werke und schämen uns für unsere Freiheit?

Omid denkt nach, schließlich erwidert er: »Stell dir vor, du hast Angst vor Elefanten. Und hier im Appartement stünde eine riesige Elefantenstatue. Weil ich als Gastgeber möchte, dass es dir gut geht, räume ich den Elefanten während deines Aufenthalts weg. Und wenn du gehst, kommt er wieder auf seinen Platz. Für mich ist das kein Umstand, aber du bist glücklich.«

Er lächelt, schwenkt sein Glas und trinkt aus.

## Freundlichkeit

Zum Golestan-Palast möchte ich und halte ein Taxi an. Im Wagen sitzt bereits eine Frau; das ist nicht unüblich. Die Einzelfahrt ist eine westliche Eigenart.

Jetzt folgt die Story: Es ist meine erste direkte Begegnung mit einer Tschadorträgerin. Jener konturlosen, düsteren Gestalt, die mich schaudern lässt. Verborgen hinter einer Mauer aus Stoff. Eingewickelt in ein großes, meist schwarzes Tuch, das nur noch das Gesicht frei lässt und übersetzt bezeichnenderweise »Zelt« bedeutet. Nie hatte ich mit einer *Chadori* gesprochen, nie war ich ihr so nah.

Ich setze mich auf die Rückbank, der Fahrer brettert los, die Dame lächelt mir vom Beifahrersitz aus zu. Ich lächle zurück, nenne dem Mann mein Ziel und frage trotzdem noch nach dem Preis. Sobald er die Zahl ausgesprochen hat, protestiert die Frau. Sie dreht sich zu mir um, schüttelt den Kopf und sagt: »Too much!« Eine ganze Weile diskutiert sie mit dem Kutscher auf Persisch, doch der lässt sich nicht überzeugen. Sie befiehlt ihm anzuhalten, steigt aus, ergreift meine Hand und manövriert uns vorbei an drängenden Autos bis zu einem Taxistand. Dort verhandelt sie mit zehn Männern, bis einer schließlich nachgibt und mich für die Hälfte mitnimmt. Sie zwinkert mir zu und verschwindet.

Ich weiß nicht, in welche Richtung sie will und ob sie rechtzeitig ankommen wird, wo sie ankommen muss, doch ich bin berührt. Sie hatte keine Angst vor mir, sie war nicht hilflos wie ich. Sie war vorurteilsfrei und setzte sich für mich ein, für die Exotin.

Mir sind die Chadoris immer noch unheimlich, ich gebe es zu. Nein, ich formuliere es präzise: Mir ist Religion unheimlich. Aber vielleicht sollte ich mich nicht auf die Verschleierung fixieren. Vielleicht mache ich die Frauen damit fremder, als sie sind.

Heute lerne ich eine wichtige Lektion: Die schwarz vermummten Chadoris sind keine Gestalten, die vorbeihuschen. Sie sind selbstbewusst, gütig, zurückhaltend, abweisend oder nichts von alledem, so wie jeder Mensch überall. Eine Lehrstunde in Unvoreingenommenheit.

# QOM

## Da lebt das Böse

»Und du willst wirklich nach Qom?« Omid runzelt die Stirn, während ich den roten Nagellack von meinen Fingern wische.

Der Plan steht. In der »City of Mullahs« möchte ich den heiligen Schrein besuchen, dann weiter nach Kashan und von dort in die Wüste.

Die letzten Stunden in Teheran nutze ich für die Organisation meiner Weiterreise, und der Familienvater kauft mir eine iranische SIM-Karte. Er weigert sich strikt, mein Geld anzunehmen. Großzügiger Omid.

»Und wenn du irgendwann in Shiraz ankommst, melde dich bei Kourosh. Das ist ein guter Freund von mir, und du kannst bei ihm wohnen. Er macht dieses Couchsurfing.« Couchsurfing ist im Iran sehr beliebt. Über ein Internetportal bieten Menschen einen kostenlosen Schlafplatz an, sodass sich Gast und Gastgeber über alle Grenzen und Konfessionen hinweg kennenlernen können. Weltweit. Das Konzept scheint wie maßgeschneidert für die wirtlichen Perser.

Kourosh also. Omid kritzelt seine Telefonnummer auf einen Zettel. »Ruf ihn an, sobald du dort bist.« Ich stopfe die Nummer in meine Brieftasche. »Und noch etwas«, er grinst und reicht mir eine Flasche Pepsi. »Für einsame Nächte.«

Wir lachen, und die illegale Ware verschwindet im Ranzen.

»Ich werde auf dich trinken!«, verspreche ich und winke zum Abschied.

Omid, Yasemin, Yara und Bijan – welch herrliche Familie. Ich fühle mich beschenkt. Der Start in dieses fremde Land war butterweich. In ein paar Wochen wollen wir uns wiedersehen.

Der Taxifahrer verstaut meinen Rucksack im Kofferraum und startet den Wagen. »Qom?«, fragt er.

»Qom!«, antworte ich.

Raus aus Teheran. Von der modernen Hauptstadt in ein archaisches Heiligtum. Nun reise ich allein, und für einen kurzen Augenblick überlege ich, den goldenen Ring meiner Mutter aus dem Geldbeutel zu fischen. Ich packte ihn ein für den Fall, dass ich einen Ehemann vorgaukeln müsste, um Avancen aus dem Weg zu gehen. Nein, ich streife ihn noch nicht über. Bisher war alles gut.

Nach einer Dreiviertelstunde hält das Taxi in einer Parkbucht. Während der Fahrer uns aus einer Thermoskanne Tee in Becher gießt, schaue ich auf die andere Straßenseite der Autobahn. In der Ferne erhebt sich wie eine Tankstelle für Gläubige das Imam-Khomeini-Mausoleum. Vier Minarette umringen die Ruhestatt wie Wachposten. Jedes ist 91 Meter hoch und symbolisiert Khomeinis Alter in Mondjahren. Imperatorisch wie der Ayatollah selbst thront sein Grab auf einer Fläche von mehr als zwei Fußballfeldern. Und es wird immer noch daran gebaut.

Ich schieße ein Foto und lösche es später wieder. Zu weit entfernt, zu viel Straße, zu verschwommen. Khomeini und ich – wir werden nicht warm miteinander.

Und auch die Fahrt nach Qom ist trostlos. Nur Autos und Asphalt. Die »City of Mullahs« gibt sich bisher keine große Mühe, Vorfreude zu schüren. »Geh da nicht hin. Da lebt das Böse!« Das waren die Worte meines Farsilehrers.

Im 10. Jahrhundert stieg Qom zu einem der bedeutsamsten Zentren schiitischer Gelehrsamkeit auf. Auch heute noch studieren hier die Gläubigsten der Gläubigen den Koran. Den Mittelpunkt bildet der Schrein der Fatima al-Masuma. Im Jahr 817 verstarb die Schwester des achten Imams Ali ibn Musa ar-Rida, genannt Imam

Reza, in Qom. Die Begräbnisstätte der »Sündlosen« wurde im Laufe der nächsten Jahrzehnte zu einem pompösen Kultplatz ausgebaut. Die goldene Kuppel ihres Mausoleums ist das Wahrzeichen der Stadt. Tausende Wallfahrer beehren jeden Tag ihr Grab. Ganz so weiberfeindlich ist der Islam also doch nicht.

Wir parken in der Nähe des Schreins. Der Taxifahrer begleitet mich zum Eingang, und ich reise durch die Zeit. Keine hippen Teheraner, kein Haaransatz, keine zerrissenen Jeans, keine Schminke. Nur schwarze Schleier, Turbane und Bärte.

Auch als Nichtmuslima darf ich die Pilgerstätte besuchen. Allerdings nur, wenn ich die strengen islamischen Kleidervorschriften berücksichtige. Im Schrein besteht für Frauen Tschadorpflicht. Das »Zelt« kann kostenlos ausgeliehen werden.

Um ins Heiligtum zu gelangen, muss ich durch einen von den Männern getrennten Eingang gehen. Eine Art Schleuse. Dort empfangen mich zwei Chadoris, die für meine anständige Vermummung zuständig sind. Sie wuseln um mich herum und zupfen und kichern. Die Ältere streicht jede einzelne Haarsträhne unter mein Kopftuch, zieht es weit in die Stirn und befestigt es mit einer Klammer unter meinem Kinn. Die Jüngere hüllt mich in einen weißen, geblümten Gebetstschador. Da hier sämtliche Iranerinnen offenbar ihr eigenes schwarzes Zelt bei sich tragen, fühle ich mich, als würde mich ein Suchscheinwerfer anstrahlen.

Die Damen begutachten ihr Werk und lächeln zufrieden. Eingesackt als blumiges Bettlakengespenst, bin ich ehrbar genug für den Schrein, und sie schicken mich hinaus. Verhüllt und verunsichert.

Das riesige Tuch wird mit einer Hand oder mit den Zähnen festgehalten, falls man doch mal beide Hände frei haben möchte. Ich bin zu ungeschickt dafür. Zerre und rücke ständig das Laken zurecht, stolpere und würde mich auch ohne das auffällige Muster als stupide Touristin problemlos selbst entlarven. Mit Kopftuch und Sonnenbrille kann ich mich zwar mit viel Fantasie wie ein Filmstar im Cabrio fühlen. Aber eingewickelt in diesen Tschador, bin ich die geblümte Ente unter schwarzen Krähen.

Im Innenhof schwimmen körperlose Wesen in einer Flut aus Stoff. Und ich habe die nette Chadori im Teheraner Taxi schon längst wieder vergessen, bin überfordert und sehe mich umzingelt von bodenlangen Umhängen. Nur Hände und Gesichter, keine Leiber.

Wünscht sich das ein vielleicht nicht existenter Gott? Müssen Frauen zu Schatten werden? Sich verhängen? Sollen Mädchen ab dem neunten Lebensjahr Hejab tragen und verschwinden?

Der Koran gibt keine klare Auskunft und ist deshalb für jede Interpretation heranziehbar. In Sure 24, Vers 31 steht geschrieben:

> *Und sag zu den gläubigen Frauen, sie sollen ihre Blicke senken und ihre Scham hüten, ihren Schmuck nicht offen zeigen, außer dem, was sonst sichtbar ist. Und sie sollen ihre Tücher auf den Brustschlitz ihres Gewandes schlagen und ihren Schmuck nicht offen zeigen, außer ihren Ehegatten, ihren Vätern, den Vätern ihrer Ehegatten, ihren Söhnen, den Söhnen ihrer Ehegatten, den Söhnen ihrer Schwestern, ihren Frauen, denen, die ihre rechte Hand besitzt, den männlichen Gefolgsleuten, die keinen Trieb mehr haben, den Kindern, die auf die Blöße der Frauen noch nicht aufmerksam geworden sind.*

Der Koran enthält also keine stichhaltige Gebrauchsanweisung, verrät nicht, was er mit »Schmuck« meint und wie genau dieser »Schmuck« zu bedecken sei. Die Verschleierung mag in einer Zeit der Raubzüge und Stammesfehden durchaus den Sinn einer Schutzfunktion erfüllt haben. Auch schon vor dem Islam. Aber weshalb wird sie bis heute verlangt? Im 21. Jahrhundert? Viele islamische Rechtsgelehrte beharren noch immer auf die vollständige Verhüllung des weiblichen Körpers und schwadronieren von Sünde und Allah. Und obwohl ich es als frei geborene Europäerin verurteile, sobald jemand zum Hejab gezwungen wird, so bin ich gleichermaßen fasziniert. Was Religion doch vermag! Was sie den Gläubigen einflüstert! Ob es nun in den heiligen Büchern geschrieben steht oder nicht. In der Bibel ist ja auch keine Rede von der Kirchensteuer, und trotzdem hält sich die Idee. Und aus welchem Grund? Weil Menschen auf göttliche Liebe hoffen. Eine göttliche Liebe, die sie vielleicht niemals erlangen.

»Welcome to Iran, welcome to Qom.« Ein Mann mit Bart und Turban lächelt mich an. Der Mullah ist mein Fremdenführer. Das Wort »fremd« passt. Denn hier bin ich der Fremdling und froh, dass mich irgendwer an die Hand nimmt, obwohl wir uns nicht die Hand geben. Vor lauter Aufregung verstehe ich seinen Namen nicht und bin zu gehemmt nachzufragen. Das Gewand, die Ringe an seinen Fingern, der erhabene Gang, die Ernsthaftigkeit in seinen Augen und mittendrin ich. Die ungläubige Ente.

## Welcome to Qom

Mein erster Freund war Muslim. Er hatte keine Ahnung vom Koran, und ich hatte keine Ahnung von der Bibel. Das brauchten wir auch nicht. Wir liebten uns. Das hat gereicht.

Eines Tages saßen wir in unserem Istanbuler Hotelzimmer und tranken Tee. Im Radio sang Lenny Kravitz. Als am Mittag der Muezzin aus den Moscheelautsprechern quäkte, schaltete mein Freund die Musik ab. Er verstand die arabischen Worte nicht. Und ich verstand ihn nicht. Wir stritten uns.

Das ist schon viele Jahre her, und trotzdem ist mir diese Anekdote in Erinnerung geblieben. Damals dachte ich zum ersten Mal bewusst über Religion nach und was sie unbewusst in uns auslöst.

Ob in Qom auch nur ein einziger ungläubiger Mensch lebt? Gewiss. Gottlose wohnen in Rom wie in Jerusalem. Eine Reise durch eine Theokratie wirft allerdings tief greifende Fragen auf. Denn hier werden die Treulosen bestraft. Hier herrscht Gotteszwang. Wie frei sind also die Gedanken?

In perfektem Englisch führt mich der Mullah durch die Pilgerstätte. Sein brauner Umhang zittert im Wind, und die Rätsel bleiben. Warum glaubt jemand? Und warum muss der Himmelsfürst unbedingt einen Staat lenken? Ich will das nicht begreifen, bin ich doch religiös unmusikalisch. Für mich gibt es keinen Gott. Und auch keine Geister, Kobolde oder Einhörner. Jeder mag daran glauben, aber Religion sollte Privatsache sein und sich nicht in staatliche Gefüge einmischen. Menschenrechte, die Gleichberechtigung von Mann und Frau, Meinungsfreiheit, Demokratie und Pressefreiheit mussten gegen Religionen erkämpft werden. Und solange diese Werte immer noch nicht bei allen Theologen sämtlicher Glaubensrichtungen angekommen sind, solange müssen klerikale Weltanschauungen kritisiert werden. Schon allein deshalb haben sie in der Politik nichts zu suchen.

Darf ich solche säkularen Themen im Iran ansprechen? Im Gottesstaat? Hier im Schrein ist vielleicht nicht der beste Augenblick dafür. Oder doch?

Der Mullah zeigt auf die goldene Kuppel. Das Heiligtum ist schön, kein Zweifel. Blaue Mosaiksteine, Marmor, Minarette, die in den Himmel stechen. Alles strahlt und funkelt. Menschen beten und verweilen. Eine imposante Momentaufnahme von Glauben und Glitzer. Immerhin schafft Religion großartige Architektur, und der schiitische Islam ist ziemlich gut darin.

Wie im Christentum gibt es auch im Islam mehrere Gruppierungen. Da sind die Charidschiten, die Sufis, die Aleviten, die Alawiten, die Drusen, die Wahhabiten, die Ahmadiyya und noch viele weitere. Entwickelt haben sich die Strömungen vorwiegend aus den Sunniten (*sunna* – »Brauch«) und den Schiiten (*schi'at 'Ali* – »Partei Alis«).

Die Sunniten bilden unter den weltweit eineinhalb Milliarden Muslimen mit rund 85 Prozent die Mehrheit. Die Schiiten liegen bei zehn bis fünfzehn Prozent. Sie sind im Iran, Irak und ebenso in Aserbaidschan und Bahrain in der Majorität. Neun von zehn Iranern sind Schiiten.

»Wo kommen Sie her?«, fragt der Mullah. Er kennt Köln, von Düsseldorf hat er noch nie gehört. »Sie reisen allein?« Er rückt die Brille zurecht, scheint sich aber zu freuen. »Wie schön, dass Sie unser Land besuchen!« Er weist auf den Eingang des Mausoleums.

»Darf ich da rein?«, frage ich, und der Mullah lächelt. »Aber natürlich. Sie sind Gast.« Getrennt voneinander begehen die Männer die Grabkammer von der einen Seite, die Frauen von der anderen. Meine Schuhe stelle ich in ein Regal, der Mullah wartet draußen, und ich betrete den Innenraum. In einem Grabbau aus Gold, geschmückt mit Blumen und Koransuren, ruht Fatima. Millionen Spiegelmosaike gleißen vom Deckengewölbe herab, sodass ich die Augen zusammenkneifen muss. Chadoris drücken sich an die Gruft, legen ihre Hände auf das Heiligtum. Ein Mütterchen presst seine Stirn ans Gold und ruft Fatima unverständliche Worte entgegen. An den Marmorwänden zirkulieren Ventilatoren, um überhitzte Pilgerinnen abzukühlen. Ein paar Frauen halten ihre Smartphones in die Höhe und drehen Videos. Ich höre ein Baby weinen, aber sehe keins. Nur Stoff, nur Tschadors. Unter all den Gläubigen fühle ich mich wie ein Eindringling. Wie ein Kuckucksei, das den Betenden ins Nest gelegt wurde. Ein kleines Gitterfenster gewährt einen Streifblick in die Gruft. In ihr der Sarg, eine Blumenvase und ein Kronleuchter, der die Kammer in grünes Licht taucht. Schon drängt die schwarze Masse vorwärts und schiebt mich an dem Fenster vorbei.

Imam Rezas Schrein in Mashhad soll noch eine Spur imposanter sein als der seiner Schwester Fatima. Zusammen mit den Heiligtümern im irakischen Nadschaf und Kerbela gehören sie zu den bedeutsamsten Bauwerken der Schiiten. Ihre Gotteshäuser sind fast immer verschwenderischer als die der Sunniten. Und obwohl sie alle denselben Gott anbeten und im selben Buch lesen, gibt es in der religiösen Praxis Unterschiede. Daraus ist über die Jahrhunderte hinweg ein tiefer Groll zwischen den Konfessionen erwachsen. Die meisten Probleme des Mittleren Ostens fußen auf dieser Feindschaft, und die Auswüchse des Ingrimms verdeutlichte zuletzt die (sunnitische) Terrororganisation »Islamischer Staat«. Zumeist wird der Begriff *Daesh* für die Extremistenmiliz verwendet. Auch im Iran. Eine Abwertung, denn der Ausdruck klingt wie das arabische Wort *dais*, was »zertreten« oder »Zwietracht säen« bedeutet. Daesh hat sich klipp und klar die Ausrottung der Schiiten auf die schwarze Fahne geschrieben. Der Hass aufeinander ist aber viel älter und führt uns zu den Anfängen des Islam. Die Spaltung der Muslime in zwei Konfessionen ist die Folge des Streits um die rechtmäßige Nachfolge des Propheten Mohammed. Als der im Jahr 632 verstarb, betrachteten einige Anhänger seinen Schwiegersohn und Vetter Ali ibn Abi Talib als legitimen Nachfolger und ersten Imam. Der *Imam* ist der »Vorbeter« oder eine »besonders fromme und gelehrte Persönlichkeit«. Die Mehrheit der Gemeinde wählte allerdings nicht Ali, sondern Mohammeds Schwiegervater Abu Bakr zum Kalifen. *Kalif* ist das arabische Wort für »Nachfolger«.

Die Situation verschärfte sich, denn nach dessen Amtszeit ignorierte die Gemeinschaft Ali erneut. Erst 656 erwählte sie ihn schließlich zum vierten Kalifen. Fünf Jahre später wurde er ermordet.

Alis Sohn Hussein durfte ebenfalls nicht die Nachfolgerschaft antreten. 680 starb der Verschmähte im Kampf und wird bis heute als schiitischer Märtyrer verehrt. Seine Pilgerstätte liegt in Kerbela.

Da die Schiiten keinen leiblichen Nachfahren Mohammeds als weltlichen Herrscher durchsetzen konnten, schufen sie das Konzept der geistlichen Führung durch einen Imam. Daraus entwickelte sich die Zwölfer-Schia, die bis heute die Glaubensgrundlage des Iran bildet. Nach ihrer Lehre lebt der zwölfte und letzte Imam seit dem 9. Jahrhundert im Verborgenen und wird am Ende der Welt ein Reich des Friedens errichten. Als eine Art Messias. Die sunnitischen Kalifen erkannten die Zwölfer-Schia jedoch nicht an und empfanden sie als unislamisch. So ist das noch immer.

Der Mullah begleitet mich in sein Büro, das einem Märchenpalast gleicht, und bietet mir Chai und Bonbons in Silberpapier an. Von der Decke leuchtet ein Lüster, die Säulen und Wände sind ausgeschmückt mit grünem Samt und Schnitzereien. Wir sitzen in goldenen Sesseln, hinter uns hängt die Nationalflagge. Der Mullah rückt seine Brille zurecht, klemmt ein Stückchen Zucker zwischen die Zähne und trinkt. Ich ahne die Antwort, aber ich frage dennoch: »Was denken Sie eigentlich über den Islamischen Staat?«

Der Geistliche stellt sein Gläschen ab und blickt mich an. »Daesh hat nichts mit dem Islam zu tun!« Ernüchterung. Der Mann ist ein Intellektueller, und er hätte mich überraschen können. Er hätte sagen können, dass der »Islamische Staat« sehr wohl islamisch ist und sich auf den Koran und auf die *Hadithe*, die Erzählungen über Mohammed, bezieht. Die Gotteskrieger verfolgen Ungläubige, schlagen Schädel ab und nehmen Sklavinnen. So wie es Mohammed im 7. Jahrhundert ebenfalls tat.

Der Mullah kann das jedoch nicht zugeben. Er kann seine Schia nicht auf die gleiche Stufe stellen wie den sunnitischen Daesh. Er kann den Islam auch nicht differenziert betrachten. In seinen Augen missbrauchen die Dschihadisten das Heilige Buch.

Wer den Koran gelesen hat, der weiß um die poetischen Suren über Barmherzigkeit und Liebe. Keine Frage. Doch der Islam birgt, wie auch das Christentum, radikale Züge, die sich aus dem historischen Kontext ergeben. Und jene radikale Auslegung ist die rechtliche Grundlage im Iran, ganz gleich, was der Mullah sagt. Denn er kann die Tatsachen nicht verleugnen. Hier in der Islamischen Republik wird im Namen Gottes bestraft und hingerichtet. Politik und Glaube sind verschmolzen. Es ist nicht erlaubt, den Propheten zu kritisieren. Der Koran darf nicht angezweifelt, nicht neu interpretiert werden. Der Koran ist allumfassend. Wer anderes vermutet, dessen Leib und Leben sind in Gefahr.

In Ländern, in denen Religion – egal welche – individuell gelebt wird, gibt es solche Probleme nicht, zumindest nicht in diesem Ausmaß. Doch die Verstaatlichung von Religion (oder einer anderen Ideologie) schafft antidemokratische Systeme. Im Iran gilt das Führerprinzip, hier gilt Gehorsamkeit. Totale Mitgliedschaft in der islamischen Gemeinde. Eine geschlossene Gesellschaft. Kein Ausweg. Das ist religiöser Faschismus. Der Mensch wird als Mängelexemplar betrachtet, das geleitet werden muss. Der Mensch wird nicht ernst genommen. Wo ist der Geist der Aufklärung? Wo ist der Humanismus? Offenheit und Reformation sind dringend erforderlich. Doch wer soll reformieren? Mit Ehrlichkeit könnte man zumindest beginnen. Jedoch nicht hier, nicht in Qom.

# KASHAN

## I love you

Kashan, eine kleine Stadt am Rande der Wüste, es ist Mittag, und die Luft flirrt. Ahmad steht hinter der Rezeption und lächelt mich an. Ja, ein Zimmer habe er noch frei. Ja, es sei günstig. »Welcome to Iran!«

Er führt mich durch den Innenhof, der wie die Fotokulisse eines Orientreisekataloges anmutet. Sonne, bunte Fenster, ein Wasserbassin plätschert in der Mitte, umringt von Tonvasen und Pflanzen, in der Ecke eine Estrade, die mit Teppichen ausgelegt ist. Dort werden morgens Frühstück und Tee serviert, erklärt Ahmad, während er mit dem Hemdärmel seine Stirn trocknet. Das Zimmer ist weiß getüncht und riecht klamm. Ich nehme es.

Später treffe ich Ahmad im Atrium wieder, sein Hemd spannt ein wenig am Bauch, und in der Brusttasche klemmen zwei Kugelschreiber. Sein Englisch ist bruchstückhaft, aber wesentlich besser als mein Farsi.

Woher ich käme, will er wissen. »Alman«, antworte ich.

»Germany?«, freut er sich. »I very much like!«

Letzte Woche hätten Reisende aus Holland hier übernachtet, doch Deutschland sei schöner, meint er. In Europa war er noch nie.

Wir sitzen im Schatten, und das Gespräch plätschert so launig dahin wie der Brunnen. Der 38-Jährige erzählt mir von der Arbeit im Hotel und von seinem Leben als Junggeselle. Nein, eine Ehefrau wolle er nicht, er möge die Freiheit. Und eine Heirat sei viel zu teuer. Wir witzeln über mein Kopftuch, das mir im Gesicht hängt, und ich darf es ablegen. »No problem here«, sagt er, und dann fragt er mich lachend: »Me myself want us to be friends?« Er zeigt auf sich und mich.

»Klar«, antworte ich und zwinkere scherzhaft. Ahmad strahlt.

»Today, you my friend!«, jubelt er, und ich denke: Was für ein lustiges Kerlchen. Und weil ich das denke oder weil ich eher zu wenig denke, tauschen wir Handynummern. Ahmad tippt meinen Namen ins Telefon, freut sich, zieht mich plötzlich mit einer Bärenkraft an seine Brust und umarmt mich. Nur mit Mühe löse ich mich aus seinem Griff, lächle blöd, sage, dass ich die Stadt besichtigen möchte, wickle das Tuch um meinen Kopf, murmle »khodahafez«, auf Wiedersehen, und eile durch die Tür.

»We friends today. Very much like!«, ruft er mir noch hinterher.

Kashan trägt die Farbe der Wüste. Die Häuser scheinen in Sand getunkt. In dieser Region entstanden erste altorientalische Hochkulturen, und die Spuren der frühen Zivilisationen reichen bis ins 6. Jahrtausend v. Chr. zurück. Heute ist das Städtchen bekannt für sein Rosenwasser und für seine Perserteppiche aus Seide und Schurwolle.

Kashan ist konservativ. Die meisten Frauen tragen Tschador. Wie konservativ, fällt mir auf, als eine Verhüllte entgeistert auf meine Sandaletten starrt. Nackte Füße und roter Nagellack im Gottesstaat. In der Hauptstadt ein gewohntes Bild, aber hier ein Sakrileg.

Ich zweifle, hole ein paar Meter weiter die schwarzen Notfallsocken aus der Handtasche und streife sie über. Es sind dreißig Grad. Mein Handy brummt, und eine Nachricht erscheint auf dem Display.

Ahmad: *I love you.* Dahinter zehn Herzen.

Ich stecke das Telefon zurück in die Tasche und seufze so laut, dass sich ein Mädchen nach mir umdreht. Zwanzig Sekunden später folgen zehn Kuss-Emojis, kurz danach fünf Rosen. Im Minutentakt prasseln jetzt Sonnenblumen, Smileys und Küsse in meinen Posteingang. Ich antworte nicht. Dann blinken zehn gebrochene Herzen.

Ahmad: *Where are you?* Neun Rosen.

Ahmad: *Why?* Acht traurige Smileys.

Ahmad: *I am hotel. You???*

Mich ärgert meine Naivität und dass ich so leichtfertig meine Nummer herausgab. Ich würde ihm am liebsten *Don't bother me!* und zehn Totenköpfe schicken, bin aber Gast in seinem Hotel und werde dem iranischen Romeo nicht aus dem Weg gehen können.

Ahmad: *Where are you? Answer!* Fünf Herzen und ein Selfie von ihm an der Rezeption. Die zwei Kugelschreiber in der Brusttasche.

Nadine: *Sightseeing!*

Ahmad: *Come back to hotel!*

Nadine: *I stay outside the next hours!!*

Stille. Hoffentlich hat er verstanden. Das Handy schweigt.

Der Stadtkern ist übersichtlich, und so finde ich schnell den kleinen Buchladen und dessen Inhaber Hossein. In einem Reiseblog las ich, dass er Touren ins Umland anbietet und die Teilnehmer danach in Esfahan absetzt. Das klingt verdächtig nach einem Geheimtipp aus dem *Lonely Planet*.

Der winzige Shop unter den bunten Markisen ist vollgestellt mit Bücherregalen, beladen mit Reiseführern in Englisch, Deutsch und Französisch und dazwischen Schmöker über das alte Persien. Hossein ist vielleicht Mitte dreißig und hat Grübchen, wenn er lacht. Der Verkauf von Büchern reicht nicht für den Lebensunterhalt, und so sammelt er Touristen ein, die in der Altstadt herumstreichen.

Auf einem Poster zeigt er mir die Route für die eineinhalbtägige Spritztour. Das Programm: der berühmte Fin-Garten, irgendeine Untergrundstadt, der Salzsee, Wüste. Dann Übernachtung in einer Karawanserei. Diverse Moscheen, das Bergdorf Abyaneh und Abwurf in der Stadt Esfahan. Der Preis ist passabel, und mich befällt eine abartige Lust auf einen klassischen Touri-Ausflug, zusammen mit anderen Backpackern. Wahrscheinlich ist es weniger Lust als die Suche nach Anschluss. Weil ich mich noch immer fremd im

Iran fühle. Weil ich noch immer verunsichert bin. Also buche ich. Morgen früh ist Abfahrt.

Den Nachmittag streune ich durch Kashan. Zu Ahmad ins Hotel zurück will ich nicht, obwohl er nicht mehr geschrieben hat.

Die bekannteste Sehenswürdigkeit ist das Khane Tabatabaei, ein historisches Bürgerhaus aus dem 19. Jahrhundert, in dem einst ein Kaufmann aus der Kadscharen-Dynastie lebte. Und das nicht schlecht. Vier Wohnhöfe mit Brunnen, einstöckige Arkaden, Buntglasfenster und Wandverzierungen schmücken das Bauwerk.

Die Wohnanlage ist so verwirrend, dass ich im Kreis laufe und zweimal an drei tschadorverhüllten jungen Frauen vorbeiziehe. Das erste Mal lächeln wir uns alle schüchtern an, das zweite Mal grüßen sie mich mit »Welcome to Iran!«. Fatemeh, Atafeh, Pooneh und ein kleiner Junge, der aus einer Nische springt, kassieren mich für die nächsten acht Stunden ein. Die drei Tschador-Girls sind Anfang bis Mitte Zwanzig, und nur Fatemeh spricht ein paar Brocken Englisch. Ihr Gesicht wirkt wie aus Bronze gegossen und ist mit schwarzem Stoff umsäumt, nicht eine Haarsträhne quillt hervor. Nur dunkle Gazellenaugen und ein Schimmer Lipgloss auf den Lippen. Alle drei tragen Ballerinas mit Strümpfen, und ich bin immer noch froh über meine Notfallsocken.

Atafeh kennt die wichtigsten Vokabeln wie »hello«, »thank you« und »welcome«. Pooneh spricht ausschließlich Farsi, ist allerdings überwiegend damit beschäftigt, ihren dreijährigen Sohn im Zaum zu halten. Die schöne Fatemeh übernimmt deshalb das Kommando, und wir ziehen weitere zwei Runden durch das Tabatabaei-Haus. Sie übersetzt mit Händen und Füßen, was die Architekturstudentin Atafeh über die persische Baukunst erzählt. Atafeh schreibt derzeit an ihrer Abschlussarbeit und ist Expertin auf dem Gebiet, deshalb weiß sie jede Menge stilistische Details. Ich werde später alles nachlesen müssen, denn ich habe keine Ahnung, wovon sie redet.

Wir verlassen das Bürgerhaus, und Fatemeh schlägt als nächste Sehenswürdigkeit ein historisches Hamam vor, sofern ich keine anderen Pläne hätte und mit ihnen Zeit verbringen möchte. In Deutschland lehne ich viele Angebote dankend ab und schlage Einladungen oft aus, doch jetzt und hier lasse ich mich auf die Liebenswürdigkeit der drei Cousinen ein.

Das Sultan-Amir-Ahmad-Badehaus wurde während der Safawiden-Zeit im 16. Jahrhundert errichtet und 1778 durch ein Erdbeben zerstört. Im 19. Jahrhundert baute man es wieder auf. Heute ist es nicht mehr in Betrieb, aber ein Touristenmagnet. Wir und eine Handvoll Iraner sind allerdings die einzigen Besucher. Goldene und türkise Kacheln, Malereien und Säulen demonstrieren nicht nur den erlesenen Geschmack des einstmaligen Hochadels, sondern auch dessen Reichtum. Von den Kuppeldecken fällt milchiges Tageslicht in die Baderäume mit den kleinen Bassins, und ich stelle mir Könige und Mätressen in Planschbecken vor. Wir freuen uns über die architektonische Ästhetik, und unsere Besichtigung wäre perfekt, stünde da nicht ein Werbeaufsteller im Hauptraum – für jeden Besucher unübersehbar. Eine tief verschleierte Frau ist abgebildet. Sie lächelt. Darunter steht in Farsi und Englisch geschrieben:

> *In reality, Islamic veil is for women the equivalent of the oyster for the pearl. The oyster keeps the pearl safe from the hazards. Therefore Islamic veil must be seen as a protection. Not as imprisonment.*

Der letzte Satz ist in Großbuchstaben gedruckt, und ich bin fassungslos über diese ideologische Plakatwerbung, die sich auch an mich richtet.

Die islamische Vermummung ist also mein Schutz vor Gefahr, so wie die Muschel eine Perle schützt. Und der aufgezwungene Schleier ist ja deshalb erst recht kein Gefängnis. Das Mädchen auf dem Foto freut sich schließlich über seine Unfreiheit. Welch Hohn! Und welch Affront! Männer werden zu willenlosen Raubtieren degradiert, gegen die frau sich unbedingt verteidigen muss, und das Weib ist stets die lockende Versuchung, sodass nur die ordnungsgemäße Einsackung Abhilfe schafft. Und dann dieser saublöde Vergleich mit der Auster! Ich kann mich nicht entscheiden, ob ich lachen oder weinen soll.

Religion versucht krampfhaft, Sexualität zu verbannen, und sexualisiert damit das gesamte gesellschaftliche Zusammenleben. Dabei existierte in der muslimischen Welt jahrhundertelang eine ausschweifende erotische Kultur. Die literarischen Werke großer Gelehrter zeugen davon. Liebe und Begierde, sogar zwischen Männern, gehörten zur Tradition und wurden in unzähligen Gedichten besungen.

Wo ist all das geblieben? Die Kunst, die Lust und die Freiheit?

Vermutlich in den letzten beiden Jahrhunderten verloren gegangen, irgendwo zwischen Kolonialisierung, Industrialisierung und Ideologisierung. Und so wich die Ungezwungenheit dem Zwang. Alles, was ich jetzt sehe, ist Angst. Die Angst einer Religion und eines Staates vor Weiblichkeit, vor Körperlichkeit.

Tatsächlich ist das noch eine harmlose Propaganda, vielleicht um ausländische Touristinnen nicht zu verschrecken, aber man möchte uns ja nichtsdestotrotz auf das Verschleierungsglück hinweisen. Auf anderen Plakaten werden schlecht verpackte Frauen gern mit verschimmelten Zwiebeln verglichen oder mit angelutschten Lollis, an denen Fliegen kleben.

Ja, ich wusste das vorher, wusste um die Pflicht zum Hejab und die damit einhergehende Repression, und ich bin dennoch in den Iran gereist. Doch es ist ein Unterschied, ob ich in Deutschland nur darüber lese oder die Schmähung hier am eigenen Leib erfahre. Mich unterdrückt fühle. Und eine Zwangsjacke trage, die sich Muschel nennt. Wer sich verhüllen will, soll sich verhüllen, aber gezwungen werden darf niemand auf der Welt.

Übrigens sitzen auch weibliche Abgeordnete in der Regierung, die ihren männlichen Kollegen bezüglich Frauenfeindlichkeit in nichts nachstehen. Das soll nicht unerwähnt bleiben.

Fatemeh, Atafeh und Pooneh beachten den Aufsteller gar nicht. Sie scheinen keinerlei Probleme mit dem Hejab zu haben, sie tragen ja sogar den Tschador freiwillig und machen nicht den Eindruck, als wären sie geknebelt und geknechtet. Genauso wenig wie die vielen Chadoris in Qom oder die Dame im Taxi.

Wir verlassen den Innenraum und steigen auf das Dach des Badehauses, das aus lehmfarbenen Kuppeln und Schornsteinen besteht. Der kleine Junge hüpft aufgeregt umher, fällt auf die Nase, quetscht zwei Tränen hervor, wird von uns angelacht und vergisst den Schmerz sofort wieder. Pooneh streichelt ihm über den Kopf und fragt mich auf Persisch, ob ich ebenfalls Kinder hätte.

»Nein«, antworte ich. Sie betrachtet mich ein paar Sekunden und seufzt auf. Ich erwähne nicht, dass ich auch zukünftig keinen Nachwuchs in die Welt setzen werde, weil ich tatsächlich nicht möchte, weil in mir rein gar nichts nach Mutterschaft drängt. Diese Haltung führt schon in Deutschland oft genug zu hitzigen Diskussionen.

Aber verheiratet sei ich doch sicherlich? Die Cousinen schauen mich zuversichtlich an, alle drei sind längst unter der Haube.

»Nein«, entgegne ich wieder.

Pooneh schüttelt den Kopf, und Fatemeh übersetzt ihren Appell: »Du bist alt, du musst dich beeilen, sonst will dich keiner mehr.«

Wenig später betreten wir ein historisches Herrenhaus zwei Straßen weiter. Fatemeh dolmetscht Atafehs Erklärungen zu einer Säule, und ich verstehe nichts, insbesondere, da Pooneh pausenlos auf Persisch dazwischenredet. Also nicke ich, lächle und folge den Cousinen zur nächsten Säule. Wo wir sind, bleibt mir ein Rätsel, und so stehe ich irgendwann neben einer Teppichknüpferin am Knüpfstuhl, die wohl selbst als Touristenattraktion hierhin abgestellt wurde. Ich darf ein paar Wollfäden in einen Perserteppich knoten. Und das ist verflixt schwierig, denn ständig verliere ich die Maschen und schnüre falsch. Atafeh übernimmt. Schnell und geschickt fädelt sie die Wolle zu einem Muster, und mir drängt sich der Verdacht auf, dass die Gute das nicht zum ersten Mal macht.

Die Weberin hat vor einigen Tagen mit der Arbeit an dem Teppich begonnen, und schon jetzt ist er wunderschön. Elfenbeinfarben, durchzogen mit gelben und zartrosa Blumenmotiven und hellblauen Bordüren.

Der älteste erhaltende Knüpfteppich unseres Planeten stammt aus dem 5. Jahrhundert v. Chr. und ist in der St. Petersburger Eremitage ausgestellt. Nomaden fertigten die Läufer damals in der Mongolei an, um die Zelte zu verkleiden und ihre Füße zu wärmen. In Persien erreichte die Teppichkunst ihre Blütezeit in der Safawiden-Dynastie vom 16. bis zum 18. Jahrhundert.

Der größte handgeknüpfte Teppich der Welt liegt übrigens in einer Moschee in Abu Dhabi unter dem größten Kronleuchter der Welt. Im Jahr 2006 knüpften rund 1200 iranische Damen in Teheran den über 5600 Quadratmeter mächtigen Perserteppich. Siebenundvierzig Tonnen wiegt er, und vier Millionen Euro soll das exquisite Stück gekostet haben. Der Leuchter wurde in Deutschland geschraubt, ganz nebenbei bemerkt.

Die drei Tschador-Girls laden mich zum Abendessen ein, und ich nehme die Einladung an. Zuerst zögere ich aus alter Gewohnheit, doch eine weitere irritierende Textnachricht von Ahmad überzeugt mich, vorerst das Hotel zu meiden und darauf zu hoffen, dass er bald Feierabend macht und nach Hause geht: *One day and one night with you is so great for me to enjoy ourselves together side by side. Thankful.*

## Hitler, Gott, Marilyn Monroe und ich

Raus aus der Altstadt, rein in das heutige Kashan, das dem Europäer so wuselig erscheinen mag wie so viele andere iranische Städte auch.

Pooneh kauft am Straßenrand Fladenbrot, während sie einem Motorradfahrer ausweicht und ihren Sohn hinter sich herschleift. Fatemeh verspricht, die Wohnung sei nur fünf Minuten Fußweg entfernt, und Atafeh bleibt an einem Büdchen mit Handtaschen hängen. Nach einer Stunde, zwei Klamottenshops und zwei Schuhläden später laufen wir immer noch durch die zappeligen Straßen und winken schließlich einem Taxi.

Das Haus liegt in einer Gasse ganz in Dunkelheit versunken. Wir steigen die schiefen Treppen hinauf und betreten eine traditionelle iranische Wohnung ohne Möbel. Nur ein kleines Schränkchen steht in der Ecke, darauf ein Röhrenfernseher. Die Böden sind mit Perserteppichen ausgeschlagen, Sitzkissen lehnen an kahlen Wänden, von denen der Putz abblättert.

»Wer wohnt hier?«, frage ich Fatemeh.

»Ich«, lächelt sie.

Warum dann Pooneh in die Küche stürmt und kocht, Atafeh in eine Jogginghose mit Micky-Maus-Köpfen schlüpft und Fatemeh neben mir sitzen bleibt, als wäre sie selbst zu Gast, verstehe ich nicht. Und ich werde auch drei Stunden später immer noch nicht wissen, wem die Bude gehört.

Da keine Männer anwesend sind, legen wir endlich die Tücher ab. Der Hergang gleicht der Enthüllung eines Gemäldes, so neugierig sind wir aufeinander. Dicke schwarze Locken kommen bei Pooneh und Atafeh zum Vorschein, dann die Überraschung: Die schöne Fatemeh zieht sich den Schleier vom Kopf und leuchtet in Wasserstoffblond. Sie streicht mit ihren Fingern durch den Bubikopf und grinst. Eine iranische Marilyn Monroe. Das hätte ich nie gedacht, und sie ist tatsächlich noch ein paar Gramm schöner als vorher. Ich freue mich, und Fatemeh freut sich, weil ich mich freue.

Pooneh serviert Tee und Kekse, während der kleine Junge mir gegenüberhockt und mich anstarrt. Atafeh schleppt aus dem Nebenraum einen zusammengerollten Teppich in die Wohnstube.

»Den hat sie selbst gemacht«, erklärt Fatemeh.

Sie rollen ihn aus, und er nimmt die Hälfte des Wohnzimmers ein. Fast zwei Jahre hat Atafeh daran geknüpft, und er ist eindrucksvoll. Hellbraun und mit grünen Blättern liegt er vor mir. Ich bewundere ihn und spreche der Künstlerin meine Hochachtung aus.

»Willst du ihn kaufen?«, fragt Fatemeh.

Diesmal lehne ich dann doch ab, und die Mädels rollen ihn wieder ein.

Pooneh kredenzt Nüsse und lobt die Stoffqualität meines Kopftuches, mit dem sich ihr kleiner Sohn gerade einwickelt.

»Glaubst du an Gott?«, fragt Fatemeh plötzlich.

Eine delikate Frage in einer Theokratie.

»Nein. Aber du glaubst an ihn, nicht wahr?«

»Natürlich«, sagt sie, »wer sonst besitzt die Kraft, bunte Blumen zu erschaffen?«

Eine nahezu poetische Äußerung, und ich beschließe, nicht zu widersprechen. Pooneh reicht die nächste Runde Chai, und mein Handy vibriert.

Ahmad: *I was alone. And you leave me alone. But I know you are with me and I love you. Understand. I do not know why I feel you. I really like and tonight I'll stay until eleven o'clock waiting for you to come and see you.*

Atafeh springt auf und holt aus dem Nebenraum ein dickes Fotoalbum mit ihren Hochzeitserinnerungen. Letztes Jahr hat sie geheiratet.

Fatemeh schaut mich an und lächelt. »Ich mag euch Deutsche«, sagt sie und bindet sich die blonden Haare zu einem Zopf, »ihr seid auch Arier wie wir.« Das sitzt. Und doch werde ich diesen Satz noch sehr viele Male im Iran hören. Mit nationalsozialistischem Gedankengut hat er rein gar nichts zu tun.

Iran heißt in der ursprünglichen Übersetzung »Land der Arier«, und im Sanskrit bedeutet *arya* »Herr«. Damit bezeichneten indoiranische Stämme aus Indien und der iranischen Hochebene sich selbst. Und das schon vor mehreren Tausend Jahren. Die altpersischen Könige kannten die Überlieferung und nannten sich später ebenfalls Arier.

Im 18. Jahrhundert entdeckten europäische Gelehrte den Terminus wieder und verzerrten die eigentliche Bedeutung, um linguistische Entwicklungen zu erklären. Die Bezeichnung »Arier« fand so ihren Weg in den Okzident. Im 19. Jahrhundert entkoppelten Pseudowissenschaftler und Rassenfanatiker das Wort endgültig von der Sprachforschung und verbanden es mit einer biologischen Abstammungsgemeinschaft. Schließlich stülpten sich die Nazis den Begriff über und propagierten die »arische Rasse«. Der Rest ist bekannt.

Wenn sich also Fatemeh als arisch bezeichnet, hat das zumindest eine historische Grundlage. Tut ein Deutscher das, ist er einfach nur ein Arschloch.

»Was ist mit Hitler? War er ein guter Mann?«, fragt Fatemeh und beißt in einen Keks.

»Nein, Hitler war ein böser Mensch, und er hat Deutschland in die Katastrophe geführt.«

»Ja?« Sie schaut mich mit ihren Gazellenaugen an. »Das wusste ich nicht.«

In einigen Weltgegenden wird man als Deutscher zu Hitler beglückwünscht. Weil der Antisemitismus eine Seuche ist, die immer noch in unzähligen gehirnamputierten Köpfen herumgeistert. In vielen arabischen Schulbüchern ist Israel nicht einmal auf der Landkarte verzeichnet. Hitler wird als Held gefeiert. Und die jüdische Weltverschwörung sei sowieso im Gange, ist man sich sicher.

Auch im Iran gibt es die geistigen Tiefflieger. Der staatliche iranische TV-Kanal Sahar-1 produzierte 2004 die Fernsehserie *Zahras blaue Augen*. Der Mehrteiler handelt von einem jüdischen Politiker, der palästinensische Kinder entführt, um ihnen Organe zu entnehmen. Die blauen Augen des Mädchens Zahra sind für den blinden Sohn des Politikers bestimmt. Die Serie ist nach wie vor in einigen arabischen Ländern beliebt und wurde sogar ins Türkische übersetzt.

Den Cousinen unterstelle ich jedoch keine Judenfeindschaft, sondern schlicht Unkenntnis. Schlimm genug.

Fatemeh denkt kurz nach, dann beißt sie wieder in den Keks. Das Gespräch über Hitler ist genauso schnell vorbei, wie es begonnen hat. Und Atafeh hält mir ihre kitschigen Hochzeitsfotos unter die Nase.

Es klingelt an der Tür. Die drei Cousinen ziehen schnell die Schleier über die Köpfe und deuten auf mein Tuch. Die Männer kommen. Vater, Bruder, Ehegatten und ein vierzehnjähriger Junge. In konservativen Familien muss ich als Gast ohnehin verhüllt sein, doch die anderen Frauen normalerweise nicht. Weil sich aber jener halb reife Neffe achten Grades angekündigt hat, der nicht direkt verwandt ist mit den Mädels, gilt Hejab-Pflicht. Für alle.

Mein Herz klopft, schließlich sitze ich hier in der Wohnung von fremden Menschen und weiß nicht, ob ich nur überflüssig bin oder völlig unerwünscht.

Im Türrahmen erscheint eine adrette Frau, die einen Jungen mit Knopfaugen im Arm hält. Fatemeh begrüßt sie und knuddelt das Kind. »Das sind meine Mutter und mein Sohn Morteza«, strahlt sie.

»Salam«, sage ich. Die Dame lächelt und gibt mir die Hand.

Ein Mann mit Rauschebart, durch den sich silberne Strähnen ziehen, betritt den Raum. »Mein Vater«, erklärt Fatemeh.

»Salam«, sage ich. Der Herr nickt und gibt mir nicht die Hand.

Es folgen Fatemehs und Atafehs Ehemänner, ein Bruder (leider weiß ich nicht, von wem) und der Teenagerneffe. Wir begrüßen uns höflich und mit reichlich Abstand. Pooneh bringt die nächste Runde Chai, und Atafeh rollt jetzt den *Sofreh* aus, ein großes quadratisches Tuch aus Plastik, worauf später die Speisen aufgedeckt werden. Der kleine Morteza ist vielleicht zwei Jahre alt, und er hat das gleiche schöne Antlitz wie seine Mutter. Wenn er läuft, wippen seine braunen Locken.

Fatemehs Vater spricht ein paar Sätze Englisch und fragt mich aus. Wie mir der Iran gefalle, und woher ich käme?

»Ah, Deutschland? Vor vielen Jahren war ich beruflich in Frankfurt. Deutschland ist ein gutes Land.« Er schaut mich mit warmen Augen an, und ich schaue gern in sein Gesicht. »Wie lange bleiben Sie im Iran?«, will er wissen.

»Einen Monat. Bisher habe ich Teheran, Qom und Kashan gesehen.«

Wir sitzen auf dem Boden um den Sofreh herum, und die Familie lauscht meinen Erzählungen. Fatemeh übersetzt, bis sich die Mutter einmischt: »Sind Sie etwa ganz allein unterwegs?«

»Ja.«

Nun folgt jene altbekannte Frage, die Mutter, Vater, Bruder, Ehemänner und Teenager in den letzten zehn Minuten beschäftigt haben wird.

»Sind Sie verheiratet?«

Eine harmlose Erkundigung, ein Angebot für ein Gespräch, denn jede Frau in meinem Alter ist ja schließlich »heimgeführt«. Deshalb rechnet das Auditorium mit einem selbstverständlichen »Ja«, damit wir danach allesamt weiterplaudern können. Über meinen Ehemann, der mich allein reisen lässt, über seinen Beruf und über das Familienleben in Deutschland.

»Nein.«

Ich spüre die Irritation und wie die Zuhörer überlegen, ob ich verschroben sei oder schwierig. Die Stille wird durch den kleinen Morteza durchbrochen, der am Saum meines Kopftuches zerrt und Gekicher auslöst.

Pooneh reicht in bunten Schüsseln *Ash*, eine dicke Suppe aus Spinat und Kräutern. Dazu ein salziges und mit Kohlensäure versetztes Joghurtgetränk, genannt *Dugh*. Nach heutigen archäologischen Befunden kannten bereits die indoiranischen Stämme den Dugh, und damit gehört er zu den ältesten Getränken der Welt. Unser Dugh kommt allerdings nicht aus dem Euter, sondern aus einer Eineinhalbliter-Plastikflasche. Sowohl Ash als auch Dugh schmecken köstlich, und ich bedanke mich bei Pooneh. Sie freut sich und räumt ab, mithelfen darf ich nicht.

Die Männer wechseln in den Nebenraum, die Frauen verweilen in der Wohnstube und in der Küche. Atafeh streift einen Tschador über sich, ihr Kopftuch und die Micky-Maus-Hose, dann zieht sie sich mit Fatemeh in eine Ecke des Zimmers zurück. Die beiden beten zu Allah, und ich sitze ein wenig verloren herum.

Poonehs Sohn hat mein Handy entdeckt und will es sich greifen. »Na«, flüstere ich auf Persisch und gucke streng. Enttäuscht klaut er daraufhin Morteza einen Keks, und der Kleine fängt an zu weinen. Mit anderen Worten: Es läuft prima.

Während ich unbeholfen Mortezas Kopf tätschle und Poonehs Jungen ein Stück Fladenbrot in die Hand drücke, vibriert mein Telefon erneut.

Ahmad: *I am waiting for you to come to me with hugs you take comfort. Thank you. And do not talk to anyone because it is secret.* Acht gebrochene Herzen. Elf lachende Smileys.

Nadine: *No, do not wait for me. I'm at dinner with friends. And my boyfriend is waiting for me in Germany. Sorry. Good night.*

Ruhe. Keine Antwort. Hoffentlich hat er es endlich geschnallt.

Nach dem Gebet sitzen wir Frauen um den Sofreh herum. Die Männer im Nebenraum scheinen über Smartphones zu diskutieren, so genau weiß ich das nicht. Als die Uhr elf schlägt, bedanke ich mich für den schönen Tag und will mich verabschieden. Entgeistert schauen mich die Frauen an.

»Aber es gibt doch noch Abendessen!«, entgegnet Fatemeh, und Pooneh steht der Mund offen. »Ach so«, sage ich und setze mich wieder hin.

Eine halbe Stunde später stellt Atafeh eine Platte mit Basilikum, Petersilie und Minze auf den Sofreh, von der sich jeder bedienen kann. Die Männer gesellen sich zu uns, und Pooneh deckt Fleischbällchen auf, eine Kashaner Spezialität und heute extra für mich zubereitet, meint sie und freut sich.

In Deutschland lebe ich seit über zwanzig Jahren vegetarisch, teilweise sogar vegan. Ich betrachte das gekochte Schaf eine Weile lang, dann nehme ich ein Bällchen, rolle es mit den Kräutern ins Fladenbrot und esse. Fatemehs Vater greift sich ebenfalls einen Fleischkloß, umwickelt ihn mit Brot und fragt mich, was ich eigentlich in Qom gemacht hätte. Ich zeige ihm ein Foto auf meinem Handy, darauf lächeln der Mullah und ich in die Kamera. Die Familie scharrt sich um das Telefon und gluckst. Eine Ausländerin im Tschador neben einem Geistlichen ist wohl ein komisches Motiv.

»Please wait«, sagt der Vater und zückt sein Smartphone. Er scrollt und zieht mit seinen Fingern ein Porträt des Obersten Führers Khamenei groß.

»Wissen Sie, wer das ist?«, testet er mich.

»Das ist Ali Khamenei«, antworte ich.

Der Vater strahlt und lacht: »Yes, Khamenei!« Er küsst das Bild und jubelt: »I love Khamenei!«, küsst und jubelt: »I love Khamenei!«

Diese Liebesbekundung kommt überraschend, und ich weiß nicht, wie ich reagieren soll. Ich lächle dem Vater zu, während die Mutter ihren Gatten streng von der Seite anschaut, als wollte sie ihm sagen: »Erschreck das deutsche Mädchen doch nicht so.« Der freut sich immer noch wie ein Schnitzel und hält mir Khameneis Konterfei vor die Nase. »He is a good man! I love him!«, wiederholt er und küsst das Display. Ich nicke. Dann steckt er endlich das Handy zurück und wechselt mit den anderen Männern den Raum.

Jetzt hätte ich wirklich gern einen Schnaps, aber den wird es hier voraussichtlich nicht geben. Die Uhr schlägt Mitternacht, und ich bezweifle, dass mein traditionelles Gasthaus mit einer 24-Stunden-Rezeption aufwartet.

»Du kannst hier schlafen«, meint Fatemeh und zeigt mir in einer Abstellkammer einen mannshohen Stapel mit Decken. Sie fragt dreimal nach, und ich lehne dreimal dankend ab. Atafeh beschließt, das Hotel anzurufen und nachzufragen, ob es noch geöffnet hat. Ich nenne den Namen, sie googelt irgendetwas und wählt eine Nummer aus dem Internet. Das Telefonat dauert ganze sieben Minuten, und Atafeh quasselt ununterbrochen. Mit wem redet sie bloß? Hoffentlich nicht mit Ahmad, aber der müsste längst Dienstschluss haben. Sie legt auf.

»Und?«, frage ich.

»No problem«, antwortet sie.

Gegen ein Uhr nachts und zwei weiteren Fingerzeigen auf den Deckenstapel brechen wir auf. Bevor ich mich von Pooneh, den Kindern, der Mutter, dem Bruder, den Ehemännern und dem Jüngling verabschiede, soll ich noch meine Handynummer, E-Mail-Adresse und meinen Instagram-Account in Atafehs Poesiealbum schreiben. Sie holt ein Büchlein aus der Schublade und reicht es mir. Auf dem Umschlag lächelt mir Khamenei entgegen.

Der Vater fährt das Auto, Fatemeh sitz mit mir hinten auf der Rückbank, Atafeh gibt Anweisungen. Die beiden Cousinen begleiten mich zum Eingang des Gasthauses, und wir verabschieden uns mit drei Küssen. Der Vater winkt aus dem Fenster seines Saipas und lacht. Trotz seiner politischen Überzeugung mag ich ihn. Und das verwirrt mich. Auch die Tschador-Girls sind allerliebst und großherzig. Ich bin dankbar für diesen Tag und ahne, dass es mehr zwischen Schwarz und Weiß geben muss, als ich dachte.

Ein Mann öffnet die Pforte und reibt sich die Augen. Das Klopfen scheint ihn geweckt zu haben.

Mein Zimmer ist klamm und kalt, es dauert noch zwei Stunden, bis ich endlich einschlafe.

## In die Wüste geschickt

Nach dem Frühstück fängt mich Ahmad ab. Er ist sauer.

Warum ich erst so spät zurückgekommen sei und den Nachtwächter geweckt hätte, will er wissen. Das Hotel sei da schon längst geschlossen gewesen.

»Aber ein Mädchen hat doch angerufen und Bescheid gesagt«, entgegne ich.

»Hier hat niemand angerufen«, mault er, und ich bin ratlos.

»Außerdem«, holt er aus, »habe ich bis zwölf Uhr auf dich gewartet!«

»Ach, ja das«, murmle ich, »da hast du was falsch verstanden.«

»Du wolltest meine Freundin sein!«

»Ich habe schon einen Freund!«

Treffer! Ahmad schweigt. Ich versuche, die Wogen zu glätten. »Das war alles ein bedauerliches Missverständnis. Tut mir leid.«

Ich lächle ihn an. Ahmad schiebt wie ein trotziges Kind die Unterlippe vor.

»Frieden?«, frage ich. Es vergehen ein paar Momente. »Nicht böse sein. Es tut mir ehrlich leid«, füge ich hinzu und klimpere mit den Augen. Ahmad seufzt, schaut mich an. Ich lächle.

»Okay«, meint er schließlich, zieht mich mit seiner Bärenkraft an seine Brust und erdrückt mich fast, »aber nur, wenn wir jetzt zusammen Wasserpfeife rauchen.«

Seit 500 Jahren gehört die *ghalyun* zur persischen Tradition, obwohl das Regime ständig Verbote ausspricht. Die Einwohner stört das nicht, und in den Teehäusern pofeln sowohl Männer als auch Frauen.

Wir setzen uns auf die mit Teppichen ausgelegte Estrade in den Schatten. Die Holzkohle glüht in dem Kopf der Pfeife, der Tabak schmeckt nach Kokos, und das Wasser blubbert bei jedem Zug. Da jetzt alle Missverständnisse zwischen uns ausgeräumt sind, ist die Stimmung gelöst und frei von Flirtereien. Unser Gespräch plätschert wieder so launig wie der Brunnen, und Ahmad zeigt mir, wie man anständig pafft. »Wenn man die Ghalyun weitergibt, dann tippt man sich gegenseitig mit den Fingern an«, erklärt er, und ich huste.

In einer halben Stunde ist Treffpunkt an Hosseins Buchladen, und Ahmad will mich unbedingt chauffieren, zu Fuß wären es drei Minuten. Nach der Friedenspfeife packe ich meinen Ranzen, und der Hotelier startet den Motor. Die Fahrt dauert eine Viertelstunde, und bevor er mir die Hand zum Abschied reicht, möchte er mir noch etwas schenken. Aus dem Handschuhfach holt er ein kleines Päckchen und übergibt es mir. Ich öffne es, und ein goldverzierter Ring mit türkisgrünen Perlen schimmert mir entgegen. Auch wenn wir uns nicht umarmen, so ist die Verabschiedung herzlich, wir lächeln, und ich bin froh, dass Ahmad nicht mehr sauertöpfisch ist.

Hossein telefoniert im Schatten der Markise. »Die Fahrer sind bald da«, sagt er in die Runde, die aus einem Ehepaar aus Frankreich, einem Australier und zwei ebenfalls französischen Jungs besteht. Alle sind Anfang dreißig.

Mit Adrien komme ich ins Gespräch. Er und sein Kumpel Jean reisen zwei Wochen durch den Iran und sind vorgestern erst gelandet.

»Weißt du, wohin wir gleich fahren?«, frage ich, und Adrien kann zum Glück in seinem *Lonely Planet* nachschlagen.

»In die Dasht-e-Kavir-Wüste«, liest er vor. Klüger macht uns das nicht.

Matt, der Australier, ist ebenfalls seit zwei Tagen im Iran und trägt schon jetzt einen Achttagebart. Auch er blättert in seinem *Lonely Planet* und zuckt mit den Schultern.

Drei klapprige Autos rauschen an. Patrice hievt den riesigen Trolley seiner Liebsten in den Kofferraum. Alyssa ist schwarz. Diese Information ist normalerweise irrelevant, aber hier in Persien wird Alyssa immer und überall wie ein Naturwunder umringt und bestaunt. Männer treten aus ihren Shops, Frauen drehen sich um, und Kinder tuscheln.

»Nervt dich das nicht?«, frage ich sie.

»Ach«, antwortet die Hübsche mit einem ausgeprägten französischen Akzent, »ich bin das gewohnt.«

Das Pärchen und ich teilen uns ein Auto, die beiden anderen Franzosen und der Australier steigen in das nächste. Angeführt wird unsere Karawane von einem Saipa, in dem die beiden iranischen Guides sitzen. Zwei Mittzwanziger in Flip-Flops.

Unser Fahrer grinst und schaltet das Radio ein. »Let's go«, sagt er und gibt Gas. Mit orientalischen Klängen brausen wir der Wüste entgegen. Durch die Heckscheibe ziehen sich Sprünge, und in der Ecke klebt ein von der Sonne vergilbtes Foto. Darauf lächelt Khamenei.

# Das Paradies liegt in Persien

»Ein Paradies, in dem die besten Früchte der Welt wachsen und das durch vier Kanäle geteilt ist, in denen Milch, Honig, Wein und Wasser fließen.« Das schrieb Marco Polo im 13. Jahrhundert über die Gärten Persiens.

*Pairi-daeza* ist der altiranische Begriff für »Garten«, woraus sich später unser »Paradies« abgeleitet hat. Frei übersetzt, bedeutet das Wort »rundum eingemauert«, denn die Grünanlagen galten als Orte der Erholung, an denen Privatsphäre geschätzt wurde.

Fünfzehn Minuten südwestlich von Kashan erstreckt sich der Fin-Garten. Er zählt zu den berühmtesten Gärten Irans und ist so ein Paradies. Adrien, Jean und ich lustwandeln auf blumenumsäumten Pfaden, hören die Vögel zwitschern und stellen uns vor, wie vor einem halben Jahrtausend Monarchen und Höflinge hier ebenfalls entlangpromenierten. Rosen duften, Springbrunnen murmeln, Wasser fließt durch blau gepflasterte Kanäle, und knorrige Bäume schaukeln im Wind. Persien hat's drauf.

Aus griechischen Quellen und archäologischen Ausgrabungen wissen Forscher, dass der älteste persische Palastgarten von Kyros dem Großen im Südiran errichtet wurde. Und das schon vor 2500 Jahren. Damit legte der König den Grundstein für das Erscheinungsbild der orientalischen Gartenkultur. Seit Jahrhunderten unterliegen alle persischen Gärten strengen Gestaltungsrichtlinien und werden durch vier Elemente bestimmt: Wasser, das aus Kanälen und Fontänen sprudelt, Schatten, der vor Hitze schützt, Sonnenlicht, das Formen und Muster auf den Boden sprenkelt, sowie Arkaden und Pavillons, die zum Verweilen einladen. Diese Gartenkunst ist tief in die persische Kultur eingepflanzt, und noch heute weben die Knüpfer in ihre Teppiche meist Abbildungen von Blumen und Bäumen ein. Die Teppichumrandung versinnbildlicht Wege und Grenzmauern.

Ab 1852 verbanden die Perser mit dem Fin-Garten allerdings unschöne Erinnerungen. Ministerpräsident Amir Kabir wurde im Hamam des Gartens ermordet; wahrscheinlich auf Geheiß des Königs. Nach dem Attentat verwitterte das Paradies und wurde erst nach 1935 wiederaufgebaut. 2011 schaffte es der Fin-Garten auf die Liste des UNESCO-Weltkulturerbes.

»Man muss nicht erst sterben, um ins Paradies zu gelangen, solange man einen Garten hat«, sagt ein persisches Sprichwort. Und wer jemals eines dieser Paradiese betreten hat, der weiß genau, was gemeint ist.

## Sand und Safran

Zwischen den Zehen ein Sandmeer, so warm und weich wie eine Daunenbettdecke, am Himmel ziehen Wolken Weiß auf Blau. Der Wind rauscht durch das Haar, zeichnet Wellen in den goldgelben Ozean und schluckt die Geräusche der Welt.

Ich sitze auf einer Düne, blicke in die Wüste und frage mich, warum ich für diesen Moment 35 Jahre gebraucht habe. Warum ich noch nie auf einer Düne in der Wüste saß, sondern lieber im Düsseldorfer Nieselregen einer Straßenbahn hinterherhetze, mit hochgeschlagenem Kragen vorbei an Glas und Beton. Mein Herz wusste seit Äonen, dass ich dort falsch bin. Man sollte stets auf sein Herz hören.

Die Sonne sinkt herab und färbt jedes Sandkorn in ein sattes Safrangelb, wie ein Maler, der Gold, Grau und Rot miteinander auf der Leinwand vermischt. Ich lasse die Wüste durch meine Finger rieseln, lausche der Stille und atme den Geruch von Sand. Wie riecht Sand? Süß oder herb? Nach Erde oder Luft? Gibt es dafür überhaupt Worte?

In der Ferne rufen die Fahrer nach uns. Der Tag neigt sich dem Ende entgegen, und bald wird der Salzsee, unser nächstes Ziel, in Düsterheit getaucht sein. Wir müssen uns beeilen, wenn wir ihn noch sehen möchten.

Mit Wehmut verlasse ich meine Düne und laufe zurück zu den Autos, den Wind in meinen offenen Haaren. Hier draußen dürfen wir Frauen das Kopftuch abnehmen, die Iraner legen keinen Wert darauf. Ein paar Augenblicke Freiheit. Wir tragen den Sand ins Auto, unter unseren Nägeln, und der Fahrer gibt wieder Gas, der Sonne hinterher.

Ein Kamel zieht durch die Ödnis, und ich stelle mir vor, wie sich in einigen Jahren Touristenplagen über die Wüste hermachen werden. Wie sie Pizza an Imbissständen mampfen und auf traurigen Trampeltieren reiten. Dabei vergesse ich, dass ich selbst Touristin bin.

Wir erreichen den fast ausgetrockneten See im letzten Licht. Bis zum Horizont ruht der Blick auf einer salzigen Kruste, die lockt und sich zugleich dem Leben verweigert. Wie Neuschnee funkeln die Salzkristalle. Am Ufer verrottet ein Autoreifen in der Abendsonne. Ein Lastwagen, beladen mit Salz, tuckert vorbei.

Es ist dunkel, als wir in der Karawanserei eintreffen. Umgeben von jahrhundertealten Steinwänden, legen wir Decken auf den Boden unseres Schlaflagers und essen Reis von Plastiktellern.

Damit Händler und Reisende auf den Karawanenstraßen für sich und ihre Tiere Schutz finden konnten, entstanden im 10. Jahrhundert die ersten Karawansereien in Zentralasien. Im Hochmittelalter wurden die Wüstenherbergen ausgebaut und erstreckten sich über den gesamten Orient, meist nur einen Tagesmarsch voneinander entfernt. Hinter dicken Mauern lag der Innenhof, eingerahmt von Ställen und Quartieren. Manche Karawansereien boten sogar ärztliche Versorgung, Bäder und Moscheen.

Unsere Bleibe zählt eher zu den schlichten Bauten und ist verschwenderisch sparsam. Die Toiletten draußen vor der Tür riechen noch nach Mittelalter, unsere Bettstatt ist fensterlos und besitzt den Charme eines Kellerverlieses. Nur eine nackte Glühlampe flimmert. Wer hier wohl in den letzten Jahrhunderten übernachtet hat, und wie viele Geschichten von Dschinn, Safran und Goldschätzen es zu erzählen gibt? Hier an der Seidenstraße.

Später am Abend tapsen Adrien, Jean und ich hinaus in die schwarze Steppe. Wir steigen über Sträucher und Steine, und ich denke an Schlangen und Skorpione. Nur das Display des Handys spendet Licht, der Himmel ist finster. Kein Mond, keine Sterne. Nichts, das sich anglotzen ließe, und wir kehren um. In dieser Nacht bleibt der Himmel leer, und die Kälte kriecht unter die löchrigen Decken.

Eine Stunde später. Die Lampe brennt nicht mehr, und das ruhige Atmen verrät, dass die Backpacker eingeschlafen sind. Ich liege wach. Im Iran fällt mir der Schlaf noch schwerer als in Deutschland. Sobald ich die Augen schließe, wandern meine Gedanken durch die Straßen Teherans, über die Gipfel des Elburs-Gebirges, fliegen über den Asphalt nach Qom zu dem Mullah und drehen sich im Kreis. Ich zerbreche mir den Kopf über Religion und Freiheit, sehe eine übermalte Europa auf dem Stier und Cupcakes, die in Vitrinen ausgestellt sind. Versuche, die Widersprüche in mir aufzulösen. Pitsche umher wie eine Flipperkugel zwischen Schwarz und Weiß, ahne, da muss mehr sein, als im Westen behauptet wird. Und dann lande ich schließlich in Düsseldorf und gieße meine Rose auf dem Balkon. Sie erinnert mich an die Rosen im Fin-Garten. Ich kann nicht loslassen, komme nicht vom Fleck, obwohl mein Hirn um die Welt tost. Und plötzlich denke ich an die Weinflasche im Rucksack. Keine Menschenseele weiß von ihr, und ich überlege, ob ich sie jetzt endlich anbrechen soll. Auf der Pepsi-Flasche steht der Slogan »Live the moment now«. In Englisch und auf Persisch.

## Wir sind keine Terroristen

Am Vormittag tingeln wir zusammen mit tausend anderen Urlaubern durch das abgeschiedene Bergdorf Abyaneh. »Abgeschieden« ist aufgrund der Menschenmassen und dem babylonischen Stimmengewirr ein ulkiges Adjektiv. Dass der kleine Ort so viel Aufmerksamkeit auf sich zieht, ist einzig seiner Schönheit geschuldet.

Die Häuser sind aus rotem Lehm geformt und stapeln sich die Gebirgshänge hinauf. In Abyaneh leben nur noch rund 200 Senioren, die in Gässchen und auf steilen Wegen Früchte oder Kunsthandwerk verkaufen. Wir setzen uns in ein Teehaus, trinken gezuckerten Chai und beobachten die Frauen in ihren Trachten. Schon in der Antike trugen die Einwohnerinnen weiße, mit Blumenmustern verzierte Kopftücher, heißt es. Dazu knielange Röcke und dicke Strümpfe.

Zurück auf der Schnellstraße. Am Horizont schneebedeckte Berge. Links die Steinwüste, rechts eine Atomanlage. *Welcome to Iran.*

Im Jahr 2002 entdeckte die Internationale Atomenergieorganisation jene unterirdische Nuklearanlage in Natanz. Hier wird Uran in Hunderten Zentrifugen angereichert.

»One photo, two years jail!«, lacht der Fahrer und dreht sich zu uns um. Das hätte er gar nicht so beschwingt betonen müssen, denn der Stacheldraht, die Maschinengewehre und Flugabwehrstellungen sind einschüchternd genug. Wir bleiben lammfromm.

Ahmadinedschads nukleare Pläne stießen auf wenig Begeisterung in der Welt. Die EU verhängte ein Ölembargo und fror Gelder der iranischen Nationalbank ein. 2013 änderte sich mit Rohani die politische Situation. Zum ersten Mal seit 1979 telefonierten ein iranischer und ein amerikanischer Präsident miteinander. Nach zwei Jahren zähen Verhandlungen erfolgte endlich die Einigung im Atomstreit. Der Iran versicherte, die Nuklearenergie nicht militärisch, sondern nur zu zivilen Zwecken zu nutzen. Im Gegenzug kündigten die USA und die EU die schrittweise Aufhebung der Wirtschaftssanktionen an. Die Unruhe zwickelt dennoch in der Magengrube, und wir entspannen uns erst wieder, als wir die Atomanlage hinter uns gelassen haben.

Zwei Imbissbuden, ein Dutzend »Welcome to Iran« und vier Moscheen später, in denen Alyssa stets von einer Menschentraube umringt wurde, erreichen wir am Nachmittag Esfahan. Die »halbe Welt«. So heißt die Metropole in einem persischen Sprichwort. Ich tausche mit Adrien Handynummern und lasse mich an einem billigen Hotel absetzen.

Der Fahrer winkt und ruft mir nach: »Bitte erzählen Sie in Ihrem Land, dass wir keine Terroristen sind!«

Das Hotel liegt direkt an einer stark befahrenen Straße, nicht weit vom Zentrum entfernt. Auf einem Stuhl sitzt ein Herr und tippt in ein Handy aus dem vorigen Jahrtausend. Ein junger Mann an der Rezeption vermietet mir das angeblich letzte Zimmer für elf Euro die Nacht. Ich nehme den Schlüssel entgegen, der Herr auf dem Stuhl legt sein Telefon zur Seite und spricht mich an. Auf Deutsch.

»Sie kommen aus Deutschland«, sagt er, »grüß Gott. Mein Name ist Hassan Jafari, und ich bin Tourguide. Willkommen in Esfahan, gnä' Frau. Ich zeige Ihnen die Stadt. Gemma?« Er grinst.

»Äh, ich weiß nicht«, stammle ich. »Wieso sprechen Sie so gut Deutsch?« Ich will keine Tour, doch seine charmante Dreistigkeit und der Wiener Schmäh überrumpeln mich.

»Ich habe in Österreich gelebt. Wie heißen Sie? Soll ich Ihnen mit dem Rucksack helfen? Danach können wir Esfahan beschauen, gnä' Frau.«

Er streicht seine Augenbrauen glatt und kramt in einer kleinen Handtasche.

»Vielleicht später, ich ruhe mich jetzt erst mal aus«, entgegne ich, und Herr Jafari drückt mir seine Visitenkarte in die Hand.

»Rufen Sie mich an, dann gemma, gnä' Frau.«

## Farsi für Anfänger

Da ich nicht mit Wienerisch sprechenden Iranern gerechnet hatte, besuchte ich vor der Reise einen sechswöchigen Farsikurs. Nicht, um tief greifende Konversationen zu führen, das ist gar nicht möglich. Ich wollte nur ein Gefühl für die Sprache entwickeln und dann vielleicht ein paar Höflichkeiten austauschen. Mehr nicht.

»Salam«, hallo, klingt gut. Damit werde ich verstanden. Problem: Es folgt eine Unterhaltung. Auf Persisch.

Um Klarheit zu schaffen, sage ich: »Farsi balad nistam«, ich spreche kein Farsi. Das löst zwar anerkennendes Kopfnicken aus, doch trotzdem fegt ein persischer Redeschwall über mich hinweg. Offenbar denkt der Iraner: Oh, sie sagt, dass sie kein Farsi spricht. Auf Farsi. Also kann sie Farsi. Lasst uns Farsi mit ihr reden. Hurra!

Es folgt ein begeistertes Gespräch, das allerdings einseitig verläuft. Eine Flut mir völlig unbekannter Wörter, seliges Lächeln und Freude prasseln auf mich ein. Dann ein kurzes Innehalten, um meine Antwort abzuwarten. Ich erkläre wieder: »Farsi balad nistam.« Ich spreche kein Farsi. Der Iraner denkt sich: Aber sie spricht doch Farsi! Sie ist nur bescheiden! Und er intensiviert sein kryptisches Geplapper, legt noch einen Zahn zu. Ich versuche es jetzt damit: »Nemifanam.« Ich verstehe nicht.

Der Iraner stutzt, wiederholt das zuvor Gesagte, nun etwas langsamer, und schließt mit einer Frage ab. Auf Persisch.

Ich rate die Antwort, sage »Alman«, Deutschland, und schiebe ein erneutes »Farsi balad nistam« hinterher. Wieder anerkennendes Nicken, und die Unterhaltung wird fortgesetzt. Es hilft alles nichts, und so wage ich den nächsten Satz aus meinem überschaubaren Vokabular und hoffe, dass der Ernst der Lage erkannt wird: »Shoma englisi baladid?« Sprechen Sie Englisch? Dabei lächle ich. Leider muss ich diese Frage mehrmals wiederholen, denn meine Aussprache verhunzt die drei Wörter so dermaßen, dass ausschließlich Ratlosigkeit im Gesicht des Iraners zu lesen ist. Ich kann mich noch so sehr bemühen, persische Sätze richtig zu betonen, trotzdem versteht mich kein Mensch. Jedes verdammte Mal. Ich beschränke mich dann auf »Englisi?«. Englisch? Nach zwei weiteren »Englisi?« ernte ich Kopfschütteln und ein trauriges »Na«, nein.

Nun könnte man annehmen, das Gespräch habe sein natürliches Ende erreicht. Ich wähle bewusst den Konjunktiv »könnte«. Denn der Iraner erinnert sich ja noch an meine insgesamt neun persischen Wörter einige Minuten zuvor und denkt sich: Und sie versteht doch ein paar Brocken. Ich muss nur langsamer sprechen und mehr gestikulieren.

Der Gesprächsfaden wird wieder aufgenommen. Diesmal unterstützt durch ausdrucksstarkes Herumgefuchtel. Und ich seufze leise.

Farsi ist schwierig. Für mich jedenfalls. Die geschriebene Sprache spricht man nicht, und die gesprochene schreibt man nicht. Hinzu kommen die arabischen Schriftzeichen. Da ich nur Zahlen lesen kann, bin ich auf die lateinische Umschrift angewiesen, die immerhin in großen Städten auf Straßenschildern ausgeschrieben steht. Und auch in Textnachrichten und E-Mails benutzen die Iraner häufig die lateinischen Buchstaben und nennen das dann »Finglish«. Also Farsi und *English*. Korrekterweise müsste es »Fenglish« heißen und noch korrekter »Fatin«, Farsi und *Latin*, doch lassen wir das. Finglish schreibt jeder anders und nach Gutdünken.

Der Begriff »Farsi« bezieht sich übrigens auf die Region Pars. Als Persien unter arabischen Einfluss geriet, wurde »Parsi« in »Farsi« umbenannt, da es das »P« im Arabischen nicht gibt.

Einige persische Wörter finden sich sogar in der deutschen Sprache wieder, etwa in »Basar«, »Karawane«, »Pistazie«, »Schach« oder »Paradies«. Und Tausende arabische Vokabeln sind ins Farsi eingeflossen. *Salam* zum Beispiel. Manche Iraner benutzen aus Stolz und Prinzip nur die persischen Begriffe und sagen statt »salam« »durut«.

Farsi ist melodisch. Wie Musik. Stimmt die Betonung nicht, ist der Satz im Eimer. Eine Handvoll Wörter kommen mittlerweile fehlerfrei über meine Lippen.

Wie »kheyli mamnun«, vielen Dank.

»Khubam, merci.« Mir geht es gut, danke.

»Chetori?« Wie geht es dir?

Oder mein Lieblingsausruf »Che khub!«. Welch Freude!

Das reicht für 38 Sekunden Wortwechsel.

Richtig kompliziert wird es, wenn die Familienangehörigen auftreten. Rein sprachlich. *Madar* für »Mutter« und *pedar* für »Vater« sind noch einleuchtend.

Dumm nur, dass persische Familien groß sind. Sehr groß.

Als da wären: *madar* (Mutter), *pedar* (Vater), *khahar* (Schwester), *baradar* (Bruder), *madar-bozorg* (Großmutter), *pedar-bozorg* (Großvater), *dai* (Onkel mütterlicherseits), *amu* (Onkel väterlicherseits), *khale* (Tante mütterlicherseits), *amme* (Tante väterlicherseits), *zan* (Ehefrau), *shohar* (Ehemann), *shohar-e khahar* (Ehemann der Schwester), *shohar-e khale* (Ehemann der Tante mütterlicherseits), *pesar* (Sohn), *dokhtar* (Tochter), *pesar khale* (Cousin mütterlicherseits), *dokhtar amu* (Cousine väterlicherseits), *dokhtar-e khahar* (Tochter der Schwester), *pesar-e baradar* (Sohn des Bruders) und so weiter.

In solchen Situationen sage ich dann: »Khanevade nadaram.« Ich habe keine Familie. Sollte ich damit verstanden werden, so folgen zwar keine tiefschürfenden Dialoge, dafür aber mitleidige Blicke.

# ESFAHAN

## Zweifel

Mein Elfeurozimmer scheint für Liliputaner konzipiert, zwei mal zwei Meter, darin zwei Betten und kein Fenster. Doch es ist sauber, und so beschwere ich mich nicht. Während ich auspacke, lese ich eine Textnachricht von Adrien. Die fünf Backpacker wollen sich gleich in der Stadt treffen. Ich sage ab. Nach eineinhalb Tagen Gesellschaft samt Touri-Programm möchte ich wieder auf eigene Faust losziehen. Und mir die Chance geben, im Iran anzukommen.

Es klopft an der Tür. Der junge Mann von der Rezeption bringt mir frische Handtücher und einen Tee.

»Entschuldigen Sie bitte, aber Sie reisen allein?«, fragt er. »Haben Sie keine Angst?«

Ich bin verwundert über die Frage, doch der Mann bleibt ernst.

»Nein, bisher waren alle sehr lieb zu mir«, antworte ich.

Er nickt und sagt: »Weil Sie aus Europa kommen. Deshalb sind die Iraner lieb zu Ihnen.«

Mit dieser Äußerung habe ich nicht gerechnet. »Wieso glauben Sie das?«

»Länder wie Deutschland sind Sehnsuchtsziele vieler Menschen hier«, entgegnet er, »die wollen weg. Das ist der einzige Grund für ihre Freundlichkeit. Chinesen und Inder werden nicht beachtet. Auch nicht die Bettler auf der Straße. Dafür interessiert sich niemand.«

Die Antwort sticht, und noch Stunden später denke ich über seine Behauptung nach. Stimmt das? Bin ich nur Objekt einer interkontinentalen Begierde? Weil ich aus dem reichen Europa komme? Aus Deutschland?

Ich will das nicht glauben. Und so gehe ich alle Begegnungen und alle »Welcome to Iran«-Begrüßungen der letzten Tage wieder und wieder durch. Suche nach einem falschen Lächeln, nach unechten Tönen. Gewiss, jeder sieht, dass ich Westlerin bin. Aber niemand wollte Geld von mir oder mir Basarplunder andrehen, im Gegenteil, ich wurde stets willkommen geheißen und eingeladen. Hat der Mann tatsächlich recht? Ist meine Menschenkenntnis für die Tonne?

## Pink Revolution

Herr Jafari sitzt nicht mehr im Eingangsbereich, und ich rufe ihn auch nicht an. Das Gespräch über die angeblich berechnende Freundlichkeit der Perser will nicht aus meinem Hirn. Mit beißenden Gedanken im Kopf und einem pinkfarbenen Tuch auf dem Kopf verläuft die nächste Stunde Stadtbesichtigung suboptimal. Ich verirre mich und lande in einem konservativen Viertel. *Che khub!*

Was in Teheran als hip gilt, kann in Esfahan schon grenzwertig daherkommen. Urlauber und Reisegruppen tummeln sich hauptsächlich auf dem Imam-Platz im Herzen der Stadt. Und da bin ich jetzt nicht. Außerhalb der Sehenswürdigkeiten sieht die »halbe Welt« anders aus. Um mich herum ist es stockdunkel. Die Tschadors der Frauen, die Augen der Männer. Nur ich leuchte wie eine Neonreklame am Times Square. Pinkes Kopftuch, rotes Gesicht. Alle glotzen.

Das geschieht mir recht. Falsche Kleiderwahl, schlechter Orientierungssinn, Unachtsamkeit. Nicht einmal ich habe Mitleid mit mir. Leute bleiben stehen, Burschen rufen, zwei Autofahrer hupen. Ich bin die dumme Ausländerin. Hier fühle ich mich so deplatziert wie Reiner Calmund am Salatbuffet. Das Blöde an Kopftüchern ist:

Man kann sie nicht einfach abnehmen und in die Tasche stopfen. Da muss ich jetzt durch.

Ich gebe mich ungerührt, schreite aufrecht und bin innerlich klimperklein. In mir steckt heute keine Revoluzzerin. Keine Modeweltenumstürzerin. Nicht einmal eine Optimistin. Von wegen *think pink*. Ich will nur noch weg. Diese Straße verlassen, dieses Viertel.

## Auf der Flucht

So wie der Ozean einen Ertrinkenden ans Ufer spült, so spuckt mich das Viertel aus und rotzt mich an Land. Unsanft, aber ich habe wieder festen Boden unter den Füßen. Denn in der Ferne entdecke ich eine Traube Touristen und weiß, es ist nicht mehr weit.

Betritt man den Meidan-e Emam, den Platz des Imams, so bleibt nur Staunen. Einen halben Kilometer lang ist er, und wie ein Gemälde wird er von einem Rahmen aus doppelstöckigen Arkaden eingefasst, hinter denen sich der riesige Basar mit all seinen Teehäusern, Karawansereien und Geschäften erstreckt. Hier prunken die Prachtmoscheen Masjed-e Emam und Lotfollah mit dem kaiserlichen Palast Ali Qapu um die Wette. All dies gehört zu den »Bestsellern« des Orients und zählt zum UNESCO-Weltkulturerbe.

Ende des 16. Jahrhunderts ernannte Schah Abbas I. Esfahan zur Hauptstadt Persiens und ließ den Platz errichten, der damals den bescheidenen Namen »Abbild der Welt« trug. Erst nach der Islamischen Revolution wurde er in »Platz des Imams« unbenannt. Gemeint ist Imam Khomeini. Wer sonst.

Zurück zu Schah Abbas I. Das königliche Schlitzohr platzierte die Lotfollah-Moschee, in der die höfischen Damen beteten, direkt gegenüber seines Palasts. Damit hatte er den besten Blick auf die Schönen: die Frauen und das Heiligtum.

Ein paar Jahre später kam die Königsmoschee Masjed-e Shah hinzu, die jetzt Imam-Moschee heißt und ebenfalls nach Khomeini benannt ist. Wem sonst. Das Gotteshaus wird als Meisterwerk islamischer Baukunst angesehen. Die himmelblaue Zwiebelkuppel glitzert in der Sonne.

Der Platz ist überfüllt mit Menschen. Familien picknicken auf dem kurz geschorenen Rasen, Springbrunnen gurgeln, Reisende schießen Fotos. An Ständen wird Safraneis verkauft, und Pferdekutschen poltern an den Arkaden vorbei. Ich freue mich über so viel Glanz und Gloria, sodass ich die schattigen Gedanken und mein pinkes Kopftuch vergesse. Das hier wollte ich sehen. Diese Lust der Perser an Ebenmaß und architektonischer Zügellosigkeit. Ich bleibe stehen, überlege, wie ich mir das Weltkulturerbe erobern kann. Beginne ich links oder rechts, zuerst zur Moschee oder in den Basar?

»Welcome to Iran!« Ein Greis grinst mich zahnlos an.

»Kheyli mamnun«, bedanke ich mich und will gehen. Der Alte packt mich am Arm und erzählt mir scheinbar Wunderliches in Farsi. Ich schüttele den Kopf, sage mein Sätzchen auf und entschuldige mich für meine fehlenden Sprachkenntnisse. Damit ist für mich das Gespräch beendet. Es kann zu nichts führen. Aber der kleine Mann, der mir nur bis zur Achselhöhle reicht, ist hartnäckig.

»Wo kommst du her?«, fragt er auf Persisch. »Alman«, antworte ich wie so oft. Sein Gesicht hellt sich auf, sein Grinsen kringelt sich. Er reckt den Daumen in die Höhe und ruft: »Alman khube!« Deutschland ist gut!

Ich nicke, er lacht. »Kheyli mamnun«, sage ich wieder, füge ein »Khodahafez« hinzu und gehe.

Nach zwei Schritten klopft es an meiner Schulter. Wie mir der Iran gefalle, fragt er weiter. »Iran khube!«, gebe ich zurück und recke ebenfalls den Daumen. Der Kurze ist wie vom Glück getroffen. Von nun an bleibt er an meiner Seite, folgt mir, gluckert unentwegt auf Farsi, lässt mich nicht mehr allein. Er möchte mir gern den Platz zeigen. Den ganzen.

An dieser Stelle sei zu erwähnen, dass der Platz des Imams der zweitgrößte Platz der Welt ist. Gleich hinter dem Platz des Himmlischen Friedens in China.

Ich bedanke mich, lehne ab, doch wir gehen trotzdem zusammen. Bisweilen schaut der Alte zu mir hoch, packt mich am Arm, verharrt und murmelt verzückt: »Alman khube!« Der Daumen ist gereckt, die Freude unendlich. Ich lächle herunter, strecke ebenfalls meinen Daumen und wiederhole: »Iran khube!« So geht das eine Weile.

Der Kleine, der mit seiner zerschlissenen Kleidung und den staubigen Haaren aussieht wie ein Hobbit nach der Rettung von Mittelerde, bleibt an mir kleben. Und verliert er mich kurz in der Menschenmenge, so ist auf mein pinkes Kopftuch Verlass. Hurra. Ich werde den Mann nicht los. Er brabbelt und brabbelt, nur unterbrochen von seinen »Alman khube«-Rufen. Die Konversation verläuft monoton.

Um Abwechslung in unsere Unterhaltung zu bringen, jauchzt er den einzigen englischen Satz, den er kennt: »Welcome to Iran!« Und freut sich.

»Danke, aber ich muss weg!«, sage ich auf Deutsch.

Der Alte stiebt hinterher, und ich stehe kurz vor der Kapitulation.

Ich male mir aus, wie der Beharrliche mich den Rest meines Lebens begleitet. Wie er neben mir im Flugzeug nach Deutschland sitzt und »Alman khube« blubbert, wie er mich zu einem Rendezvous eskortiert, den Daumen reckt und »Alman khube« ruft oder wie wir zusammen an einer deutschen Supermarktkasse warten und er mir ein »Welcome to Iran« wünscht.

Dann erhören mich die Götter: Ein Pferd wiehert und bockt, der kleine Mann dreht sich um, ist abgelenkt. Meine Chance! Ich eile, ja ich renne, schlage Haken und bin davon! Aus den Augenwinkeln sehe ich, wie er mich sucht, wie er mein Kopftuch erspäht, doch zu viele Menschen und Kutschen sind zwischen uns. Wir verlieren uns, und ich bin endlich wieder allein.

Die Freude hält nicht lang, denn jemand spricht mich an. Ein Kerl will Geld. Zum ersten Mal im Iran. Unwirsch, nur Gegrunze. Ich sage in allen Sprachen Nein, schaue weg. Er schwafelt und palavert. Blökt mich an. Zwei junge Frauen nehmen Blickkontakt mit mir auf. Sie sehen meine Verdüsterung und kommen hinzu. Sie sprechen mit dem Mann, es folgt eine Diskussion, dann trollt er sich.

Mahtab und Nasrin sind meine Retterinnen. »Dürfen wir dir den Platz zeigen?«, fragen sie. »Welcome to Iran!«

## We want to be free

Nasrin trägt eine Zahnspange und roten Lippenstift. Mahtab mag Röhrenjeans. Ein Muttermal über ihrem Mund erinnert an die Schönheitsflecke berühmter Hollywooddiven. Die beiden Freundinnen studieren an der Esfahani-Universität Chemie, und ich bin beeindruckt, als sie mir Fotos von sich im Labor zeigen, im Kittel mit Reagenzgläsern in den Händen. Mir imponieren Menschen, die sich für Naturwissenschaften begeistern, denn ich kam nie über ein »Mangelhaft« hinaus.

In ihrer Freizeit streifen die Mädchen gern durch die Innenstadt und machen Selfies für Instagram. Wir fotografieren uns gegenseitig vor der Königsmoschee und spazieren durch den Basar. Es dämmert bereits, als wir in einem Imbiss am Straßenrand einkehren. Wir sitzen auf Plastikstühlen unter weißem Neonlicht, trinken Dugh und naschen *Gaz*, eine Esfahani-Süßigkeit aus Nougat, Honig, Pistazien und Rosenwasser. Nasrin schießt ein Foto von dem klebrigen Konfekt, und während sie es hochlädt, fragt sie mich nach meiner Meinung zum Kopftuchzwang. Als Ausländerin sei es doch sicherlich problematisch für mich.

»I hate it«, antworte ich mit vollem Mund und schiebe den Schleier hinter meine Ohren. »We too!«, nickt Nasrin, und Mahtab sagt: »We want to be free!«

Ein Satz wie ein Vulkanausbruch.

»We wanna live in France some day«, fügt Nasrin hinzu, aber es sei schwierig, ein Visum zu erhalten. Und dann offenbaren die jungen Frauen ihre Unfreiheiten. Nicht nur der Hejab knebelt, sondern erst recht die Forderungen der Verwandtschaft. Mahtab soll heiraten. Leider nicht den Mann, in den sie noch immer verliebt ist. Sie mussten sich trennen, so wollten es die Eltern. Und auch Nasrin darf mit ihren 25 Jahren keinen Freund mit nach Hause bringen. Der zukünftige Gatte wird von der Familie bestimmt.

Mich berührt ihr Schicksal. Keinen Rat, keine Hilfe kann ich anbieten. Nur wünschen, dass Mahtab und Nasrin sich dem Zwang widersetzen können. Ob sie die Kraft haben? Die Wahl? Ob sie irgendwann Hand in Hand mit ihren Liebsten durch Paris schlendern werden? Bittere Gespräche zu süßem Nougat. Wie beschenkt bin ich doch, dass ich in einem freien Land geboren wurde. Ich hoffe, ihr Vulkan bricht eines Tages aus.

## Der Touristenfänger von Esfahan

An der Rezeption wartet Herr Jafari und tippt in sein pleistozänes Nokia. Als er mich erblickt, leuchten seine Augen unter den buschigen Brauen.

»Küss die Hand, meine liebe Dame. Da sind Sie ja endlich, Jessas! Sie müssen mich doch anrufen. Hier ist meine Visitenkarte.« Er kramt in seiner Handtasche und gibt mir erneut ein Kärtchen. »Gemma!«, strahlt er.

Ich schaue in sein Gesicht und bin zu schwach für Gegenwehr. Was soll's. Gemma.

Wir überqueren den Imam-Platz und spazieren zum Zayandeh Rud, dem »gebärenden Fluss«, der sich durch Esfahan schlängelt, und Herr Jafari erzählt Geschichten über Sultane und Safraneis. Kommen uns Touristen entgegen, grüßt er sie und verteilt Visitenkarten. Gehen wir über eine Straße, so läuft er als Schutzwall zwischen mir und den heranbrausenden Autos, schirmt mich ab und hütet mich wie eine Porzellanpuppe. Immer wieder bleibt er stehen, zeigt auf Gebäude und Menschen. »Das ist meine Heimat!«, lächelt er, und ich lächle mit. Seine Begeisterung sprudelt, infiziert, und die »halbe Welt« schimmert in Orange und Gelb. Eine herrliche Stadt.

Der Zayandeh Rud ist den Großteil des Jahres ausgetrocknet, diesen Monat führt er jedoch Wasser. Über den Fluss schwingt sich die 33-Bogen-Brücke, eine zweistöckige Fußgängerbrücke aus dem 17. Jahrhundert und ein Wahrzeichen des Iran. Heute ist Dienstag und spät am Abend, doch trotzdem herrscht Trubel. Unter den Windungen der Brücke picknicken die Esfahanis und hören Musik. Auf dem Bauwerk promenieren Reisende aus aller Welt.

»Lassen Sie uns ein Spiel spielen«, schlägt Herr Jafari vor, »wir raten, aus welchem Land die Touristen kommen. Der Gewinner kriegt ein Eis.«

Ich bin dabei, und er deutet auf eine Gruppe Westler, die Fotos von einem Brückenbogen schießen.

»Franzosen!«, rufe ich. »Italiener«, meint Herr Jafari, läuft hin und schleudert den Ahnungslosen ein fröhliches »Benvenuto« entgegen. Zuerst verwirrte Gesichter, doch dann freuen sich die Touristen, sagen »Grazie« und erhalten einen Stapel Visitenkarten.

»Eins zu null für mich, gnä' Frau«, triumphiert er, und sofort entdeckt er die nächste Kolonne Urlauber.

»Schweden«, wettet er. »Norweger«, widerspreche ich jetzt wesentlich kleinlauter. Er eilt zu ihnen, plaudert, schäkert, Damen kichern, er verteilt Kärtchen und zwinkert mir zu. Verdammt, er hat schon wieder richtig getippt.

»Sie schulden mir ein Eis. Wunderbar!«, ruft er lachend, und ich akzeptiere.

Rund tausend Visitenkarten verballert er jeden Monat, so schätzt er, und sogleich drückt er mir fünf Stück in die Hand. »Für zu Hause.«

Wir flanieren noch eine Weile, schauen aufs Wasser, und Herr Jafari erzählt Anekdoten aus seinem Leben. Bis zum Iran-Irak-Krieg war er Miniaturenmaler auf dem Basar, so wie sein Vater. Auf kleinen Kacheln oder Tellerchen zeichnete er Motive aus der persischen Geschichte und Literatur. Dann karrte er mit einem Krankenwagen die Verletzten von der Front. Ende der Achtzigerjahre beantragte er schließlich Asyl in Österreich. Er landete in Wien, schlug sich durch. Vor einigen Jahren kehrte er zurück. Zusammen mit seiner Frau lebt er jetzt zufrieden in seinem geliebten Esfahan.

Auf dem Rückweg zum Hotel möchte ich ihm das versprochene Eis spendieren, doch Herr Jafari sorgt sich eher um mein leibliches Wohl als um seines.

»Meine liebe Dame, Sie müssen essen, was G'sundes. Kein Eis. Wie wär's mit Kebab?«

»Ich esse eigentlich kein Fleisch.«

»Keine Sorge, gnä' Frau«, lächelt er.

An einer Hamburgerbude bestellt er ein Sandwich, so groß wie ein Kleinkind, und überreicht es mir feierlich. »Da ist kein Fleisch drin, nur a bisserl Hühnchen«, sagt er.

Sein Handy klingelt, und während er telefoniert, ruft er zwei Chinesen »Welcome to Iran!« hinterher. Das Pärchen strahlt, und ich beschließe, wieder an die Freundlichkeit der Perser zu glauben. Wie konnte ich nur jemals daran zweifeln?

Zurück im Hotel, verabreden wir uns für den nächsten Tag. Herr Jafari ist wundervoll, und kaum jemand vermag mir mehr Geschichten über die Stadt zu erzählen als er.

»Morgen gehen wir in die Kirche«, freut er sich und fügt hinzu: »Hier im Hotel brauchen Sie das depperte Kopftuch nicht tragen. Legen Sie es bitte ab. Haben Sie eigentlich Klopapier?«

Er kauft an der Rezeption eine Rolle und schenkt sie mir.

## Herr Jafari und die Oscars

»Gnä' Frau, Sie müssen lächeln!« Herr Jafari fuchtelt mit meiner Fotokamera herum und knipst mich vor Brücken, Häusern, Feuertempeln, Moscheen und Straßen. Sitzen soll ich, dann stehen, grinsen, aber bitte lässig, mit Sonnenbrille, ohne Sonnenbrille – Widerrede zwecklos. Der Mann hat eine Energie wie ein Atomkraftwerk. Und meine Einladung zum Eis weist er immer noch zurück.

Ein gemieteter Fahrer kutschiert uns durch die Stadt, und mein persönlicher Tourguide zeigt mir die »halbe Welt«. Wie überall im Iran kleben auch in Esfahan an jeder Ecke die unvermeidlichen Propagandabilder der Revolutionsführer. Khomeini schaut düster, und Khamenei lächelt. Unter ihnen stehen kernige Sprüche, die ich jedoch nicht lesen kann.

»Was steht auf den Plakaten?«, frage ich.

»Das liest kein Mensch«, antwortet Herr Jafari.

»Aber was steht da?«

An einem Kreisverkehr übersetzt er einen Satz, der unter den Gesichtern der Ayatollahs abgedruckt ist: »›Wir machen keine Verträge mit Amerika!‹« Er lacht: »Natürlich machen wir Verträge.«

»Und was steht auf dem Bild da hinten links?«

Er brummelt ein paar Wörter auf Persisch und liest: »›Wir dürfen die Revolution nicht verraten.‹« Sein Handy klingelt. Während er in den Urzeitknochen brüllt wie in ein Megafon, denke ich über die Propagandaphrasen an den Häuserwänden nach. Ob sich manche Leute tatsächlich davon angesprochen fühlen?

Der Fahrer biegt ab, ich schaue aus dem Fenster und erspähe ein Gasthaus, das sich »Venus Hotel« nennt. Mit großen roten Buchstaben. Überall sonst auf der Welt weckt der Name plüschige Gedanken an ein Bordell, doch das scheint hier eher nicht beabsichtigt. Ob der Inhaber um die Doppeldeutigkeit weiß? Khomeini schaut immer noch düster, und Khamenei lächelt.

Am Mittag kauft mir Herr Jafari ein Safraneis, und wir beobachten die Schwingenden Minarette. Ein Mann steigt in einen der zwei Türme und schaukelt. Die Bewegung überträgt sich auf das andere Minarett. Die Menschenmenge applaudiert. Und während beide Minarette vor sich hin schwingen, verteilt Herr Jafari schwungvoll Visitenkarten an ein deutsches Pärchen.

»Wunderbar, diese Minarette!«, schwärmt er, als er sich wieder zu mir auf die Bank setzt. »Letztes Jahr war ich in Mekka.«

»Mekka? Warum?«

Er grinst. »Ich wollte mir die Kaaba anschauen und mich *Haji* nennen.«

Haji ist der Ehrentitel für Muslime, die eine Pilgerreise nach Mekka unternommen haben. Der Besuch des zentralen Wallfahrtsortes des Islam ist laut Koran sogar Pflicht.

Rein ins Auto und Abwurf in Neu-Dschulfa, dem armenischen Viertel in Esfahan. Um seine Residenz aufzurüschen, ließ Schah Abbas I. im 17. Jahrhundert Tausende Künstler und Handwerker aus dem ganzen Reich sowie aus der damals noch armenischen Stadt Dschulfa herankarren. Seitdem lebt in Esfahan eine kleine armenische Gemeinde, die gleichberechtigt zur muslimischen Bevölkerung behandelt wird. Dreizehn Kirchen stehen in Neu-Dschulfa, die berühmteste ist die Vank-Kathedrale.

Wir betreten den orthodoxen Sakralbau, legen den Kopf in den Nacken und bewundern Ikonen und Fresken. Vergoldete Schnitzarbeiten und Malereien zeigen die biblische Schöpfungsgeschichte, die Vertreibung aus dem Paradies und natürlich Jesus. Mir war gar nicht bewusst, dass es im Iran so schöne Kirchen gibt.

Im Hof der Kathedrale liegen christliche Gräber, und in einer Ecke steht ein Denkmal für die Opfer des Völkermords an den Armeniern im Osmanischen Reich vor mehr als hundert Jahren. Wir betrachten die Begräbnisstätten und drehen eine Runde um den Dom.

»Haben Sie Hunger?«, fragt Herr Jafari. »Sie müssen essen, meine Liebe. Ich lade Sie zu einer Esfahani-Spezialität ein. Sie heißt *Beryani.*«

Raus aus Neu-Dschulfa, rein in ein überfülltes Restaurant mit Plastiktischdecken. Wir trinken Cola aus der Dose, um uns herum wuseln schlecht gelaunte Kellner, und Kinder kreischen. Vor mir ein riesengroßer Teller mit gehackter Schafslunge auf Fladenbrot. Herr Jafari schmatzt, ruft »wunderbar!«, und ich werde tatsächlich die gesamte Lunge aufessen. Und mich dabei sehr animalisch fühlen.

Nach dem Schmaus und drei Telefonaten schlägt Herr Jafari vor, seinen guten Freund Nima zu besuchen. Der lebe zwar in Amerika, sei aber jetzt auf Stippvisite in Esfahan, arbeite als Schauspieler und Filmproduzent und habe irgendetwas mit den Oscars zu tun.

»Wir fahren Bus«, verkündet Herr Jafari, »das ist billiger.«

Die Stadtbusse sind für sprachunkundige Touristen eine Herausforderung, da durchweg alles auf Persisch ausgeschrieben steht, wenn überhaupt.

Wir warten vor einem Bus und beobachten, wie Frauen hinten einsteigen und Männer vorn. Ich hatte davon gelesen, doch diese Aufspaltung mit ansehen zu müssen, verursacht einen Stich in der Magengrube. Herr Jafari meint: »Keine Sorge, gnä' Frau«, zieht mich am Ärmel zur vorderen Tür – und prompt trifft uns die Geschlechter-Apartheid mit voller Wucht. Ein bärtiger Kerl schimpft und weist mit seinem Finger heckwärts. Ich soll weichen und gefälligst den hinteren Einstieg benutzen.

»Depperte Leut'«, raunt Herr Jafari, und wir gehen auseinander.

Im Bus sind Männlein und Weiblein durch eine Plexiglaswand getrennt. Mir schnürt sich die Kehle zu. Und ich muss mich zusammenreißen, um den aufsteigenden Hass in mir zu unterdrücken und um meine Abscheu nicht auf das gesamte Land zu übertragen. Wie können sich Menschen so behandeln lassen? Was soll der Quatsch? Und während ich in Verbitterung versinke, schart mein separierter Begleiter die männlichen Fahrgäste auf der anderen Seite wie ein Publikum um sich, erzählt heitere Geschichten und verteilt Visitenkarten.

Wir wechseln mehrmals die Busse, und stets das gleiche Bild: hinten meine Verdunkelung, vorn entertaint Herr Jafari wie einst Hans Rosenthal in seiner besten *Dalli-Dalli*-Zeit. Fehlen nur noch ein Luftsprung und die Frage »Sie sind der Meinung, das war …?«, worauf die Zuschauer begeistert »spitze!« rufen. So ist es nur fast, doch laut wird Herr Jafari trotzdem. Denn da ich nicht weiß, wo wir sind, muss er jedes Mal durch den ganzen Bus brüllen, damit ich mit ihm aussteige. Spitze!

Nimas Appartement liegt in einem noblen Wohnblock, eingegittert und abgegrenzt von den Gefahren der Welt. An den Wänden hängen Stillleben in goldenen Rahmen, die Louis-XV.-Sitzmöbel sind mit reißfester Plastikfolie überzogen. In der Eichenholzvitrine posieren Kristallgläschen und mit Rosenblättchen verzierte Porzellantässchen. Nimas Alter ist schwer einzuschätzen, zwischen dreißig und fünfzig vermutlich. Er ist glatt rasiert, gut geföhnt und wirkt so zerbrechlich wie sein Porzellan.

»Nice to meet you!«, begrüßt er mich. Er freut sich tatsächlich und lächelt so höflich wie die Queen. Ich mag ihn auf Anhieb. Momentan kümmert er sich um die Vermarktung eines Kinofilms, den er mitproduziert hat. »Wir wurden für die Oscars vorgeschlagen«, erzählt er, »als bester fremdsprachiger Film.«

Die afghanische Produktion handelt von einer Frau aus Kabul, die sich auf die gefährliche Reise nach Großbritannien aufmacht, um sich dort künstlich befruchten zu lassen. Kuriose Story. Leider disqualifizierte die Academy das Drama wieder, weil zu viel Englisch gesprochen wurde und zu wenig Dari, doch Nima ist trotzdem stolz wie Oskar.

Während wir alkoholfreies Bier trinken, das dieses Mal erstaunlich gut schmeckt, sitze ich auf der plastikfolierten Sofalehne, und Nima fährt den Mac hoch. Auf YouTube zeigt er mir den Trailer, der alles hat: Melodramatik, Verzweiflung, Explosionen, moralische Konflikte und hübsche Menschen. Hoffentlich läuft der Streifen bald auch in deutschen Kinos.

## Acht Tage Iran

Vogelgezwitscher. Denke ich an den Iran, denke ich an Vogelgezwitscher. In jeder Stadt, in jedem Dorf singen Wellensittiche, Spatzen und Nachtigallen. Sogar in Teheran hörte ich sie, als wollten sie die donnernden Schrottkisten übertrumpfen. Alle Vögel sind schon da. Alle. Sie trällern aus vollem Halse und gänzlich ungeniert. An vielen Shops hängen zudem Käfige, was ich wiederum nicht gutheißen kann. Die platte Metapher mit Käfig und Gottesstaat spare ich mir an dieser Stelle. Und man muss ja nicht immer alles politisieren. Vogelsingsang klingt herrlich, und in den Gärten gibt es kein Halten mehr. Da zwitschert das Federvieh nicht nur, da schreit es.

Die ausgeprägte Kommunikationsfreude haben sich die Vögel eindeutig von den Iranern abgeguckt. Die reden auch gern, schreien aber selten, es sei denn, sie telefonieren. Unterhalten sich zwei Iraner miteinander, müssen erst grundlegende Dinge abgeklärt werden. Wie die mehrmalige Absicherung des gegenseitigen Wohlbefindens. Bis sich die beiden Gesprächspartner mit Sätzen wie »Salam, wie geht es dir?«, »Salam, danke, mir geht es gut. Wie geht es dir?«, »Danke, gut. Wie geht es deiner Mutter?«, »Danke, ihr geht es gut« zum eigentlichen Thema des Gesprächs durchgefragt haben, hätten sich zwei Deutsche schon längst wieder voneinander verabschiedet.

Besonders groß ist die Freude, wenn Iraner einen Ausländer entdecken und ein »Welcome to Iran« raushauen können. Oft in der Land-Stadt-Kombination. Also erst »Welcome to Iran«, dann »Welcome to Esfahan/Qom/Kashan«.

In meinem ganzen Leben wurde ich noch nie so oft willkommen geheißen wie in den zurückliegenden acht Tagen. Viele Iraner sprechen zwar kaum Englisch, aber diesen einen Satz beherrschen alle. Das ist so herzerwärmend, so berührend. Und so beschämend, denn wann habe ich das letzte Mal einem japanischen Touristen in Düsseldorf ein fröhliches »Welcome to Germany« hinterhergerufen? Die erbärmliche Wahrheit lautet: nie.

Nicht nur Freundlichkeit kann ich von den Iranern lernen, sondern auch den persischen Nationalsport: Picknicken. Ob in Gärten, auf dem Grünstreifen zwischen zwei Schnellstraßen oder in den Bergen – gepicknickt wird jederzeit und überall. Freunde und Familien sitzen auf Decken zusammen, essen Reis, Fleisch, Auberginenmousse und Fladenbrot, rauchen Wasserpfeife, trinken Chai – oder Wein aus Pepsi-Flaschen –, spielen Backgammon, hören Musik und plauschen. Nicht nur am Freitag, dem islamischen Sonntag, wird der Korb gepackt – die Menschen picknicken, wann immer sich die Gelegenheit bietet.

Da wundern wir Westler uns über all die Vorschriften im Iran und vergessen dabei unsere eigenen. Wie unsere »Betreten verboten«-Schilder auf deutschen Rasenflächen. Sollten sich bei uns doch ein paar Leichtsinnige zur Fröhlichkeit hinreißen lassen und teutonische Wiesen annektieren, so verhindert unser Ordnungsamt mit einem inquisitorischen Eifer die heiteren Grillabende in der Öffentlichkeit. Wie sagte es Stalin angeblich zu Churchill? In Deutschland werde es keine Revolution geben, weil das Betreten des Rasens verboten sei. Manchmal steckt die Freiheit in einem Bastkörbchen.

Apropos Deutsche. Nachdem Herr Jafari mit mir »Ausländerraten« gespielt hat, schleiche ich mich, wann immer möglich, an die touristischen Besuchergruppen heran und lausche den Stimmen. Meine Landsleute erkenne ich bereits kilometerweit entfernt an der Kleidung. Meist sind es Rentner mit beigen Safariwesten und Bauchansatz. Die Frauen tragen lange weiße Blusen und beige Hosen. Vereinzelt eine Gürteltasche dazu, die wie ein Kängurubaby behütet wird. Mittelalte Pärchen sind gern mit einem Deuter-Rucksack und Trekkingschuhen unterwegs und glauben, unauffällig zu sein. Franzosen identifiziere ich mittlerweile ebenso fehlerlos. Da kleiden sich die Damen pastellfarben und schauen verzückt. Manchmal verwechsle ich Holländer und Australier. Herr Jafari sagt dann: »Aber das sieht man doch!«, und schüttelt den Kopf. Er ist einfach besser als ich.

Denke ich an den Iran, denke ich an den *Azan*. Jenen Ruf des Muezzins, der die Gläubigen an das Gebet erinnern soll. Wenn dreimal am Tag der Gesang aus den Lautsprechern tönt, so kümmert das scheinbar niemanden. Keinen Picknicker, keinen Piepmatz, und auch sonst herrscht allgemeines Desinteresse. Männer dösen in ihren Shops, Motorradfahrer hupen, Frauen kaufen Orangen am Obststand. Und ich frage mich, für wen der Muezzin da singt.

Nach 192 Stunden in der Islamischen Republik erschreckt und fasziniert mich der Azan noch immer. Diese dunkelbunten Melodien. Beklemmend. Schön. Wahrscheinlich bin ich die Einzige, die zuhört. Und jedes Mal, wenn ich den Klängen lausche, fühle ich mich fremd. Gefährdet. Ohne Grund. Es sind wieder die Bilder aus Serien und Spielfilmen, die aufploppen und mich beunruhigen. Bilder aus Nachrichten, in denen der Azan stets eine Bedrohung ankündigt. Und plötzlich bin ich blind für das Lächeln der jungen Frau neben mir. Plötzlich bin ich taub für ihr »Hello«. Ich höre nur noch jenen bleischweren Gesang, in dem ein Sehnen vibriert.

Anders als die Sunniten beten die Schiiten nicht fünfmal über den Tag verteilt, sondern dreimal. Sie fassen die Gebete zusammen. Angeblich weil es praktischer ist und nicht so viel Zeit in Anspruch nimmt. Tatsächlich gibt es zu den Gebeten unterschiedliche Angaben im Koran und in den Hadithen. Im Iran ertönt der Azan also morgens, dann gegen Mittag und zuletzt am Abend. Aber nicht überall. Wie mir Herr Jafari erzählt, hätten sich Anwohner über die Lärmbelästigung beschwert, und so muss der Muezzin mancherorts leiser singen. Hier im Gottesstaat.

Ob die unzähligen Gebetshäuser im Land gut besucht sind? Oder droht ihnen ein ähnliches Schicksal wie unseren Kirchen? Schreine und Königsmoscheen sind überfüllt mit Menschen, doch das ist der Kölner Dom ja auch. Und Zahlen einer vielleicht rückläufigen Auslastung der Gotteshäuser wird die Islamische Republik nicht veröffentlichen.

Dem Gesang des Muezzins lausche ich weiterhin verschreckt und verzückt, während die Vögel dabei stets ein paar Dezibel lauter zwitschern.

## Mit dem Plastikschlüssel ins Paradies

Ich mache mir Sorgen. Um das Geld. In der letzten Woche habe ich mehr ausgegeben, als ich wollte. Taxis, Touren, Museen. Dabei möchte ich noch an den Persischen Golf und nach Yazd, Shiraz, dann in den Westen, nach Ahvaz, Susa, Shushtar, Kermanshah, Hamedan, und in den Norden, nach Tabriz. Wird die Knete reichen?

Ich sitze im Innenhof des Hotels und kaue an einem Stück Fladenbrot. Einen Tisch weiter liest Roland in einem Buch. Wir sind uns ein paarmal auf dem Flur begegnet, und Herr Jafari belauert den Deutschen seit zwei Tagen. Bisher hat er noch nicht angebissen. Roland ist groß und hager wie ein Stabhochspringer, etwa um die sechzig, langes graues Haar fällt ihm ins Gesicht. Ich tippe auf Hippie. Herr Jafari betritt das Atrium und setzt sich auf den Stuhl neben mir.

»Meine liebe Dame, warum schauen Sie so verzagt?«

Ich berichte von meinen Geldnöten, er holt einen Notizblock aus der Handtasche, und wir rechnen.

»Keine Sorge, das wird reichen. Von den 1500 Euro bleiben am Ende 500 übrig«, versichert er, »wenn Sie aber wollen, gnä' Frau, kann ich Ihnen Geld besorgen.«

»Wie das?«

»Mit Ihrer Kreditkarte.«

Das wundert mich, denn soweit ich weiß, ist dies im Iran für Ausländer nicht möglich. »Das stimmt«, sagt er, »aber ich kann das.«

Obwohl er mir seine Tricks nicht verrät, vermute ich, dass er den Transferweg über Dubai wählt. Womöglich klappt die Geldbeschaffung sogar ohne Probleme, nur bin ich zu hasenfüßig. Stattdessen folgt ein anderer Vorschlag: »Meine Liebe, Sie wollen zum Persischen Golf? Fahren Sie von hier mit dem Nachtzug nach Bandar Abbas und mit dem Schiff nach Qeshm. Dann sparen Sie die Busfahrten und die Hotels.«

Das klingt nicht schlecht. Die Insel Qeshm stand zwar nicht auf meiner Liste, aber vielleicht ist sie ja nett.

»Ich besorge das Zugticket«, er schielt zum Nachbartisch, »Herr Roland will auch nach Qeshm.«

Ob Herr Roland von den Plänen weiß, bleibt fraglich.

Eine Stunde später treffe ich den Althippie im Flur und spreche ihn an. Von einer Zugfahrt nach Qeshm hatte er bis jetzt noch nichts gehört.

»Hat dich Jafari mit seinem Wiener Schmäh eingelullt?«, witzelt er und grinst. »Mich versucht er ebenfalls einzufangen, aber ich wehre mich standhaft.«

Zwei Stunden später sitzen die beiden zusammen im Innenhof, und Herr Jafari winkt mich zu sich.

»Herr Roland und Sie fahren morgen Nachmittag mit dem Zug nach Bandar Abbas, übermorgen mit dem Schiff nach Qeshm. Wunderbar!«

Roland schaut mich an und zuckt mit den Schultern.

»Und wenn Sie noch andere Tickets brauchen«, zwinkert Herr Jafari, »ich besorge alle. Auch nach Israel.«

Am nächsten Morgen kassiert uns der Touri-Guide ein, und wir kraxeln zu dritt auf den Hausberg von Esfahan. Wir gucken, wir knipsen. Wir trinken Cola, Visitenkarten werden verteilt, wir gucken, wir knipsen, und wir gondeln mit der Seilbahn wieder hinunter. Heute ist Donnerstag, also der islamische Samstag, die Luft flirrt, und die »halbe Welt« ist unterwegs.

Bevor uns das Taxi am Bahnhof absetzt, möchte uns Herr Jafari den Friedhof der Märtyrer im Nordwesten der Stadt zeigen. Esfahan entsandte im Iran-Irak-Krieg Abertausende Männer an die Front. Nur Teheran stellte mehr Soldaten. Und wie im gesamten Land hängen auch hier die Porträts der Toten in allen Gassen. Poster und Malereien an Häuserwänden, Denkmäler an Kreisverkehren. Das Sterben ist allgegenwärtig.

Auf dem Friedhof wachen noch immer Mütter und Väter an den Gräbern ihrer Söhne. Auf Stöcke gestützt, legen sie Blumen nieder. An jeder Ruhestatt steht ein kleiner Schaukasten, in dem ein mittlerweile verblasstes Foto des Gefallenen ausgestellt ist. Burschen, kaum zwanzig. Manche erst dreizehn oder jünger. Über ihren Porträts in einer Ecke des Bildes dann die Visagen der beiden Ayatollahs. Welch Hohn. War es doch Khomeini, der die Jünglinge in den Tod schickte, in die Minenfelder der Iraker. Als gottgewolltes Kanonenfutter. Als Märtyrer. Kindersoldaten mit einer Granate in der Hand und einem Plastikschlüssel um den Hals, der die Tür zum

Paradies aufschließen sollte. In den acht Jahren Gemetzel eilten zahllose Jugendliche an die Feuerlinie, um freiwillig den Opfertod zu sterben. Um sich freiwillig vor einem irakischen Panzer in die Luft zu sprengen. Der Krieg sei ein »Geschenk des Himmels«, sagte Khomeini.

Das Märtyrertum ist Bestandteil der Schia und fand seinen Ursprung in der Schlacht von Kerbela 680. Der dritte Imam und Prophetenenkel Hussein stellte sich mit nur 71 Gefährten gegen eine 10 000 Mann starke Armee der Umayyaden und starb. Aus seinem Blut sollen Tulpen gesprossen sein.

Damit war die endgültige Trennung zwischen Schiiten und Sunniten besiegelt. Der Kampf im Namen der Religion gegen einen übermächtigen Feind ging daraufhin in die Schia ein und machte das Martyrium erstrebenswert. Revolutionsführer Khomeini griff diesen theologischen Begriff auf und wendete ihn auf den Iran-Irak-Krieg an. Unter seiner Herrschaft wurden die Märtyrer zur Waffe, wurden Kinder zu Handgranaten. Sie alle verreckten auf dem Schlachtfeld. Erstickten und wurden im Giftgas verätzt.

»Der Baum des Islam kann nur wachsen, wenn er ständig mit dem Blut der Märtyrer getränkt wird«, sagte Khomeini. Und wessen Körper noch auffindbar war und nicht in Fetzen hing, bekam mit einer Sicherheitsnadel das Foto des Führers an die blutige Brust geheftet.

Deutschland belieferte beide Seiten. Der Westen verdiente munter, während rund 300 000 Iraner und 100 000 Iraker starben. Genaue Zahlen existieren nicht, sie variieren stark. Manche Statistiken sprechen gar von einer Million Toten. Bis heute sind mehrere Zehntausend Menschen verschollen.

Auch sunnitische Gelehrte schrieben Anfang des 20. Jahrhunderts über den »edlen Tod«, doch erst Khomeini entwickelte die Märtyreridee weiter und propagierte Selbstmordattentate. Die Theologen waren sich uneins, denn ein *suicide bombing* wich von den Geboten des Koran ab. Kriegsmüdigkeit und Aussichtslosigkeit zwangen Khomeini letztlich, 1988 einen Waffenstillstand anzuerkennen. Seine Worte gingen in die Geschichte ein: »Diese

Entscheidung kam mir so bitter vor wie das Trinken eines Bechers Gift.«

Im Libanon schlug dann die Hisbollah zu, und in Palästina verübten die Muslimbrüder, inspiriert von der Iranischen Revolution und unter der Bezeichnung Hamas, ebenfalls Selbstmordanschläge. Es folgten andere Gruppierungen, die sich mit »Allah« auf den Lippen in die Luft sprengten. *Suicide bombing* ist heute alltäglich. Das scheint also Khomeinis Vermächtnis an die Welt zu sein.

Herr Jafari führt uns zu einem Grab und betrachtet es. Der Schaukasten zeigt einen lächelnden Jüngling mit Bartflaum. Er liest den Namen vor, der auf der Marmorplatte eingraviert ist: »Hassan Jafari«.

»Das bin nicht ich«, sagt er und dreht sich zu uns um, »aber meine Familie dachte das damals.«

Anfang der Achtziger erhielt Mutter Jafari die Nachricht, dass ihr Sohn im Krieg getötet worden sei. Die Familie trauerte, bis der Totgeglaubte plötzlich vor der Tür stand. Jemand hatte die Namen verwechselt, und eine andere Mutter empfing die schreckliche Meldung. Das geschah oft.

»Ich kannte ihn nicht«, sagt Herr Jafari, »aber ich besuche jedes Jahr sein Grab.«

Zwei Gräber weiter sitzt eine alte Frau auf einem Klappstuhl. Wie eine Wächterstatue scheint sie den Schaukasten ihres Sohns zu behüten. Herr Jafari schüttelt ihr die Hand, sagt etwas auf Persisch, und sie schmunzelt. Aus ihrem Tschador holt sie ein paar Bonbons hervor und schenkt sie uns.

Auf der Fahrt zum Bahnhof glotzen die bärtigen Staatsoberhäupter auf uns herab. Khomeini schaut düster, Khamenei lächelt – aber vielleicht lächelt er auch gar nicht, vielleicht lacht er uns einfach aus.

Entgegen aller Regeln umarmen Herr Jafari und ich uns zum Abschied. Auch Roland hat sich von ihm einfangen lassen und scheint froh darüber. Der Besuch auf dem Friedhof hat ihn berührt. Mit einem Stapel Visitenkarten in der Hand winken wir und eilen zum Gleis. Der Schaffner kontrolliert unsere Tickets und führt uns durch den Waggon. Obwohl Roland und ich nicht verheiratet sind, dürfen wir zusammen in ein Viererabteil. Für Touristen gelten die strengen islamischen Gesetze nicht immer und überall, da drückt man bisweilen ein Auge zu.

Unser Coupé ist ockerfarben. Und das seit einigen Jahrzehnten. Auf der Pritsche sitzen eine Frau und ein Mann. Sara und Farbod sprechen kein Englisch, und so müssen meine mickrigen Farsikenntnisse und mein Wörterbuch die nächsten siebzehn Stunden überbrücken. Farbod verkauft in Esfahan Kleidung und möchte auf Qeshm Geschäfte abwickeln. Die Insel ist eine Freihandelszone, das heißt, wenn Farbod seine Anzüge und T-Shirts dort ins Ausland verlädt, sind keine Steuern oder Gebühren fällig. Mit seiner Knollennase und der goldenen Armbanduhr wirkt er wie die Hauptfigur in einem Mafiafilm. Sara, die Mafiabraut, ist pummelig und lacht gern über die Sprüche ihres Gatten. Und der lacht, sobald seine Frau lacht.

Nur einen Tag will das Ehepaar auf Qeshm verbringen, dann geht's zurück nach Esfahan und zu der neunjährigen Tochter. Sara zeigt mir ein Foto von ihr auf dem Handy. Ein grinsendes Mädchen mit Zöpfen. Allerdings scheint es ein paar Probleme mit ihr zu geben. Laut Gesetz ist sie ab sofort verpflichtet, immer und überall Hejab zu tragen, doch die Kleine weigert sich. Sara versteht das. Der Schleier engt ein, fliegt im Wind umher, und man hört nur die Hälfte. Sie deutet auf ihr Tuch und fächelt sich Luft zu. »Garme«, es ist warm, sagt sie. Farbod betrachtet seine Frau und schüttelt den Kopf. »In ghashange«, es ist schön, sagt er.

Nach zwei Stunden Farsi, Reden mit Händen und Füßen brauche ich eine Pause und streife durch den Zug. Roland hatte sich schon vor einer Weile abgesetzt. Sara und Farbod sind entzückend, doch Gespräche ohne gemeinsame Sprache laugen aus.

An einem Fenster im Gang bleibe ich hängen und stiere in die Weite, bis der Feuerball am Himmel den Wüstensand antupft.

Die Eisenbahn ist im Gegensatz zum Flugzeug das reizvollere Fortbewegungsmittel. Man steigt ein, darf umherlaufen oder sich in den Speisewagen setzen. Man schaut raus, und die Seele hat Zeit nachzureisen. Man wird (noch) nicht von Sicherheitsleuten befingert und muss (noch) nicht den Koffer öffnen und um eine Tube Zahnpasta streiten.

Lange Zugfahrten sind bei uns leider aus der Mode geraten. Nicht nur aufgrund der vielen Billig-Airlines, auch für das Reisen selbst bleibt zwischen Schule, Ausbildung und Familie weniger Raum. Oder man konsumiert die Trips wie Fast Food, ist mal dort, mal hier und schon wieder weiter. Nur damit »Auslandserfahrung« im Lebenslauf steht. Länder werden wie eine Einkaufsliste abgehakt. Das ging mal langsamer. In den 1970er- und 1980er-Jahren tourten etliche Jugendliche mit dem Interrail-Ticket durch Europa und lernten neue Städte, neue Länder und manchmal eine Sommerliebe kennen. Manche fuhren weiter bis nach Indien und wurden zu Blumenkindern. Heute zählen nach dem Abitur ein straffes Studium und sinnentleerte Praktika, danach schnell einen gut bezahlten Job in einer Bank. Keine Pausen. Es scheint, dass etwas verloren gegangen ist. Das ist schade. Dieser alte iranische Zug mit seinen ockerfarbenen Coupés weckt eine Nostalgie in mir, für die ich eigentlich zu jung bin. Ich trauere Zeiten nach, die ich nie erlebt habe.

Die Sonne zerfließt im Staubmeer und taucht die Ödnis in rotes Licht. Das Fenster ist eine Handbreit heruntergeschoben und lässt den warmen Abendwind hinein. Zwei Männer laufen durch den Gang und zwängen sich an mir vorbei, sorgfältig darauf bedacht, mich nicht zu berühren. Sie entschuldigen sich trotzdem. Ein Zementwerk ragt aus dem Wüstensand wie eine Fata Morgana. Dann wieder Leere. Nichts, woran das Auge haften bleibt. Kein Baum, kein Haus. Der Zug tuckert in Schrittgeschwindigkeit, und dennoch komme ich nicht hinterher. Ich sehe die Landschaft, rieche Hitze und Stein, speichere die Bilder in mir ab, doch ich öffne mich nicht. Ja, ich speichere nur, archiviere, aber ich bin zu verkopft und halte die Hand vor mein Herz. Komme nicht an. Immer noch nicht.

Die Wüste ist jetzt schwarz wie Lakritz. Schaut man aus dem Fenster, sieht man nur die Lampen im Gang und das eigene Spiegelbild. Ich setze mich in den Speisewagen, der seit den Siebzigerjahren nicht mehr renoviert worden ist. Gemusterte Tischdeckchen, gelbe Gardinen mit Kräuselband. Ein paar Männer hocken am Tisch und plaudern. Roland kommt hinzu, wir trinken Chai und sprechen über Heimat. Nur in der Fremde denkt man über das Zuhause nach, so scheint es. Seines liegt in Bayern. Dort arbeitet er als Sozialpädagoge in einer Kinder- und Jugendpsychiatrie. Harter Job, aber er liebt seinen Beruf. Vielleicht wirkt er deshalb so versöhnlich, so ausgeglichen. Er schaue sich gern in der Welt um, sagt er. Schon als junger Kerl reiste er auf dem Landweg nach Indien. Er war eines dieser Blumenkinder. Mit Bus und Bahn durch den Iran und Afghanistan. Damals, als noch alles anders war.

»Warum jetzt wieder Iran«, frage ich, »nach so vielen Jahren?«

Er hält inne, schlürft einen Schluck Chai und antwortet: »Mir macht der Islam Angst.« Die Flüchtlinge, die Kriege, die Terroranschläge – er stoße an die Grenzen seiner Toleranz, entwickle Vorurteile, und das wolle er nicht. »Ich will nicht so denken. Ich möchte vom Gegenteil überzeugt werden. Darum bin ich hier.«

Ein starker Satz, ein mutiger. Und erneut die Bestätigung, dass nur das »Unterwegssein«, das »Selbsterleben« und das »Nachfragen« Erkenntnisse bringen. Über die Welt und über sich. Das schaffen weder Fernseher noch Facebook.

Die Männer am Nachbartisch spendieren uns eine frische Kanne Tee. Der Zug klappert durch die Nacht, gemächlich und ohne Hast. Frei nach dem orientalischen Sprichwort: »Du hast die Uhr, ich habe die Zeit.« Hier ist die Herkunft egal. Hier ist jeder ein Reisender.

Zurück im Viererabteil, klettern wir auf die Etagenpritschen und schlüpfen in geblümte Bettwäsche. Damit Roland Sara nicht ohne Kopftuch sieht, liegt sie in dem Bett unter seinem. Und ich in der Koje über Farbod. Erst als Ruhe eingekehrt ist und keine Augen mehr hinschauen, nimmt Sara ihren Schleier ab.

Eine Stunde später folgt eine bizarre Szene: Farbod schnarcht, ich schreibe noch eine Textnachricht an Yara, Sara liest ein Buch, und Roland drückt die Blase. Er schwingt die Beine über die Pritsche und steigt hinunter. Sara erschrickt und zieht sich in Panik die geblümte Bettdecke über den Kopf.

Das Spiel wiederholt sich, als Roland von der Toilette zurückkehrt. Sara bleibt so lange unter dem Plumeau versteckt, bis der Althippie wieder in seinem Bett sitzt und keine Gefahr mehr für sie darstellt. Wie mag sich wohl Roland in dieser Chose gefühlt haben?

Die Szene ist gleichermaßen ulkig wie bitter. Denn obwohl Sara ihr Kopftuch verabscheut, unterwirft sie sich dennoch einem Zwang, der mir jetzt erst recht wie eine lächerliche Posse erscheint. Eine Farce, eine unlustige Komödie, in der niemand applaudiert. Die jahrzehntelange staatliche Unterdrückung hinterlässt ihren Abdruck im Sosein der Menschen und vergiftet die Unbeschwertheit. Das ist mehr als bitter. Das ist zum Heulen.

Zwei Stunden später dösen auch Sara und Roland. Nur ich liege wach. Die Beengtheit, die klebrige Nähe zu den Mitreisenden, meine Gedanken, meine Sorgen – all das hockt wie ein Nachtalb auf meiner Brust. Und wieder lasse ich nicht los, lasse den Schlaf nicht zu. Wie so oft auf dieser Reise. Ich bilde mir Fieber und Halsschmerzen ein. Kann nicht atmen. Die Klimaanlage rauscht, ich schwitze, ich friere.

Der neue Tag ist noch dunkel, als die Eisenbahn in Bandar Abbas einfährt. Hektisch suchen wir unsere Habseligkeiten zusammen und falten die Bettwäsche. Sara schlägt vor, dass wir uns ein Taxi zum Hafen teilen. Sie würden ihr Gepäck in Empfang nehmen und draußen auf uns warten.

Roland und ich verlassen den Zug. Der Wind riecht nach Salzwasser, und die Luftfeuchtigkeit treibt uns bereits jetzt im Morgengrauen Schweißperlen auf die Stirn. Wir setzen uns auf die Stufen vor dem Eingang des Bahnhofs und lassen mehrere Taxifahrer abblitzen. Aufgrund der Verständigungsprobleme wissen wir nicht, wo wir uns genau mit Sara und Farbod treffen sollen. Zehn Minuten vergehen, zwanzig. Roland geht rein, schaut nach, findet sie nicht.

»Ob sie doch schon ohne uns zum Hafen sind?«, wundere ich mich und unternehme nach dreißig Minuten einen letzten Versuch, die beiden aufzuspüren. Durch Zufall entdecke ich sie auf einer Sitzbank an der Gepäckausgabe. Tatsächlich haben sie die ganze Zeit auf uns gewartet.

Von Bandar Abbas sehen wir nicht viel. Das Taxi fährt uns im Dämmerlicht direkt zum Hafen. Palmen am Straßenrand.

Im 16. Jahrhundert besetzten die Portugiesen die Stadt. Nachdem der Schah die Belagerer vertrieben hatte, entwickelte sich die Ortschaft zu einem bedeutenden Warenumschlagplatz, auf dem Gewürze und Stoffe nach Indien und Europa verschifft wurden. Mehr weiß ich nicht über Bandar Abbas.

Farbod bezahlt den Taxifahrer und verweigert unser Geld. Im Hafen harren wir noch eine Weile zusammen mit müden Iranern aus, bis wir auf die Fähre dürfen. »Fähre« klingt zu gemütlich, denn der Kutter ist ein flinkes Speedboot, das über das Wasser fegt. Unter Deck leuchten Neonröhren ein gelb gemustertes Ambiente aus, auf dem Bildschirm läuft *Sherlock*. An Deck wird man nass und muss sich festhalten.

Nach einer Dreiviertelstunde erreichen wir Qeshm Island, in der Straße von Hormuz gelegen und die größte Insel im Persischen Golf. Wir nehmen Abschied von unserer Zuggesellschaft, und Sara schreibt mir ihre Telefonnummer auf. Sollten wir jemals wieder nach Esfahan kommen, so sind wir herzlich eingeladen.

Der junge Mann an der Hotelrezeption hat zusammengewachsene Augenbrauen und ein nettes Lächeln. Er freut sich, dass er endlich zwei Zimmer vermieten kann. Obwohl die Insel bei iranischen Urlaubern beliebt sein soll, scheint das Tourismusgeschäft zu stocken. Vielleicht ist es zu heiß für Ferien im Süden.

Das Hotel ist sauber, und die Klimaanlage funktioniert, nur der Blick aus dem Fenster löst Ernüchterung aus. Qeshm Town ist nicht schön, aber immerhin ist mein Fieber verschwunden.

# QESHM

## Lügen

Ich lüge im Iran. Auf dem Visumantrag erlog ich meinen Beruf, in den Hotels lüge ich über meine Reiseroute, gebe falsche Adressen an. Manchmal verleugne ich meine Gottlosigkeit und lobe das Essen.

Ich lüge im Iran. Ich lüge auch in Deutschland oder in Frankreich oder in Japan. Jeder lügt überall. Aber die Lüge erhält eine andere Bedeutung, wenn das Leben davon abhängt. Nicht mein Leben. Ich kann den Iran wieder verlassen. Doch achtzig Millionen Menschen können das nicht so leicht.

Die Wahrheit ist relativ. Und gefährlich. Sofern man in einem repressiven System lebt. Sofern man flüstern muss.

Frauen und Männer beteuern feierlich, Allah anzubeten, junge Mädchen beschwören ihre Unschuld, Kinder wissen nichts von Vaters hausgebranntem Rosinenschnaps, keiner kritisiert öffentlich das Regime. Und doch gibt es nur wenige Länder, in denen mehr über die Regierung geschimpft wird als im Iran. Die Situation entscheidet über die Wahrheit. Vor Fremden sollte man sich die Wutreden besser verkneifen und die eigenen Überzeugungen verheimlichen.

Falls eine Frau von den Sittenwächtern aufgrund ihrer »Nachlässigkeit« in Sachen Hejab angehalten wird, so sollte sie das Kopftuch zurechtrücken und sich brav entschuldigen, damit die Moralisten sie laufen lassen. Nur um dann das Tuch zurückzuschieben. Und könnte ein Mann jemals vor aller Augen zugeben, dass er einen anderen Mann liebt? Leidenschaftlich und hingebend? Nein, er ist gezwungen zu lügen. Die Unwahrheit ist Bestandteil der Gesellschaft. Sogar Khomeini log, als er kurz vor seiner Rückkehr in zahlreichen Interviews versicherte, er wolle sämtliche Religionen respektieren und strebe keine Funktion innerhalb der Regierung an. Gut, auch ein deutscher Politiker behauptete einmal, niemand habe die Absicht, eine Mauer zu errichten.

Khomeini bediente sich bei seiner Lüge allerdings des Prinzips der *Taqiya*, das in der schiitischen Tradition bekannt ist und sich auf den Koran stützt. Muslimen sei demnach erlaubt, in Zwangssituationen den eigenen Glauben und die wahren Pläne zu unterschlagen. Vor Jahrhunderten war das lebensnotwendig.

Ob sich nun die restlichen Iraner bei ihren Notlügen explizit auf die Taqiya beziehen, gilt anzuzweifeln. Zu allen Zeiten und in allen Kulturen haben sich Menschen ihrer Umgebung anpassen müssen. List und Tücke galten und gelten oft als die einzigen Möglichkeiten, um der Verfolgung zu entgehen. Die Lüge behütet das wahre Ich. Notlügen sind Alltag in einer Autokratie. Denn wenn sich der Staat in die Intimitäten seiner Bürger einmischt, dann muss man sich schützen. Dann wird nicht nur der Körper, sondern das Leben verschleiert. Und in den Untergrund verlagert.

Im Iran ist der Unbedarfte allerdings auch in profanen Situationen vor Flunkereien nicht gefeit. Das merke ich schnell, sobald ich nach dem Weg frage. Ich erhalte stets eine ausführliche Beschreibung, sogar wenn diese eindeutig falsch ist. Lieber schickt mich der Auskunftgeber in die Pampa, als dass er mich mit seiner Unwissenheit enttäuscht. Ich finde das sympathisch. Denn für ein paar Momente bin ich selig, fühle mich in meiner Malaise verstanden und bin überzeugt, nun endlich ans Ziel zu gelangen. Diese wenigen Minuten Gewissheit sind schön.

»Eine Lüge, die einem guten Willen entspringt, ist besser als eine Wahrheit, die aus einer böswilligen Absicht erfolgt.« So sagte es der persische Dichter Saadi. Vielleicht hatte er recht. Aus Binsen werden Teppiche geknüpft, und die Wirklichkeit wird mit der Mär verflochten. Die Lüge als Kunstform.

Daran denke ich, wenn ich im Hotel wieder mal eine gefakte Reiseroute und falsche Adressen auf dem Registrierungsformular niederschreibe. Ich mache nur ein bisschen Kunst.

## Doch nicht reif für die Insel

Roland und ich treffen uns an der Rezeption. Der Mann mit den zusammengewachsenen Augenbrauen hat uns einen Tagesausflug aufgeschwatzt. Es geht raus aufs Land.

Der Minibus sammelt unterwegs noch sieben urlaubende Iraner ein, dann fahren wir Richtung Mangrovenwälder. Rechts der Golf, geradeaus Berge, links Müll, und dahinter ragen braungraue Rohbauten in den Himmel. Offenbar ist den meisten Unternehmern das Geld ausgegangen, die Betonskelette zerbröckeln unter der Sonne. Vor der Küste liegen rostige Öltanker wie Geisterschiffe. Ein Fischer holt sein Netz ein.

Die Hara-Mangrovenwälder umfassen eine Fläche von zwanzig Quadratkilometern und stehen unter Naturschutz. Hier werden nur Schrimps gefischt und Touristen auf kleinen Booten durch das Biosphärenreservat geschippert, in dem die Salzwasserbäume und Sträucher regelmäßig in der Flut versinken. Das Gefilde ist ein wichtiger Lebensraum für Zugvögel während der Wintermonate. Sie nisten in den Baumkronen, und auch Reptilien, Meeresschildkröten und giftige Seeschlangen leben in den Wäldern.

Von unserem Bötchen aus beobachten wir ein paar Reiher. Wobei »wir« übertrieben ist. Von den sieben Iranern sind vier damit beschäftigt, Selfies zu schießen. Mir gegenüber sitzen zwei Grazien, die mit großen Sonnenbrillen, schneeweißen Zähnen und Lippenstift eindeutig die Cheerleaderposition unserer Gruppe innehaben. Die Fingernägel sind manikürt, die Haare unter dem »Accessoire« Kopftuch gelöst, und die Gesichter bildschön. Ich bin neidisch. Dagegen wirke ich mit meiner knielangen Bluse, dem Dutt und dem schwarzen Schleier so bieder wie Fräulein Prusselise auf einer Beerdigung. Und immer, wenn ich meinen Fotoapparat zücke, um Flora und Fauna abzulichten, lächeln die Mädels automatisch mit ihren Strahlezähnen in meine Linse.

»Wir kommen aus Shiraz«, piepsen sie im Chor, als ich nach ihrer Heimatstadt frage.

»In Shiraz sind die Leute faul!«, lacht ein älterer Mann, der hinter ihnen sitzt und unserem Gespräch gelauscht hat.

Die Cheerleader kichern. »Ja, das stimmt«, sagt eine, »im Iran heißt es, dass die Leute in Teheran geschäftstüchtig sind, in Mashhad leben die Frommen, und die Shirazis sind faul.«

Die Redensart ist fix erklärt. In Shiraz halten die Bewohner jeden Tag ein Mittagsschläfchen, eine iranische Siesta. In den übrigen Städten nicht.

»Wir sind nicht faul, wir sind relaxt«, korrigiert die andere und grinst.

Und auch die Hejab-Pflicht sehen die Hübschen tiefenentspannt, denn in Boot und Bus rutschen die Kopftücher immer wieder auf ihre Schultern. Die Häupter sind unbedeckt. Anfangs glaube ich noch an Unachtsamkeit, wirkt das heruntergleitende Tuch doch zufällig und ungeplant, aber dieser Gedanke ist naiv. Die beiden wissen in jeder Sekunde, wie sie ausschauen und wie sie leuchten. Und niemand in Boot und Bus ermahnt sie. Alles ganz normal. Mich beschleicht das Gefühl, dass ich die islamischen Kleidervorschriften ernster nehme als die Iranerinnen selbst.

Am Ufer schießen wir zusammen ein Foto, der Schleier des einen Mädchens liegt dabei wie ein Schal auf seinen Schultern. Eine Brise droht ihn davonzutragen. Ich sage: »Oh, du verlierst dein Tuch«, und die Schöne antwortet: »Ist egal.«

Zurück auf der Straße, fahren wir vorbei an Rohbauten, Ödnis und über dampfenden Asphalt. Ich las von der beeindruckenden Natur auf Qeshm und vertraue den Berichten. Womöglich tue ich der Insel unrecht, doch ich finde sie trist. Mich begeistert hier nicht viel.

Mitunter ist das so mit Orten, man wird nicht warm mit ihnen. Sie sind wie Menschen, manche sprühen und sprudeln, manche sind abweisend und garstig. Qeshm und ich mögen uns nicht, wir haben keine glückliche Verbindung, sind einfach nicht reif füreinander. Die Insel öffnet sich mir nicht, und ich bleibe verschlossen. Genauso wie der einzige Geopark des Mittleren Ostens. Wir sind eine halbe Stunde zu spät für die Klamm mit ihren gelben Felsen. Und auch die folgende halbe Stunde Diskussion zwischen Fahrer, Geopark-Wachmann und allen sieben urlaubenden Iranern aus dem Minibus ändert daran nichts. Die Tour ist zu Ende, und wir kehren um.

An einer Imbissbude in der Nähe des Hotels bestellen Roland und ich Falafel, während uns die Insulaner anstarren. Westler sind hier so selten wie Regen, und ich atme erst auf, als ich mit meiner Falafel im Hotelzimmer sitze. Allein und unbeobachtet.

## Laufen Sie nicht, Ihr Hintern bewegt sich

Seit Esfahan trage ich Dunkelheit. Schwarz und Braun. Und dennoch gaffen mich unzählige Augen an, sobald ich das Hotel verlasse. Ich mache nichts. Ich lächle nicht, ich bin nicht kokett, ich renne nicht. Nichts an mir rührt sich, nichts ködert Blicke. Islamkonform eingesackt. Wie der Staat das verlangt. Vorbildlich. Keine Kurven, kein Reiz. Und trotzdem nicht unsichtbar.

In einer iranisch-französischen Comicverfilmung über die Islamische Revolution ermahnte ein Pasdaran eine eilende Frau mit den Worten: »Laufen Sie nicht, Ihr Hintern bewegt sich!« Das ist komisch. Und traurig. Der Leib als Sünde, als Verderbnis. Ein weiblicher Körper auf dem Fahrrad ist per Fatwa verboten. Doch zum Glück nur in der Öffentlichkeit. Daheim im Wohnzimmer ist Radfahren erlaubt. Sofern kein fremder Kerl zugegen ist, versteht sich natürlich.

Und wieder ist die Frau die ewig lockende Versuchung, der Mann das sexuell willenlose Opfer, das sich nie beherrschen kann. Was für ein Menschenbild!

Aber es regt sich etwas. Nämlich Widerstand. Auf Twitter und Facebook laden Radfahrerinnen Fotos hoch und trotzen der Fatwa. In den Städten sitzen die Frauen weiterhin unbeirrt im Sattel. Und nicht nur das. Seit ein paar Jahren entschleiern sich Tausende Iranerinnen in den sozialen Netzwerken. Und Männer wickeln sich aus Solidarität ein Tuch um den Kopf. Einige Frauen rasieren ihren Schädel nach dem Motto: keine Haare, keine Sittenpolizei. Und wieder andere verkleiden sich als Junge. Widerstand zeigt sich in vielen Facetten. »Laufen Sie nicht, Ihr Hintern bewegt sich!«, sagte der Pasdaran. Und das Mädchen brüllte: »Dann glotz mir nicht auf den Arsch!«

Der Iran mag sich unter dem Beifall der internationalen Medien öffnen, allerdings nur für die Wirtschaft, nicht für die Menschen.

Hier auf Qeshm soll es unaufgeregter zugehen, heißt es, hier sollen die Tücher öfter verrutschen; doch abgesehen von den beiden Cheerleaderinnen gestern, sehe ich nur gewissenhaft verdeckte einheimische Frauenhaut. Kopftuch, Tschador, sogar Gesichtsschleier. Und Masken, genannt *Boregheh*. In Rot oder Schwarz oder Gold. Seit Jahrhunderten ist das die traditionelle Tracht der *Bandaris* – der Golfküstenbewohner. Sowohl Schiiten als auch Sunniten tragen sie. Manche Masken bedecken bis auf einen Sehschlitz das gesamte Gesicht, manche sind kunstvoll bestickt, und manche schwingen sich über die Augenbrauen, Nase und Oberlippe wie ein Schnauzbart. Angeblich sollten diese Gesichtsgestelle fremdländische Eindringlinge täuschen und die Frauen so vor Vergewaltigungen schützen. Die Gestelle blieben bis heute erhalten. Ab dem neunten Lebensjahr legen Mädchen die Boregheh an und entschwinden damit.

Wollen die Frauen das? Oder müssen sie wollen? Vielleicht sind ja alle glücklich. Wer kann das wissen? Ich bin ahnungslos, denn ich sehe nicht, ob sie unter ihren Niqabs und Masken lächeln.

Die Männer tragen lange Hemden und pludrige Shalwar-Hosen, ihre Haut ist erdfarbig. Ihre Antlitze erzählen Geschichten von Wüsten und Wunderlampen. Nur ein schmaler Streifen Persischer Golf trennt uns vom Oman. Ein Binnenmeer zwischen dem Iran und der Arabischen Halbinsel. Hier mündet der Zusammenfluss von Euphrat und Tigris.

Der Strand sei nur zehn Minuten von meinem Hotel entfernt, meint der junge Mann mit den zusammengewachsenen Augenbrauen und lächelt. Erklären kann er mir den Weg nicht, sein Englisch beschränkt sich auf »not far« und »Iran good?«.

Draußen kocht die Stadt unter der Sonne. Chaos, Lärm. Ein Wimmelbild aus Mopeds, zerblätterten Häusern, Stromleitungen und greisen Klimaanlagen. Ich laufe nicht, an mir bewegt sich nichts. Ich gehe, folge den staubigen Straßen und werde angegafft, bin Fluchtpunkt aller Blicke. Frauen schielen durch den Sehschlitz, und Dutzende Männeraugen kleben an mir. Halb reife Burschen und betagte Herren hocken in Gruppen zusammen, sitzen auf den Bordsteinen. Sie sind Tagelöhner und warten auf Arbeit, die nur selten kommt. Einige stehen auf, rufen mir in fremden Sprachen hinterher oder schleichen ein Stück in meinem Windschatten. Vielleicht sagen sie etwas Nettes, vielleicht wollen sie mir den Weg zum Meer zeigen. Vielleicht. Ich weiß es nicht, ich verstehe nichts. Und ich will heim.

Wie überall im Iran fixieren die Menschen mich nicht, weil ich eine Frau bin. Sie starren, weil ich eine ausländische Frau bin. Ohne Begleitung. Ihre Blicke sind nicht wertend, sie sind fragend. Die Kombination aus weiblich, weiß und allein ist irritierend. Bataillone aus reichen europäischen Rentnern in Rehbraun marschieren zuweilen vorbei, ja, das schon. Aber warum sollte eine Ausländerin unbemannt reisen? Wo ist der Ehegatte, der Vater, der Bruder? Ist sie vereinsamt? Oder sonderbar?

Womöglich liegt es doch an meinem Gang. Wenn Iranerinnen durch die Straßen gehen, dann tragen sie Scheuklappen, sie zögern nicht, sie wissen, wohin, und erwidern nichts. Ich hingegen schaue in die Gesichter, auch in die der Männer. Weil sie in meines schauen. Und so mustert mich in allen Gassen ein aufmerksames Publikum. Auf Qeshm mehr als anderswo. Ich spüre ihre Fragezeichen in meinem Rücken, ich höre die Stimmen und fühle mich trotz meiner dunklen Kleidung wie ein grellbunter Papagei. Augenpaar für

Augenpaar schwindet meine Selbstsicherheit. Schritt für Schritt schrumpfe ich. Und nun denke ich zum allerersten Mal darüber nach, mir einen Tschador zu kaufen. Mich luftdicht zu verschließen und mich aufzulösen in einem Meer aus krähenschwarzem Stoff. Nur noch aus Händen und einem Schnipsel Gesicht bestehen. Mich soll niemand mehr anglotzen oder ansprechen oder anhupen. Ich möchte verschwinden.

Nach eineinhalb Stunden Orientierungslosigkeit erreiche ich den Persischen Golf. Die Verfolger haben von mir abgelassen, die Rufe sind verstummt. Hierhin will keiner. Der graue Strand ist verwaist, nur ein Junge sammelt Müll und packt ihn in eine Plastiktüte.

Ich setze mich an die Böschung und blicke in die Ferne. Die Sonne glitzert auf dem Wasser, ein Schiff zieht vorüber. Ich schließe die Augen und höre die Wellen ans Ufer schlagen. Ein salziger Wind wirbelt die Hitze auf, der Himmel ist blau, doch durch mein Gesicht regnen Tränen. Da ist sie wieder. Und ich dachte, sie sei nicht mitgereist, tatsächlich lief sie mir nach wie ein Hund. Sie ist die eigentliche Verfolgerin. Hallo, Einsamkeit.

Es ist noch nicht Mittag, dennoch kehre ich zurück ins Hotel und verriegle die Tür. Das Kopftuch werfe ich in die Ecke und lasse mich auf das Bett fallen. Ich will nicht mehr raus, ich mag nicht mehr weiter. Auf dem Nachttisch liegt der Geldbeutel, darin der goldene Ring meiner Mutter. Ich nehme ihn in die Hand, betrachte die feinen Rillen und streife ihn über meinen Finger. Ab jetzt bin ich verheiratet. Als Schutzschild. Aus Resignation.

Flügellahm zappe ich durch das Fernsehprogramm und halte kurz inne. Auf dem Bildschirm flimmert eine Koranstunde. Tief verschleierte Frauen erklären die Welt. Ich habe Heimweh.

Roland und ich verabschieden uns. Er bleibt einen Tag länger auf Qeshm, ich schlurfe zum Hafen. Mit Bus und Autofähre will ich runter von der Insel, vierzehn Stunden Fahrt sind geplant. Das Ziel ist Yazd, eine der ältesten Städte Irans.

Der Bus parkt in der Sonne und trägt die Aufschrift »The Last Class«. Buttergelbe Gardinen sind vor die Scheiben gezogen.

Ich setze mich auf meinen Platz. Ein paar Reihen vor mir höre ich deutsches Gemurmel. Eine Blondine und ein junger Mann mit Rucksack vergleichen die persischen Zahlen auf ihren Tickets mit den Nummern am Sitz und rutschen durch. Ich schiebe den Vorhang zur Seite. Draußen wartet eine Traube Männer, sie diskutieren, schauen auf die Uhr. Ein Dicker telefoniert, er streicht seinen strubbeligen Schnurrbart glatt, schimpft in den Hörer und verzieht das Gesicht. Der Bus ist rappelvoll. Während der Fahrer eine Zigarette raucht und dem Dicken zunickt, läuft ein Herr mit Halbglatze durch den Gang und fordert mehrere Passagiere auf, sich umzusetzen. Auch die beiden Frauen mit den schwarzen Masken dirigiert er von einem Platz zum nächsten und wieder zurück. Als er sieht, wie ich durch das Fenster luge, schüttelt er den Kopf, sagt etwas auf Farsi und zieht die Gardine zu. Ich zähle sieben Männer, die zur Crew gehören, jedoch nicht zusammensitzen. Das ist mehr Personal als in den meisten Flugzeugen.

Mit Verspätung rollen wir los. Zuerst aufs Schiff. Während der Überfahrt dürfen wir den Bus nicht verlassen. Danach Festland. Rechts und links weht die steinige Wüste an uns vorbei. Nach drei Stunden steuern wir eine Raststättenmoschee an. Nicht, um zu beten, sondern um zu pinkeln. Geschult durch frühere Trips wähne ich mich erschütterungsfest. Wer bereits das Vergnügen hatte, mongolische Bedürfnisanstalten besuchen zu dürfen, der kennt die Abgründe. Aber auf iranische Autobahnaborte bin ich dann doch nicht gefasst. Der Begriff »Scheißhaus« wäre hier eine Auszeichnung. Schmierige Kacheln, Fliegen, Gestank. Die Frauen drücken sich den Schleier vor die Nase. Ich öffne die Kabinentür und würge.

Ein finsteres Drecksloch im Boden, über das ich meinen Hintern hängen muss. Braune Spritzer an den Fliesen, Toilettenpapier fehlt. Die Reinigung soll ein Wasserschlauch erledigen, der an die Wand geklemmt ist. Doch Wasser ist alle. Hier im Vorhof der Hölle.

Ich stürze zurück auf den Parkplatz, schüttle mich. Der Bus ist abgesperrt, und ich sehne mich nach meinem Desinfektionsspray. Ein paar Meter weiter warten die beiden Deutschen. Anna und Tim sind Couchsurfer und kommen aus Kiel. Nur gute Freunde, versichern sie. Vierzehn Tage lang wollen sie durch das Land reisen, elf sind vorüber, da reicht es lediglich für das Pflichtprogramm Teheran, Esfahan, Shiraz und Yazd.

Tim macht sich Sorgen. Er beäugt die abgefahrenen Reifen der »Last Class« und hofft, dass uns die Reisegötter gewogen sind. Anna ist optimistischer. »Wird schon schiefgehen«, lacht sie. Jetzt bin auch ich besorgt, aber ich mag die zwei. Sie sind neugierig und möchten die Welt beschauen. Selbst wenn sie dafür nur 336 Stunden Zeit im Gepäck haben und an der Qualität iranischer Gummireifen zweifeln.

Fünfmal stoppen wir an Polizeikontrollen. Schmuggler sind unterwegs. Manchmal unterschreibt der Fahrer nur ein Formular und überreicht Scheine, manchmal stiefeln Polizisten mit Spürhunden durch die Reihen, blicken uns streng ins Gesicht und winken uns durch. Mich gruseln die uniformierten Männer, und ich überlege jedes Mal, ob ich etwas zu verbergen habe. Doch die Stichproben sind kurz und unengagiert. Keiner fragt mich, niemand will meinen Rucksack sehen oder die Koffer der anderen Passagiere. Sogar die Hunde gähnen. Und wir fahren weiter.

Durch die buttergelben Gardinen glüht der Sonnenuntergang. Der Bus schaukelt, das Ödland hüllt sich in Düsterheit, und ich schlafe ein.

## Verhaftet

Polizisten stürmen den Bus. Diesmal ist es anders. Sie sprechen nicht, sie suchen. Hektik, Aufregung, ich zupfe mein Kopftuch zurecht. Taschenlampen blenden, Reisende tuscheln. Ich höre mein Herz schlagen und den Busfahrer laut schimpfen. Er steht draußen im Funzellicht, umringt von acht Uniformierten. Irgendwo in der Wüste, irgendwann in der Nacht. Ich verstehe nichts. Warum hat die Polizei unseren Bus herausgefischt? Kein einziger Perser spricht Englisch, und mein Handy hat die Verbindung zur Außenwelt verloren. Anna und Tim sind aufgeschreckt. Wir sitzen fest im iranischen Nirgendwo. Sprachlos.

Weitere Polizisten preschen in den Bus. Klopfen an die Decke, schauen unter die Sitze, reißen Wandverkleidungen herunter und entdecken Geheimfächer. Voll mit Ware. Verbotener Ware. Säckeweise heben sie den Schatz aus: CDs, T-Shirts, Konservendosen und eine Kiste Whisky.

Draußen wird gestritten. Polizisten und Busmannschaft diskutieren, kreisen wie hungrige Wölfe um den Berg Schmuggelware. Und ich sehe meinen Rucksack im Staub liegen. Die Polizei durchsucht unser Gepäck. Ein Blitz trifft mich ins Herz. Habe ich noch die Flasche Wein im Ranzen? Oder habe ich sie getrunken? »Für einsame Nächte«, sagte Omid. Wie dankbar ich sie einsteckte. Die Polizisten öffnen Koffer, befingern Kosmetikartikel und Schmutzwäsche. Ich starre auf mein Handy. Kein Empfang. Wenn ich jetzt aufstehe, aussteige und renne, wie weit komme ich?

Ich atme ein und ordne meinen Kopf. Streife durch Erinnerungsfetzen. Doch. Ich habe den Alkohol getrunken. Ja, ich bin mir sicher. In der Karawanserei muss es gewesen sein. Ja, so war es. Ich trank auf Omid und auf seine Familie. Das Licht war erloschen, und alles schlief. Nur der leere Himmel wusste um das Geheimnis. Ich atme aus, schließe die Augen. Aber was ist, wenn mir jemand mit unlauteren Absichten etwas in den Rucksack geschmuggelt hat? Drogen? Während ich im Bus dämmerte? Das passiert doch. Ich las darüber.

Nein, Schluss damit! Blödsinn. Kein Drama. Ich bin nicht in Gefahr. Niemand interessiert sich für mich. Der Bus rollt vom Platz, nach zwei Stunden Stillstand. Die Polizei hat die Schwarzhändler verhaftet, nur der Fahrer darf weiter. Ich blicke zurück, presse die Nase ans Glas, doch die Nacht verschluckt die Männer. Was wird mit ihnen geschehen? Können sie sich freikaufen? Werden sie ausgepeitscht? All der Wirbel wegen billiger T-Shirts und einiger Flaschen Alkohol.

Der Rest der Nacht bleibt ruhig. Der Zeiger meiner Uhr dreht ein paar Runden, und endlich steigt die Sonne aus dem Wüstensand. Die lange Dunkelheit hat ein Ende. Die meisten Leute im Bus schlafen noch. Auch Anna und Tim. Hinter zugezogenen Buttergardinen. Ich aber schaue aus dem Fenster hinein in eine wunde Welt. So viele Geschichten erzählt das Land, so viele Wunder. Vielleicht gehören sie stets zusammen: das Wunder und die Wunde. Vielleicht gehört zum Glück auch immer Gram und zur Anmut der Unmut. So wie im Fernweh das Heimweh steckt und im Kuss manchmal der Ekel.

Die Sonne scheint, und der Himmel ist wolkenlos. Wie ein großer blauer Fleck spannt er sich über die Wüste.

In einem Interview antwortete der deutsche Schriftsteller Botho Strauß auf die Frage »Was fehlt Ihnen?« mit der schlichten Aussage: »Das Schöne.« Mehr nicht. Ich verstand ihn. Der Berliner Philosoph Byung-Chul Han schrieb aufgrund dieser straußschen Feststellung ein Buch über *Die Errettung des Schönen*. Wo ist es, das Schöne? In unserem heutigen westlichen Verständnis von Schönheit gibt es in ihr keine Knackse, keine Risse, keine Bruchstellen. Alles sei kugelrund gelutscht, faltenfrei, glatt geschliffen und ausdruckslos, so Hans Erkenntnis. Wie die Oberfläche eines Smartphones. Das wahrhaftig Schöne hat jedoch Kratzer und Verletzungen. Es birgt Geheimnisse, verschwendet sich nicht.

Im Iran sehe ich viel Schönes. Viele Risse und Bruchstellen. Viel Nichtgesehenes. Nicht nur die verschleierte weibliche Schönheit. Auch Berge, eine verlassene Fabrik, die sich aus der Wüste erhebt, alte seelenvolle Gesichter, Mosaike, schwarze Kinderaugen. Und immer wieder die unendlichen Sandmeere. Grau und beige. Als wäre die Farbe aus der Welt gewaschen.

Ich setze die Kopfhörer auf. In meinem Ohr singt Leonard Cohen. »I came so far for beauty. I left so much behind.«

# YAZD

## Also schwieg Zarathustra

Heute hat mein Großvater Geburtstag. Er wäre 77 Jahre alt geworden.

Gibt es eine Heimat für mich auf dieser Welt, dann wohl sein Gesicht. Es fehlt mir jeden Tag. Ein beschissener Krebs hatte den einst so starken Mann dahingerafft. Er rang bis zum Schluss mit dem Schicksal. Machte bis zum Schluss Scherze und dachte bis zum Schluss über das Leben nach. Nur sein Körper zerfiel. Sechs Jahre lang starb er. Und nie hörte man ein Wehklagen. Nie eine Verbitterung. Nur Stolz. Nur Würde. 1956 fasste er sich ein Herz und floh aus der DDR, baute sich im Westen eine neue Existenz auf und biss sich durch. Alles, was ich weiß, weiß ich von ihm. Von ihm lernte ich Neugier und Hartnäckigkeit. Er erzählte mir, wie er als kleiner Junge durch die zerbombten Straßen streunte und Essen stahl. Wie er den Russen entkam und wie die Stasi seine Stradivari beschlagnahmte. Wir besuchten Burgen und Schlösser, seinetwegen habe ich Geschichte studiert. Wir radelten durch Wälder, alberten herum, und er las mir Märchen vor. Einige Jahre bevor er starb, schenkte er mir ein Buch über die Sarazenen. Jene arabischen Volksstämme, die Persien einst beherrschten. Ach, wie gern würde ich ihm jetzt vom Iran erzählen.

Hinterm Horizont erscheint Yazd. Die Oase. Die Schöne. Tatsächlich. Der traditionelle Gasthof, in dem ich absteige, ist dagegen nicht schön. Er ist ein Desaster. Aber ich bin zu müde, um weiterzusuchen, und so erdulde ich den muffigen Geruch und die Ameisenstraße, die sich quer durch mein Zimmer zieht, und lege mich schlafen. Nach achtzehn Stunden Busfahrt in »The Last Class« soll mir alles recht sein. Sogar feuchte Bettlaken.

Yazd ist mehrere Tausend Jahre alt und wurde an einer Oase gegründet, erbaut aus sonnengetrockneten Lehmziegeln. Es riecht nach Stroh und Erde. 642 eroberten die Araber das Wüstenstädtchen und brachten den Islam. Die Karawanen mit ihren Kamelen, Gold und Brokat brachten den Reichtum. Sie zogen über verschneite Gebirgsketten und durch siedeheiße Wüsten. Sie waren es, die all die Städte auf der Seidenstraße erblühen ließen. Die Ortschaft im persischen Hochland galt als wichtiger Knotenpunkt, und Marco Polo schwärmte 1272 von ihrer Pracht und den feinen Textilien.

Am späten Nachmittag spaziere ich durch die verwinkelten Gässchen und bestaune Kuppeln, Minarette und Windtürme. Die *Badgirs* sind üblich in der heißen Einöde des Mittleren Ostens. Seit Jahrhunderten fangen die Schlitze in den Türmen jede Brise ein und schleusen sie als kühle Luft in die Wohnstuben und Zisternen. Eine antike Klimaanlage.

In einem Stoffladen kaufe ich mir ein Kopftuch, schwarz mit karminroten Louis-Vuitton-Emblemen. Das Schildchen am Saum lässt vermuten, dass es sich dabei nicht um Markenware handelt. »Design turk« steht da geschrieben. Als Dank für den Erwerb schenkt mir der Mann hinter dem Tresen ein *Naan Berenji*, einen Keks aus Reismehl mit Butter, Rosenöl und Mohn.

Am nächsten Morgen verabrede ich mich mit Anna und Tim, im Schlepptau Mohsen, ihr Couchsurfing-Gastgeber. Wir wollen die Türme des Schweigens besichtigen, die alten Begräbnisstätten der Zoroastrier. Als Begründer dieser Religion gilt der Schamane Zarathustra, der später durch Friedrich Nietzsche allgemeine Berühmtheit erlangte.

Mohsen spricht kaum Englisch, grinst aber nett und fährt das Auto. Ich bewundere Tim und Anna für ihre Kontaktfreudigkeit. Jeden Tag ein neuer Host, jeden Tag dieselben Fragen, trotz aller

Sprachbarrieren: »Woher kommt ihr? Was macht ihr? Was denkt ihr? Wohin geht ihr?« Ständige Konversation, niemals einen Gedankenzug lang unbeaufsichtigt. Nie zehn Minuten Innehalten, keine Viertelstunde Melancholie, keine Stille. Immer ist da jemand. Und den Weg von der einen Couch zur nächsten, von Gastgeber zu Gastgeber, bestreiten die Surfer auch noch gemeinsam. Für mich unvorstellbar. Länger als drei Tage am Stück ertrage ich keine Zwischenmenschlichkeit. Soziale Platzangst nenne ich das. Und der wirtliche Iran ist für mich eine Herausforderung. Ich wusste darum. Die kurze Zeit in Teheran mit der Familie habe ich genossen – ja. Und vielleicht wird es auch nett in Shiraz bei Kourosh, aber das reicht mir dann. Und doch beneide ich die beiden Deutschen, möchte gleichermaßen ungezwungen und frei durch die Welt ziehen. Und ein offenes Herz vor mir hertragen. Möge es sich endlich ein paar Millimeter weiten.

Wenige Kilometer außerhalb des historischen Stadtkerns thronen auf braunen Felsen die Türme des Schweigens. Welch poetischer Name. Yazd war einst das Zentrum der Zoroastrier. Noch immer leben sie hier und beten in den Feuertempeln, in denen eine ständig brennende Flamme gehütet wird. Sie gilt als Symbol für Reinheit. Nach den Lehren des Zarathustra kämpft das Gute gegen das Böse, um am Tag des Jüngsten Gerichts zu siegen. Zarathustras Grundsätze lauteten: gute Gedanken, gute Worte, gute Taten. Der Zoroastrismus gründet sich auf die heilige Schrift *Avesta*. Im Mittelpunkt steht der gestrenge Schöpfergott Ahura Mazda. Er wird begleitet von unsterblichen Weisen und von seinem Widersacher, einem Dämon. Der Ursprung dieser ersten monotheistischen Religion lag vermutlich in Baktrien, also dem heutigen Afghanistan, und wird zwischen 1800 und 600 vor unserer Zeit geschätzt. Aus dem missmutigen Ahura Mazda entwickelten sich später der israelitische jüdische Jahwe, der Christengott und schließlich Allah. Verändert hat sich bis heute nicht viel. Nietzsche spottete deshalb: »Zwei Jahrtausende beinahe und nicht ein einziger neuer Gott.«

Als Anhänger einer Buchreligion dürfen die Zoroastrier ihren Glauben in der Islamischen Republik ausüben. Nur ihre Toten dürfen sie nicht mehr so bestatten wie früher. Um 1970 wurde ihnen die traditionelle Geierzeremonie verwehrt. Zoroastrier legten die Leichen ihrer Lieben gern in die runden Schweigetürme, damit Aasgeier und Raben das Fleisch fraßen. So wird der Dahingegangene wieder in die Natur zurückgeführt. »Himmelsbestattung« nennen sie dieses Ritual, und das ist abermals ein so beseeltes Wort. Vielleicht klingt es seltsam, doch mich tröstet die Vorstellung, dass mein Leib sich nach dem Ende ein letztes Mal hingibt, Nahrung spendet und Tiere davon satt werden können. Hierzu fällt mir ein Lied des Dichters Friedhelm Kändler ein: »Gebt meinen Körper den Raben, dass die Raben was zu nagen haben. Fleischstückchen, die sie ihren Kindern bringen. Und dazu sollt Ihr Choräle singen.«

Das sahen die Yazder anders. Sie beklagten sich über vom Himmel herabfallende Menschenteile, und somit beschloss die Regierung ein Verbot der Zeremonie. Die Schweigetürme schweigen seitdem, und die Geier sind ausgestorben. Schade.

# SHIRAZ

## Iranischer Wein, komm, schenk dir ein

Acht Stunden Busfahrt nach Shiraz. In den Garten des Iran. Die Stadt der Nachtigallen, der Poesie und einst Heimat des berühmten Dichters Hafis, der Frauen und Wein gleichermaßen liebte. Seine Gedichte duften nach schwerem Jasmin.

Ich steige aus und setze mich auf meinen Rucksack. Aus dem Geldbeutel fische ich Omids Zettel und wähle Kouroshs Telefonnummer. Während es klingelt, beobachte ich Busse und Menschen. Abschiede und Wiedersehen. Es ist heiß und riecht nach Orangenblüten.

»Hello, where are you?«, fragt eine warme Stimme am Telefon. »I am waiting outside. Come over.«

Kourosh lässt den Motor laufen, steht im Halteverbot. Ich rutsche auf den Beifahrersitz und blicke in ein schönes Gesicht.

»Hi, I'm Kourosh.« Lachfalten kräuseln sich um seine Augen. Er reicht mir die Hand, und ich beginne zu stottern, werde kleinmädchenschüchtern. Außer ein wenig englischem Gefasel vergesse ich die Worte und beschränke mich aufs Lächeln. Das mir bald vergeht, denn der Fahrstil des netten Iraners ist haarsträubend. Während er mich über meine Reise und das Wetter in Deutschland ausfragt, blendet er auf, drängelt, raucht eine Zigarette, überholt von allen Seiten und quetscht sich dazwischen. Er bremst nicht, er hupt und erzählt mir dabei restlos unaufgeregt, wie er in Europa studiert hat und einige Jahre als Bauingenieur irgendwelche Einkaufszentren plante. Das ist gewiss interessant, doch ich kann mich nicht konzentrieren. Ein BMW muss uns ausweichen, weil Kourosh ihm beim Abbiegen die Vorfahrt nimmt. Zebrastreifen ignoriert er. Ich schnalle mich an, Kourosh nicht.

Der Vollständigkeit halber sei hinzugefügt, dass die anderen Verkehrsteilnehmer keinen Deut behutsamer fahren. Von rechts düsen Motorradfahrer vorbei, oft mit Tochter, Ehefrau und Baby auf dem Sozius, links bollert ein Pick-up entlang, auf der Ladefläche ein Kamel. Ampeln werden missachtet, das Gaspedal ist stets bis zum Anschlag durchgedrückt, denn die Spritpreise sind billiger als Limonade. Und wenn die eigene Fahrbahn blockiert ist, wird eben die Gegenseite benutzt. *So what?* Im Straßenverkehr stimmt das Klischee des freundlichen Persers eindeutig nicht. Sobald dieser im Auto sitzt, gibt es kein Halten mehr. Kourosh biegt in eine Seitenstraße. Wir sind da. Mir schwirrt der Kopf, und Kourosh amüsiert sich über das ordnungsliebende »German girl«.

»Ihr habt zu viele Regeln in Deutschland«, lacht er, während er mein Gepäck aus dem Kofferraum hievt und mir meine Unterkunft zeigt. Ich darf ein paar Tage im Haus der Familie verbringen. Ein Appartement ist frei. »Für die Couchsurfer«, erklärt er.

Regelmäßig übernachten hier Reisende aus Europa, Indien, Australien oder Japan. Kourosh liebt den Austausch mit der Welt. Da die nächsten Backpacker sich erst für Ende des Monats angekündigt haben, brauche ich mein Quartier im zweiten Stock nicht zu teilen. Welch Glück. Er selbst wohnt ein Stockwerk tiefer – zusammen mit seiner Schwester Tanaz und der 92-jährigen »Mommy«. Zwei Etagen darüber leben der ältere Bruder Behruz, dessen Ehefrau Pegah und ihre beiden goldlockigen Kinder. Und dann ist da noch Tanaz' Sohn Tufan, der im Wohnzimmer übernachtet, weil ihm ein Zehennagel gezogen wurde und Tanaz sich um ihn kümmern möchte. Tufan ist Mitte dreißig.

Kourosh serviert Shirazi-Wein aus eigener Herstellung. Shiraz war die erste Stadt der Welt, die Wein produziert hat. Eine Legende besagt, dass ein Kreuzritter im 13. Jahrhundert eine Rebsorte aus Persien mit nach Europa brachte, die Syrah genannt wurde und die sich angeblich von dem Namen Shiraz ableiten soll. Eine hübsche

Geschichte, aber leider falsch. Syrah wurde schon immer in Frankreich angebaut und hat nichts mit dem Iran zu tun. Original Shirazi-Wein gibt es nur in den Hinterzimmern von Shiraz.

Behruz trinkt aus religiösen Gründen keinen Alkohol. Trotzdem grinst er unentwegt. Vielleicht macht Gott doch glücklich. Die anderen halten es mit Wein, Weib und Gesang eher wie Hafis. Tanaz ist geschieden, aber das stört niemanden. Mit ihren stolzen Gesichtszügen gleicht sie den Königinnen aus altpersischer Zeit. Ihr Sohn Tufan ist Architekt, besitzt das strahlendste Lächeln des Erdballs und möchte nach Amerika auswandern. Wobei er mit dem klobigen Verband um seinen Zeh momentan allerhöchstens vom Wohnzimmer ins Bad humpeln kann. Weiter kommt er nicht. Und das, obwohl er seit einigen Monaten einen Yogakurs besucht. Nur für Männer, versteht sich. Gemischte Gruppen gibt es nicht in der Islamischen Republik. Tufan ist derart begeistert von Yoga, dass er sogar Behruz überzeugt hat, mit einzusteigen. Ich betrachte Behruz, wie er dasitzt mit seinen grauen Haaren und der Krawatte, das milde Lächeln auf seinen Lippen – und bin mir nicht sicher, ob die »seitliche gedrehte fliegende Planke« tatsächlich sein Ding ist.

Kourosh hebt sein Glas und sagt »salamati«, cheers. Wir trinken und plaudern. Ich erzähle von Schmugglerbussen und buttergelben Gardinen, Tanaz fragt, ob ich verheiratet sei, denn ich trüge einen Ring. »Nein, ich will nur meine Ruhe.«

Kourosh sitzt in einer Ecke und knackt Pistazien. Er mustert mich, scheint nachzudenken, dann öffnet er eine neue Flasche. In einer Abstellkammer bewahrt er die Fässer auf. Ausrangierte Regentonnen. Die letzte Produktion ergab sechzig Liter Wein und zehn Liter Schnaps. Dafür braucht man hundert Kilogramm Weintrauben und zwei Kilo Zucker. Rein in die Tonne und Tür zu. Sechs Wochen später ist der Fusel fertig.

Die Trauben kaufen die Iraner auf dem Markt. Und jeder weiß, was man mit hundert Kilogramm macht. Manchmal bietet der Händler den schon abgefüllten Most direkt unter der Ladentheke an. So spart man sich die Arbeit.

Es ist bereits Mitternacht, und ich bin zum Hinfallen müde. Tanaz küsst mich dreimal zum Abschied, und Kourosh lädt mich zum Frühstück am nächsten Morgen ein.

Die Sonne scheint, es duftet nach Spiegeleiern, frischem Fladenbrot und Tee. Während Kourosh eindeckt, sitzt Mommy auf dem Sofa. Sie trägt Lippenstift und schaut eine Spielshow. Ich winke ihr zu, sie winkt zurück. Tufan wirft sich eine Schmerztablette ein und döst auf der Matratze. Yoga fällt aus.

»Was hast du heute vor?«, fragt Kourosh und schiebt mir den Frischkäse zu. Ich schaue ihn zwei Sekunden zu lange an, betrachte die geschwungenen Linien von der Stirn bis zu seinem Lächeln und vergesse die Antwort.

»Noch keine Idee, German girl?« Er schmunzelt, holt ein Blatt Papier aus der Küche und schreibt die wichtigsten Sehenswürdigkeiten auf. In Englisch für mich und in Farsi für die Taxifahrer. Und am Abend wolle er mich auf eine Party mitnehmen, meint er. Mein Blick vergräbt sich in sein persisches Gesicht.

»Okay«, sage ich und lächle blöde.

Die Party findet in einem Appartement statt, das auch in New York oder London als schick gelten würde. Viel Glas und moderne Kunst an den Wänden, schöne Menschen und mitgebrachte Salate. Es gibt Rohkost, Joghurt, Popmusik, Whisky, selbst gemachten Wein und Joints. Die Frauen tragen Röcke und enge Shirts. Ich bin underdressed. Außer den braven Hejabs habe ich nichts im Ranzen, nur meine Fingernägel sind rot lackiert. Für mehr Glamour reicht es nicht.

In dieser Wohnung ist, wie so häufig, von der vermeintlichen »Achse des Bösen« nichts zu spüren. Die Menschen leben unbehelligt, und fast könnte man mutmaßen, alles sei in Ordnung. Ist doch gar nicht so schlimm hier in der Diktatur. Kein Weltschmerz, kein Elend. Und vielleicht wird unter dem Reformerpräsidenten Hassan Rohani der Alltag noch befreiter? Noch westlicher?

Stopp. Das Bild ist schief. Denn die Macht liegt ja bei Ayatollah Khamenei. Und Rohanis Vorgänger Mahmud Ahmadinedschad, den man in abendländischen Gazetten als den »Irren von Teheran« bezeichnete, hinterließ Rohani einen Scherbenhaufen. Die internationale Isolation war unter Ahmadinedschad so wasserdicht, dass sich der Iran einzig über den Schwarzhandel auf dem Weltmarkt bewegen konnte. Das Atomprogramm bugsierte das Land an den Rand eines Kriegs.

Rohani öffnet nun den Iran für den Westen und gibt sich moderat. Doch dass die Hardliner trotz alledem ihren faschistoiden Kurs fortsetzen, beweisen ihre Handlungen. Wir erinnern uns an den indisch-britischen Schriftsteller Salman Rushdie. Nach der Veröffentlichung seines Romans *Die satanischen Verse* verurteilte Ayatollah Khomeini ihn im Februar 1989 per Fatwa zum Tode. Das Kopfgeld betrug damals eine Million Dollar. Im Februar 2016 wurde die Abschussprämie auf vier Millionen Dollar erhöht.

Der Iran ist kein Ponyhof. Das Regime greift weiterhin hart durch. Nicht ständig, nicht überall. Manchmal lässt es die Einwohner gewähren, auch weil Maßnahmen sinnlos sind. Wie mit den Satellitenschüsseln. Westliche Fernsehprogramme sollen nicht in muslimischen Wohnzimmern empfangen werden. In den einheimischen Vorabendserien gibt es keine Küsse, und die Damen sind ordnungsgemäß verpackt. Die Regierung riss die Schüsseln von den Dächern. Zwei Tage später montierten die Bewohner neue. Das Spiel wiederholte sich einige Male. Die Schüsselliebhaber gewannen. Und das Regime verdient ironischerweise daran. Denn Zerstörung und Verbote befeuern den Kapitalismus. Mittlerweile zeigt sogar das Staatsfernsehen westliche Serien mit unverschleierten Frauen. Iranische Damen bleiben aber verschnürt. Wer soll das noch verstehen.

In anderen Bereichen präsentiert sich das Regime weitaus totalitärer. Wer an Ramadan raucht oder isst und sich von der Polizei erwischen lässt, dem drohen Peitschenhiebe. Geraucht und gegessen wird trotzdem. Sogar in den Hinterzimmern der Moscheen. Und immer wieder liest man von Razzien auf Studentenpartys, weil Jungs mit unverschleierten Mädchen tanzen. Dann knallt erneut die Peitsche. Die Menschen passen sich folglich an, schlängeln sich elegant durch die Verbote und führen mehrere Leben.

Nicht nur der Wind fegt den Schleier vom Kopf. Immer mehr Frauen im Iran sehnen sich nach einem Sturm, der endlich Freiheit bringt.

Teheran: Hauptstadt und Moloch, Smog und Qualm. Die Straßen sind sauber, doch der Rotz im Taschentuch ist schwarz.

Hejab ist Pflicht, auch für Touristinnen, Geschlechtertrennung Alltag.

Trotz der Schirme ist Regen in weiten Teilen des Landes selten.

Ein Mullah in Qom. Hier studieren die Gläubigsten der Gläubigen den Koran. Ich fühle mich fehl am Platz – und das liegt nicht nur am Gebetstschador.

Der Schrein in der »City of Mullahs« ist ein wichtiger Wallfahrtsort für Schiiten.

Plakate sollen Frauen daran erinnern, sich »anständig« zu verhängen.

Unterwegs in Kashan. Atafeh und Fatemeh kassieren mich für die nächsten acht Stunden ein. *Welcome to Iran!*

Für Khomeini starben Tausende junge Männer als Märtyrer. Seit 1989 ist Khamenei der Chef – und in diesem Shop sogar »Ritter der Kokosnuss«.

Durch die Dasht-e Kavir führten einst die Karawanenrouten. Als Salzwüste zählt sie zu den lebensfeindlichsten Gebieten der Erde.

Der letzte Schrei: Kopftuchmode auf dem Basar. Oder doch Sexpuppen aus einem schlechten Horrorfilm? Besser nicht darüber nachdenken ...

Backgammon ist eines der ältesten Brettspiele der Welt und wird seit Jahrhunderten im gesamten Orient gespielt.

Orangenblüten draußen, Perserteppiche drinnen. Und zum Neujahrsfest Nouruz ziehen Goldfische im Glas ihre Kreise.

Am Straßenrand werden bunte Küken verkauft. Wenn sie erwachsen sind, landen sie als Kebab auf dem Teller. Tierschutz hat im Iran kaum Stellenwert.

Chai ist stets dabei. Auch Safraneis naschen die Iraner gern. Und zu fast jeder Mahlzeit wird Reis gereicht.

»K + K« sind immer da. Selbst in abgelegenen Bergdörfern wachen sie mit strengem Blick über ihr Volk.

In Abyaneh tragen die Frauen lokale Trachten. Das freut die Touristen. Nur noch 200 Menschen, hauptsächlich Senioren, leben hier.

Der Imam-Platz in Esfahan ist einer der größten Plätze der Welt und gehört zum UNESCO-Weltkulturerbe.

Der Zayandeh Rud führt selten Wasser. Über ihn schwingt sich die 33-Bogen-Brücke. Auch Königsmoschee und Basar zählen zu den »Bestsellern« des Orients.

Qeshm sieht im Sonnenuntergang hübsch aus, doch die Insel und ich sind nicht reif füreinander.

Nicht mehr lange, und die Mädchen werden Hejab tragen müssen, oder sogar die traditionelle Maske der Bandaris. Damit verschwinden sie aus der Öffentlichkeit.

Die Türme des Schweigens in Yazd. Hier legten die Zoroastrier ihre Verstorbenen hinein, damit Raben und Geier das Fleisch fressen konnten.

Kleine Gasse in der Wüstenstadt Yazd. Fünf Autostunden entfernt in Shiraz warten derweil Gewürze auf Käufer. Und ein Pferd steht im Weg.

So sollte sie aussehen – die Nasir-al-Mulk-Moschee in Shiraz. Dieses Foto macht Kourosh, nachdem ich auf der Suche nach ihr kein Glück hatte.

Manche pilgern zum heiligen Schrein, andere zu Hafis' Grab. Ein Wellensittich fischt Verse des Dichters aus einem Kästchen und weissagt damit die Zukunft.

n Parks laden Fitnessgeräte zum kostenlosen Freilufttraining ein. Eine alte Dame ;eht unbeeindruckt an ihnen vorüber.

Persepolis, »Stadt der Perser«. Seit 2500 Jahren lockt das antike Wunder :ahllose Besucher an – auch iranische Touristen im Safari-Look.

In Susa schnattert hingegen nur eine Schulmädchenklasse. Hier bin ich die einzige ausländische Touristin.

Die Tempelstadt Chogha Zanbil habe ich sogar ganz für mich allein. Chogha Zanbil gehörte zum Reich Elam und ist über 3000 Jahre alt.

Eine Moschee irgendwo zwischen Kermanshah und Hamedan. Es soll ungefähr 75 000 Moscheen im Land geben.

Ein Basari in Tabriz trinkt Chai. Zwei Kilometer weiter steht die Blaue Moschee, teilweise zerstört und dennoch das schönste Gotteshaus, das ich im Iran sehe.

Teheran – Anfang und Ende. Der Iran bestürzt. Der Iran berührt. Der Iran fordert und beschenkt. Und ich verspreche mir, eines Tages zurückzukehren.

Wenn öffentlicher Raum kontrolliert und belauert wird, so verwandeln sich Wohnstuben zu Kunstgalerien, zu Klubs und Büros. Die Leute trinken Alkohol, essen Schweinefleisch und pofeln *Sheesheh*, also Crystal Meth. Opium ist sowieso Alltag. Der letzte Schrei arbeitet sich derzeit von Pakistan in den Südosten des Iran vor. Dort paffen sie das Gift eines Skorpionstachels und sind nach einer Weile unrettbar in ihrer Abhängigkeit verloren. Seit Jahren kämpft die Regierung gegen den Drogenkonsum und richtet Suchtambulanzen ein. Gemessen an der Bevölkerungszahl, gehört die Islamische Republik weltweit zu den Nationen mit den meisten Junkies. Das Zeug kommt hauptsächlich aus Afghanistan. Und nicht nur Schmuggler verdienen daran, sondern auch zahllose (geschmierte) Polizisten und Revolutionsgardisten.

Alles ist möglich. Nichts ist erlaubt. Staatliche Willkür bedeutet Unberechenbarkeit, aber ebenso fortwährendes Feilschen um Regeln und Strafen. Ob Drogen, Liebe oder Satellitenschüsseln – vieles ist verhandelbar. Und so kann eine Bevölkerung ein Regime dulden, es ertragen, vielleicht sogar tragen. Und das Regime ist auf seine Einwohner angewiesen. Die Sehnsucht nach Selbstbestimmung brodelt trotzdem wie heißes Wasser in einem Kochtopf. Ob ein Brodeln für den politischen Umsturz reicht? 2009 versuchte die Jugend einen Aufstand. Sie protestierte gegen eine vermutlich gefälschte Wahl zugunsten Ahmadinedschads. Die Rebellion wurde blutig niedergeschlagen. Die Hoffnungen zurückgestutzt wie eine Gartenhecke. Seitdem herrscht so etwas wie Kapitulation. Aber vielleicht täuscht auch das. Vielleicht läuft der Kampf auf anderen verschlungenen Wegen weiter und bricht sich bald Bahn.

Sechzig Prozent der Gesamtbevölkerung sind jünger als dreißig Jahre. Jünger als ich. Und diese Generation kennt das westliche Dasein aus den Medien. Ihr Hunger nach Welt köchelt unter dem Deckel der Autokratie, aber das muss nichts bedeuten. Die meisten Iraner sind in dem System aufgewachsen. Sie leben damit. Und oft nicht schlecht. Man kann hier glücklich sein. Sie arrangieren sich. Sie sind biegsam. Die da oben und die da unten. Grenzen sind dehnbar, und die Regierung ist bestechlich.

»Macht korrumpiert, und absolute Macht korrumpiert absolut«, sagte der britische Gelehrte Lord Acton vor 150 Jahren. Der Satz stimmt noch immer.

»Worüber denkst du nach?« Kourosh lächelt mir zu. Die Drinks machen mich redselig, und so will ich von ihm wissen, wie er in diesem Land zurechtkommt. Einem Land, das offiziell die Genüsse des Lebens verbietet und als Sünde deklariert. »Du siehst es ja. Alle machen alles. Privat sind wir frei.« Freiheit in den heimischen vier Wänden. Nur wird darüber eben nicht gesprochen. Aber reicht das?

»Es ist besser, Sklave der eigenen Regierung zu sein als Sklave einer anderen«, meint Kourosh und leert sein Glas Whisky.

Ist das so? Die Iraner sehen, was in ihrer Nachbarschaft passiert. Gescheiterte Staaten. Der Nahe und Mittlere Osten zerfällt. Sie wollen unabhängig bleiben. Keine Einmischung von außen. Wie schrieb es Leonard Cohen in einem Gedicht?

*I am convinced*
*the foreign killer will kill more of us*
*than the old familiar killer does.*

Und trotz all der Restriktionen ist der Iran demokratischer, als man im Westen gemeinhin annimmt. Demokratischer als so manch andere islamische Nation in jedem Fall. Es finden Wahlen statt, und es gibt ein Parlament. Es ist mindestens ein Repräsentant der Minderheitenreligionen vertreten, wie Juden, Christen und Zoroastrier. In der Bezeichnung »Islamische Republik« steckt nicht zuletzt das Wörtchen »Republik«, obwohl sich darüber streiten lässt. Chef im Treff bleibt der Ayatollah – egal, was das Volk begehrt. Ist der Iran also eher eine Pseudorepublik mit eingeschränkter Demokratie? Wahrscheinlich passt auch diese Benennung nicht gänzlich, und wir landen wieder bei dem Begriff »Diktatur«. Schwierig.

Darüber hinaus stellt sich die Frage, was ohne die konservative Revolution geschehen wäre. Was wäre aus dem Iran und seinem

Schah geworden? Hätten sich westliche Staaten auf das Öl gestürzt und das Land wie etliche andere Länder in der Region zu einem Trümmerfeld gebombt? Was ist gut, und was ist böse? Wo endet die Unabhängigkeit, und wo beginnt die Unterdrückung?

Darüber muss ich nachdenken. Mit japanischem Whisky klappt das nur bedingt. Denn ich bin betrunken. Und deshalb bemerke ich erst im Auto, dass ich mein Kopftuch verloren habe und »oben ohne« durch den Gottesstaat fahre. Benebelt und berauscht. In maßloser Sünde. Kourosh findet das lustig. Darauf hingewiesen hat er mich aber nicht. Zum Glück ist kein Mullah in der Nähe. Wobei der um diese Uhrzeit wahrscheinlich auch betrunken wäre.

## Schreinfein

Ein Ozean aus Gerüchen und Geräuschen. Eine Melange aus Schmuck, Teppichen, Safran und billiger Kleidung *made in China*. Mopedfahrer zwängen sich durch die Gänge, Männer schlafen in ihren Geschäften, Frauen begutachten Stoffe. Ich kaufe für ein paar Toman einen goldenen Armreif, der angeblich fünfzig Jahre alt sein soll, verlasse den Basar und laufe zum heiligen Schrein Shah-e Cheragh. Hier liegen die Brüder des achten Imam Reza begraben. Also direkte Nachfahren des Propheten Mohammed. Sonnenfinger streicheln mein Gesicht, und es riecht immer noch nach Orangenblüten.

Wie in Qom muss ich durch die Frauenschleuse und den geblümten Tschador überstreifen. Sobald das Bettlaken mich vorschriftsmäßig verhängt, darf ich warten. Auf meine extra herbeigerufene Schreinfremdenführerin. Ich parke auf dem Schleusenstuhl und beobachte skurrile Szenen: Zwei schwarz verhüllte Chadoris tasten die ebenfalls schwarz verhüllten Besucherinnen mit weißen Handschuhen ab. Eine dritte reicht Feuchttücher. Vor einem winzigen Spiegel, der an der Wand hängt, wischen sich die Damen die in stundenlanger Mühseligkeit aufgetragene Schminke vom Gesicht und dürfen erst dann das Heiligtum betreten. Aus dem Mülleimer in der Ecke quillen bunt beschmierte Feuchttücher. Sitzt irgendetwas immer noch nicht richtig, so puscheln Ehrenämtler die Pilger mit Staubwedeln in Regenbogenfarben zur Ordnung.

Schreinfein gemacht, überlege ich, ob ich dieses Land missverstanden habe. Vielleicht ist ja alles anders, als ich bisher dachte. Vielleicht ist die geschminkte Frau vor dem Spiegel tief gläubig und trägt den Schleier mit Wonne. Vielleicht postet sie trotzdem ihren Kussmund auf Instagram. Vielleicht lästert sie über die Mullahs, doch auf ihrem Computer flackert ein Khomeini-Bildschirmschoner. Vielleicht rezitiert sie den Koran genauso auswendig wie Songs von Lady Gaga. Und warum sollten Moscheen eigentlich nicht auf Facebook werben? Passt das zusammen? Das sind die Bruchstellen, die Risse. Das sind die Knackse. Der Iran ist nicht glatt. Nicht kugelrund gelutscht. Der Iran ist ein Rätsel.

»Hello, my name is Elaheh. I'm your guide. Welcome to Shiraz.« Ein adrettes Gesicht, umrahmt von schwarzem Stoff, lächelt mich an. Ich lächle zurück.

So wie der Mullah in Qom führt mich auch Fremdenführerin Elaheh in akzentfreiem Englisch durch die Pilgerstätte. Meine Schuhe trage ich in einer Plastiktüte mit. Erst jetzt fällt mir auf, dass ich vergessen habe, den roten Nagellack von meinen Zehen und Fingern zu entfernen. Zu spät. Ich kann nur auf göttliche Großzügigkeit hoffen. Mich puschelt zumindest niemand.

Der Schrein ist pompös, proppenvoll und ein populärer Wallfahrtsort des schiitischen Islam. In der Mittagssonne glitzert er. Mullahs promenieren. Chadoris schwärmen durch den Eingang, um zu beten. Sie pressen wie in Qom die Stirn an das vergoldete Gitter des Sarkophags und versinken in Inbrunst. Unzählige Spiegel und Kachelmosaike verzieren Kuppel und Innenwände. Und wieder bin ich zu fremd für diesen Ort. Bin der Eindringling, das Kuckucksei. Bin die Ente unter Krähen.

Nach der Führung werde ich ins *International-affairs*-Büro zwischen andere geblümte Bettlaken gesetzt. Zwei Holländerinnen und drei Französinnen. Zu Chai und Gebäck überreicht mir Elaheh einen in Deutsch verfassten Flyer des Obersten Führers Khamenei, der sich darin an die »Jugend in den westlichen Ländern« wendet. Sie verabschiedet sich freundlich, doch ihr Lächeln reicht nicht bis zu ihren Augen.

In dem Schreiben wird der Westen für den islamistischen Terrorismus und jedwede Gewalt verantwortlich gemacht. Dabei ist Khamenei rhetorisch geschickt. Er kritisiert die Kriege der USA oder die israelische Siedlungspolitik (wobei seine Israelkritik antizionistisch begründet ist). Er warnt vor der kollektiven Diskriminierung und Stigmatisierung der Muslime. Er verurteilt den Terroranschlag auf die Pariser Konzerthalle Bataclan und betrauert die Opfer. Er lullt ein und versucht, das Vertrauen des westlichen Lesers zu wecken, indem er die Gemeinsamkeiten betont. Doch ebenso wie der Mullah in Qom bestreitet auch er den Zusammenhang zwischen IS und Islam. Zwischen Terror und Glauben. Die Radikalisierung und Rekrutierung junger Männer in Europa sei das Ergebnis jener »ungesunden kulturellen Nahrung«, eingeflößt in der »verschmutzten, gewalthervorbringenden Umgebung« des Westens. Khamenei weiß genau, wie er zu formulieren hat. Er schimpft auf die Extremisten und zeigt Mitgefühl für die Leidtragenden. Doch dazwischen streut er Wörter wie »List und Heimtücke« des Westens oder schreibt von »Aggressivität und moralischer Zügellosigkeit« als »Hauptmerkmale der westlichen Kultur«. Der Islam könne für die Gewalt nicht verantwortlich gemacht werden. Taliban und IS seien einzig durch westliche Interventionen entstanden.

Gern möchte ich den Ayatollah fragen, inwieweit sich dann seine brutalen Pasdaran von den brutalen Taliban unterschieden haben, als sie geschminkte Frauen verprügelten? Und warum er sich nicht für die Menschenrechte seiner Landsleute einsetzt? Oder ob iranische Steinigungen besser sind als irakische?

Unterm Strich bleibt die einfache Botschaft: Religion ist gut, die westliche Maßlosigkeit ist böse. Eine Mitverantwortung spricht er Muslimen generell ab.

Ach, wäre die Welt so simpel, Herr Khamenei. »Differenzierung statt Propaganda!« will man ihm zurufen. Doch die Realität weicht der fanatischen Geisteshaltung. Und da ist es ganz gleich, ob es sich um Islam, Christentum oder eine andere Ideologie handelt. Verblendung ist universell.

## Stadt der Perser

»Wir sind Perser!«, sagen die Iraner und lächeln dabei. Das klingt sympathisch und versöhnlich, das klingt nach fliegenden Teppichen und flauschigen Perserkatzen. Das klingt nach »Wir sind nicht gefährlich, wir sind Perser. Wir haben ein Nuklearprogramm – okay –, aber es ist ein friedliches Nuklearprogramm. Wir sind Perser.« Alle freuen sich.

»Perser« tönt nicht nur freundlicher, sondern auch ruhmreicher. Das erinnert an Imperium, an Macht, an Glorie. Das war die Zeit, bevor die Araber kamen. Als Persien noch persisch war. Gut, das ist schon ein paar Jahrhunderte her. Doch das alte Persien gilt immerhin als das größte Reich der Antike. Daran entsinnt man sich. Das bleibt ewiglich ins Nationalbewusstsein eingemeißelt. Und das versteht jeder, der Takht-e Jamshid besucht. Wir kennen den griechischen Namen des Wunders: Persepolis, »Stadt der Perser«.

520 v. Chr. gründete Dareios I. im Süden Irans die Residenz. Das Imperium der Achämeniden reichte von Kleinasien und Ägypten bis zum Indus. Nicht Sklaven stapelten die Steine, sondern bezahlte Arbeiter. 330 v. Chr. steckte Alexander der Große die Palaststadt in Brand. Historiker streiten noch, ob der Makedonier den Flammensturm tatsächlich anwies, als Vergeltung für die Zerstörung der athenischen Akropolis durch die Perser 150 Jahre zuvor. Oder ob ein Trunkenbold schlicht eine Kerze umstieß und die Wandbehänge Feuer fingen.

Die Ruinen von Persepolis zählen zum UNESCO-Welterbe, obwohl die islamische Regierung nicht viel für den Erhalt unternimmt. Erst seit ein paar Jahren dämmert manchen Mullahs, dass sie damit Touristen anlocken und Geld verdienen können. Schon im Mittelalter besuchten abendländische Feriengäste die Stätte und schleppten Schätze und Statuen in europäische Museen.

Ich steige die große Freitreppe empor, stehe unter der Eingangspforte, dem »Tor aller Länder«, und bin ergriffen. Massige Stierskulpturen aus Stein mit Menschenköpfen und langen Bärten bewachen den Einlass. Wenn am 21. März das Neujahrsfest Nouruz begangen wird, so scheint hier – und nur dann – die Morgensonne hindurch.

Hunderte Besucher ziehen an mir vorüber, während ich am Portal die eingeritzten Namen berühmter Reisender betrachte. Darunter auch eine Signatur von Friedrich-Werner Graf von der Schulenburg, der als Gesandter in den Iran kam und dreizehn Jahre später als Widerstandskämpfer des 20. Juli 1944 hingerichtet wurde.

Ich habe mich einer kleinen Reisegruppe angeschlossen, denn ohne Führung ist der Besucher auf dem riesigen Areal verloren. Genauso wie unser englischsprechender Guide. Der hat sichtlich Mühe, unsere Gruppe beisammenzuhalten, und kämpft um Aufmerksamkeit – und um seine Beherrschung. Vier plappernde Italiener muss er bändigen, drei französische Jünglinge, die jeden Erdklumpen fotografieren, ein chinesisches Mädchen aus Australien, das ständig den Anschluss verpasst, und ein iranisches Ehepaar in Rehbraun, das nichts versteht. Der Gatte trägt einen Tropenhut mit Gummizug.

Die Ruinenstadt ist himmelschön, auch wenn viele Steintafeln, Reliefs und Statuen zerstört sind. Im »Saal der Hundert Säulen« reihen sich etliche Stümpfe. Die Wohnpaläste und das Schatzhaus sind verfallen, aber vorstellbar. Die Löwenköpfe, geschlagen aus goldgelbem Gestein, schleudern den Besucher zurück in vorislamische Zeiten. Hier atme ich Geschichte.

Nun ist es so, dass ich zu Sentimentalitäten neige – manch einer nennt es gar Theatralik –, und solche Orte bringen mein Gemüt aus der Fassung. Wenn ich mir vorstelle, dass Alexander der Große genau hier, wo ich jetzt stehe, vor 2346 Jahren umherstolzierte und seine Füße denselben Boden berührten und seine Hände an derselben Säule entlang streiften, dann reicht das locker für eine halbtägige Ergriffenheit. Das passiert mir grundsätzlich an allen geschichtsträchtigen Flecken weltweit. Und so eine Ergriffenheit kommt den Museumsshop-Besitzern zugute. Denn in meiner Verzückung kaufe ich überteuerte Postkarten, Kühlschrankmagnete, Porzellanpüppchen oder Wandteller. In Versailles erstand ich aufgrund des Taumels ein hochpreisiges Sofakissen, dessen Poltermuster detailgetreu der Tapete in Marie Antoinettes Schlafzimmer nachempfunden war. Dazu einen kleinen Spiegel, eine Westentaschenuhr und ein gerahmtes Bild einer adeligen Frau. Ich weiß bis heute nicht, wer das ist.

In St. Petersburg mussten es vier Matroschkas sein, ein Kupferstich mit dem Porträt Katharinas der Großen und eine Kaffeetasse, auf der Putin abgebildet ist – mit entblößtem Oberkörper, reitend auf einem Bären. An der Nordsee kaufte ich drei Muschelschatullen und eine Dose Erdbeertee, den ich nie trank und nach zwei Jahren wegwarf. Als ich den Vatikan besuchte, war ich fest entschlossen, einen Rosenkranz zu erwerben, obwohl ich Ketzer bin. Verhindert hat dies nur mein leeres Portemonnaie.

Ich denke also, wir können durchaus von einer Krankheit sprechen. Die museumsshopspezifische Oniomanie, oder im Volksmund auch der melodramatische Kaufzwang genannt. In meinem Hirn knallt einfach eine Sicherung durch. Wie bei Verliebten. Dagegen bin ich machtlos.

Und während ich überlege, ob es von Alexander und dem brennenden Persepolis nette Bettwäsche zu kaufen gibt, braut sich ein Unwetter zusammen. Ein Grollen in der Ferne, Blitze zucken am Himmel. Eine dunkelgraue Wolkenwand schiebt sich über die Ruinen. Satt und kalt fällt der Regen herab. Menschen hetzen durch den Schlamm, spannen Regenschirme auf, eilen vorbei an geköpften Säulen und wachenden Löwen. Schleier kleben auf nasser Haut, Wimperntusche zerläuft. Das Perserreich geht unter, versinkt in einer Sturzflut. Ein so epochales Bild an einem so epochalen Ort, dass mir die Augen übergehen. Ein Gemälde aus Trümmern und verregneten Leibern. Den einzigen Unterschlupf bietet der Museumsshop. Und ich kaufe mir ein Postkartenbuch.

## Stolz und Vorurteil

»Denken Sie an den chauvinistischsten Texaner, den Sie kennen, und fügen Sie 5000 Jahre Historie hinzu, und erst dann beginnen Sie zu verstehen, wie stolz sie sind.« So sagte es die Journalistin Robin Wright, die ausgiebig zur iranischen Mentalität recherchierte und für *The New Yorker* schreibt.

Mit diesem Satz ist bereits viel erklärt. Und vielleicht offenbart er auch, warum sich die Iraner manch anderen Völkern gegenüber überlegen fühlen. Stolz schafft Vorurteile. Und Abneigung. Das klingt erstaunlich, ist der Iran doch ein Vielvölkerstaat, in dem mehr als zehn Sprachen gesprochen werden – dennoch sind Afghanen hier Menschen zweiter Klasse. Sie sind quasi rechtelos und werden als billige Arbeitskräfte für einen Hungerlohn ausgebeutet. Ist der Drecksjob erledigt, schiebt der Iran sie einfach ab. Und Araber gelten ohnehin als unebenbürtig und kulturlos angesichts der jahrtausendealten Geschichte der Perser. Trotz der scheinbaren Dominanz ziehen sich Brüche durch das iranische Selbstwertgefühl. Man hält sich für überlegen und unterlegen. Und das gleichzeitig. Da kann ein Hollywoodfilm wie Zack Snyders Graphic-Novel-Adaption *300* durchaus für einen Aufschrei sorgen und den hehren Nationalstolz verletzen. 2007 erschien der Streifen über die fiktionalisierte Schlacht bei den Thermopylen. Tapfere Spartaner kämpften gegen eine lachhafte Perserarmee, die noch dazu auf die Unterstützung von Monstern angewiesen war. Ein dekadenter, geschminkter Perserkönig Xerxes I. hinterließ blankes Entsetzen und kränkte die iranische Seele zutiefst. Stolz schmerzt. Doch wo bleibt die Coolness im Umgang mit einem Hollywoodstreifen?

Eben jenes Selbstbewusstsein kam der Islamischen Republik schon einmal abhanden. Genau zwanzig Jahre zuvor, 1987. Ein

25-sekündiger Beitrag in Rudi Carrells Satiresendung *Rudis Tagesshow* löste einen Eklat aus und erschütterte die deutsch-iranischen Beziehungen. Carrell verlas die Meldung, dass Khomeini von der Bevölkerung gefeiert und mit Geschenken überhäuft worden sei. Währenddessen zeigte der Bildschirm eine Montage, in der Chadoris dem Ayatollah Slips und Büstenhalter zuwarfen.

Ein lahmer, aber harmloser Witz, der schon fünfzehn Minuten nach Ausstrahlung eine gewaltige Lawine lostrat. Deutsche Diplomaten wurden des Landes verwiesen, das Goethe-Institut in Teheran musste schließen, der Komiker erhielt Morddrohungen und aus dem Irak Glückwunschtelegramme. Seine Entschuldigung besänftigte die Islamische Republik kaum, und die Bundesregierung verwies auf die Meinungsfreiheit.

Wenig später stellte der Fernsehsender *Rudis Tagesshow* ein. Kurz danach moderierte Carrell *Herzblatt*. Schlüpfrige Witze über Ayatollahs erzählte er nie wieder.

## Sternhagelschön

Das Haus ist leer, auf meinem Handy blinkt eine SMS. Kourosh fragt, ob ich später zum Abendessen kommen möchte, wenn sie alle zurück sind. Weil sich der Nachbar auf der anderen Straßenseite ein Bein gebrochen hat, überreichen ihm Kourosh, Tanaz, der humpelnde Tufan, Behruz, Pegah, die Kinder und Mommy gerade eine Flasche Wein, Gebäck und gute Wünsche. Zu Hause kenne ich nicht mal den Namen meines Nachbarn ein Stockwerk über mir.

Es ist noch hell. Ich packe einen Gedichtband in die Handtasche, winke einem Taxi und fahre zum Grab des Hafis. Darauf hatte ich mich schon in Deutschland gefreut: auf einer Bank im Garten sitzen, auf das Mausoleum blicken und seine Gedichte lesen. Wie schön.

Im Jahr 1315 soll der Dichter und Mystiker Khajeh Shams-ed-Din Mohammed Hafez-e Shirazi, genannt Hafis, in Shiraz geboren worden sein. Der *Diwan* ist sein bekanntestes Werk, von dem sich später Johann Wolfgang von Goethe inspirieren ließ. Der deutsche Dichterfürst war ein hingebungsvoller Leser und großer Bewunderer des Persers. »Wer das Dichten will verstehen, /Muss ins Land der Dichtung gehen«, schrieb er. Und die Iraner lieben ihre Poeten. In fast jedem Bücherregal steht ein Band von Hafis, Ferdowsi, Rumi oder Saadi. Wahrscheinlich wird öfter in Gedichten geblättert als im Koran.

Vor dem Eingang des Gartens wartet eine Menschenschlange. Ein Greis mit wettergegerbter Haut hockt auf einem Schemel an der Mauer. In seiner Hand ein zerrupfter Wellensittich. Für ein paar Toman pickt der Vogel Zettel mit Lebensweisheiten von Hafis aus einem kleinen Kästchen, und der Zahlende erhält die Antwort auf eine Frage. Quasi das Orakel von Delphi – nur ohne Delphi. Die Warteschlange rückt vor, und ich verpasse die Gelegenheit, den Wellensittich um Auskunft zu bitten. Die Zukunft bleibt ungewiss.

Der Garten duftet nach Zypressen, Rosen und Poesie. Menschen tändeln zum Grab, lachen, schießen Fotos, tragen Verse vor. Ich setze mich etwas abseits auf eine Bank, schlage das Büchlein auf und lese:

*Saghi, schenk ein den Wein*
*und lass den Becher kreisen!*
*Im Anfang schien die Liebe leicht,*
*die dann zum Rätsel ward.*

Unter einem Säulenpavillon steht der Sarkophag. Besucher streichen andächtig ihre Finger über den Alabaster. Neben mir nehmen eine junge Frau und ein Bursche Platz. Sie halten sich an der Hand.

*Wann bringt der Wind*
*den Moschushauch von deinem Haar?*
*Von deinen Locken wurden alle Herzen wund.*
*Wie fänd ich Frieden doch in deinem Bau,*
*da ruft die Karawanenglocke schon zum Weiterzug!*

Aus Lautsprechern entlang der Arkaden erklingt Flötenmusik, und eine Stimme rezitiert Gedichte.

*Färb den Gebetsteppich mit Wein, wie es der Weise sagt,*
*dann wirst du, Pilger, auch vom Sinn des Weges*
*deinen Teil erfahren.*

Die Sonne wandert, und ich rücke aus dem Schatten in ein Fleckchen Licht. Die Verliebten auf der Bank glitzern im Sonnenuntergang, aber vielleicht tagträume ich nur.

*Hafis, erhalt dir des Geliebten Gegenwart,*
*entsage dieser Welt, wenn du gefunden, den du liebst!*

Der Himmel glüht wie ein Toaster, und ich schließe die Augen. Buchseiten rascheln, und durch die Lider leuchtet es rot, bis die Sonne hinter den Wipfeln der Dattelpalmen versinkt. Ich verlasse den Garten und trage die Lichtstrahlen noch auf meinem Gesicht. Manchmal braucht es nicht viel für eine Prise Glück.

Das Haus duftet nach Safranreis. Kourosh reicht mir ein Glas Feuerwasser, während ich ihm von Hafis und dem Wellensittich erzähle.

»Jetzt wirst du nie erfahren, wie deine Zukunft aussieht«, zwinkert er mir zu, und mein Herz schlägt zwei Takte schneller. »Falls du noch mal in den Iran kommst und mich besuchen solltest, dann gehen wir zusammen zu Hafis.«

Er lächelt mich an, und ich merke, wie mir die Röte ins Gesicht schießt.

»Bist du denn glücklich im Iran?«, frage ich rasch, um abzulenken.

»Ich lebe gern hier«, sagt er, »die Leute sind freundlich, die Landschaft ist schön. In Europa mochte ich den Regen, doch hier ist meine Familie, deshalb kam ich zurück.«

»Und die Politik?«

»Die ersten Jahre der Revolution waren hart«, antwortet er, »aber letztendlich ist das Land durch Khomeini unabhängig geworden.«

»Unabhängig?« Ich runzle die Stirn. »Ihr seid gelähmt durch die Sanktionen anderer Staaten.«

»Die Sanktionen zwangen uns, Autos, Schiffe und Kühlschränke selbst herzustellen und nicht zu importieren.«

»Und was hältst du dann von Rohani? Der will den Iran öffnen.«

Kourosh denkt nach. »Er ist ein schwacher Präsident«, sagt er schließlich, »bisher hat er nicht viel geleistet.«

»Was ist mit dem Atomdeal?«

»Hilft uns nur wenig, solange der Westen seinen Teil der Abmachung nicht erfüllt.« Wie schnell ein Gespräch doch die Richtung wechseln kann. Von Hafis zu Rohani. Von Poesie zu Politik. Nun kann ich nicht beurteilen, was sich de facto im Land verändert hat oder inwiefern westliche Unternehmen hier tatsächlich investieren und wer wirklich daran verdient haben mag (wahrscheinlich nur die Regimeelite). Doch Rohani enttäuschte bislang die Mehrzahl seiner Wähler, obwohl er zu den Reformern gehört. Für mich als Europäerin ist der sympathisch lächelnde Präsident trotzdem angenehmer als ein Hardliner wie beispielsweise der Knallkopf Ahmadinedschad, der den Holocaust als »große Lüge« bezeichnete. Unter Rohani sank die Inflation, die Außenpolitik steuerte auf Normalisierung zu, einige westliche Touristen entdeckten den Iran gar als Reiseland. Er ernannte zudem die Frauenrechtsaktivistin Shahindokht Molaverdi zu seiner Stellvertreterin für Frauen- und Familienangelegenheiten.

Doch der lächelnde Rohani darf nicht darüber hinwegtäuschen, dass es in einem archaischen Mullah-Regime niemals moderate Mullahs geben wird. Rohani ist kein liberaler Demokrat, und auch die Atomverhandlungen bewirken noch lange keinen innenpolitischen Wandel. Die Zahl der Hinrichtungen ist in den letzten beiden Jahren sogar um knapp fünfzig Prozent gestiegen. Der Umgang mit ethnischen Minderheiten hat sich verschärft. Die Arm-und-Reich-Schere ging weiter auseinander. Der einstmalige Wohlstand aus der Zeit vor den Sanktionen ist nicht zurückgekehrt. Innenpolitisch konnte Rohani also bis dato kaum eines seiner Wahlversprechen halten. Seine Regierung demonstrierte vielmehr Ohnmacht. Als im Herbst 2014 islamische Fundamentalisten in verschiedenen Provinzen des Landes Säureattentate auf junge Frauen verübten, war Rohani nicht in der Lage, auch nur einen einzigen Straftäter vor Gericht zu stellen. Zu mächtig ist der Einfluss der Hardliner. Vielleicht unter Druck, vielleicht aus Überzeugung ernannte er zudem einen Mann zum Justizminister, der an der Seite Khomeinis in den Achtzigerjahren Tausende Oppositionelle hinrichten ließ. Möglicherweise überwiegen nicht die Unterschiede zwischen Reformern und Konservativen, sondern die Gemeinsamkeiten? Denn alle politischen Kräfte wollen am Ende nur eines: das Fortbestehen des Systems.

»Was ist mit den vielen Vorschriften? Schränken die euer Leben nicht ein?«, frage ich erneut. Das Partygespräch über die Freiheit lässt mich nicht los. Ich möchte Kouroshs Ansichten begreifen, selbst wenn ich tausendundeinmal nachbohren muss.

Kourosh schnalzt verneinend mit der Zunge. »Ich hatte noch nie Probleme. Und auch niemand, den ich kenne. Einige Vorschriften sind überflüssig und zu streng, aber womöglich brauchen Menschen Regeln.«

»Wie meinst du das?«

»Der Staat ist wie Mutter und Vater. Und die Einwohner sind seine Kinder. Vielleicht wissen die Eltern es ja manchmal besser.«

»Und warum brichst du dann so viele Regeln?«

»Jeder macht Dinge, die einem schaden«, grinst er und zieht an seiner Zigarette.

Ich teile seine Meinung nicht. Ich finde nicht, dass Menschen vom Staat wie unmündige Kinder behandelt werden sollten. Zumal die Mullahs und Beamten sich selbst nicht an ihre Gesetze halten. Sie trinken, rauchen Opium und sind bestechlich. Gut, ich pauschalisiere. Aber das macht Kourosh ebenfalls.

Ach, was soll ich schon sagen, was kann ich entgegnen? Bin ich doch keine Iranerin, trage ich doch stets meine europäische Brille.

Trotzdem oder gerade deswegen ärgert mich Kouroshs Auffassung. Ihn mag ich, seine Einstellung nicht. Wir diskutieren, und ich versuche, ihn zu überzeugen von dem, was ich über sein Land gelesen habe, von dem, was mir Exiliraner erzählten, und dass ich deshalb ebenfalls Bescheid wissen müsste. Kurz gesagt: Ich verhalte mich wie ein Idiot. Was weiß ich denn von einem Leben in einer Diktatur? Hier kommen wir nicht weiter, und wir entscheiden uns, das Thema ruhen zu lassen. Er zwinkert mir zu, und ich schmunzle.

Den restlichen Abend unterhalten wir uns über persisches und deutsches Essen, über Filme und Musik. Wir spielen Backgammon, und Kourosh erklärt mir die Regeln. Schon wieder Regeln. Doch dieses Mal amüsieren sie, kitzeln den Geist.

Backgammon ist eines der ältesten Brettspiele der Welt und wird im gesamten Orient seit Jahrhunderten gespielt. Fünfzehn weiße Steine gegen fünfzehn schwarze. Sieger ist, wer zuerst seine Steine aus dem Spielfeld abgetragen hat. Dafür braucht es Würfelglück und Köpfchen. Mir fehlt beides. Großmütig sieht Kourosh über meine Fehler hinweg, zeigt, welcher Zug klüger wäre, und lässt mich gewinnen.

Während er die Spielsteine ordnet, grabe ich mich wieder in sein Gesicht. Es schimmert im Lichtschein der Kerze, und seine Lachfalten kräuseln sich um die Augen. Nie ist er hektisch. Alles, was er macht, wie er geht, wie er steht, wie er spricht, ist ohne Hast. Er erzählt von Hafis und rezitiert ein paar Zeilen eines Gedichts. Ich lausche seiner Stimme, die warm ist und weich wie eine Wolldecke. Sie flutet den Raum mit Ruhe, und ich habe unsere Diskussion längst vergessen.

Straßenlaternen und Smog sprenkeln pfirsichgraue Farbtupfer in die Dunkelheit. Wie Asche hängt der Himmel über den Dächern der Stadt. Die Luft ist mild, auf der Fensterbank flackert ein Lämpchen, und ein Windhauch weht den Duft von Orangenblüten ins Zimmer. Eine Nacht, so lind, so sternhagelschön, wie nur Hafis sie hätte besingen können.

## Orientierungslos

Sie muss doch hier irgendwo sein. Aber wo? Ich irre umher und spreche eine alte Dame an, die an einer Bushaltestelle wartet. Zur Nasir-al-Mulk-Moschee möchte ich. Die Frau runzelt die Stirn, und ich versuche verschiedene Sprachmelodien. Sie nickt schließlich, sagt etwas auf Persisch und weist mit ihrer Hand in die Richtung, aus der ich kam. Dann links. Sie sieht meine Verwirrung, denn fünf Minuten zuvor hat mir ein Mädchen den Weg genau entgegengesetzt erklärt. Nun gut. Ich wiederhole ihre Handbewegungen: also erst geradeaus, dann links. Sie schüttelt den Kopf und zeigt mit ihrer Hand geradeaus und links. Was mache ich falsch? Ach, was gäbe ich für eine gemeinsame Sprache! Die Greisin lächelt, nimmt meinen Arm und überquert mit mir die Straße. Wir gehen zusammen. Ich schätze, sie misstraut meinem Orientierungssinn. Gern würde ich sie fragen, ob sie jetzt meinetwegen ihren Bus verpasst, aber ich sage nur »kheyli mamnun« und »sepas«. Vielen Dank und danke schön.

Nach vier Minuten Fußweg führt links eine kleine Gasse von der Hauptstraße ab. Die Frau zeigt hinein und strahlt mich an.

Vor einer Viertelstunde stand ich schon einmal hier. Das Gässchen wirkte verlassen. Nur Sand und zwei parkende Autos. Auch sah ich keine Infoschilder, die eine Moschee auswiesen. Deshalb fragte ich das Mädchen. Nun bin ich wieder da, folge der Gasse und lande vor einer Pforte, ausstaffiert mit blauen Mosaiksteinen. Das restliche Bauwerk ist schlicht und mit Ziegeln verputzt. Die Moscheen, die ich bisher besichtigt hatte, glänzten in der Sonne und waren von Weitem an den Zwiebelkuppeln und Minaretten zu erkennen. Doch hier funkelt nichts. Vielleicht ein Hamam? Oder eine andere, eine unbedeutende Moschee? Gibt es überhaupt unbedeutende Moscheen? Der Wisch, auf den Kourosh die Sehenswürdigkeiten in Farsi notierte, liegt klugerweise auf meinem Nachttischchen, neben einer Orangenblüte, die ich aufgelesen hatte.

An der Tür hängt ein Zettel: »14:30–17:00«. Die wichtigen Informationen darunter sind auf Persisch gekritzelt.

Was immer es ist, nach der berühmten Nasir-al-Mulk-Moschee sieht das Ding nicht aus. Im 19. Jahrhundert wurde sie erbaut und erhielt wegen ihrer bunten Fenster den Spitznamen »Pinke Moschee«. Kouroshs Neffe Tufan schwärmte von ihr heute am Frühstückstisch. Die allerschönste Lichtstimmung sei im Winter in den Morgenstunden, wenn die ersten Sonnenstrahlen durch die Mosaike der Bleiglasfenster in den Innenraum sprudelten. Dann nämlich zaubere die Dämmerung auf den spiegelblanken Böden und Säulen ein Farbenspiel, das seinesgleichen suche. Wir haben April, und es ist dreizehn Uhr.

Das kaleidoskopische Wunder erfüllt durchaus einen ernsten Zweck: Gläubige sollten so in aller Herrgottsfrühe freiwillig und voller Freude zum Gebet erscheinen.

Ich beäuge das Gebäude mit Skepsis und beschließe weiterzusuchen, folge der Gasse, biege mal rechts ab, mal links, finde nicht mehr zurück und lande in einem Innenhof. Drei Arbeiter reparieren einen Springbrunnen. Dass in dem Begriff »Orientierungslosigkeit« das Wörtchen »Orient« steckt, kann kein Zufall sein. Ich fühle mich genauso verloren, wie ich aussehe, und frage die Männer direkt: »Masjed-e Nasir al-Mulk?«

Die Herren verstehen unüblicherweise sofort, gestikulieren aber in unterschiedliche Richtungen. Sie diskutieren. Ein Dicker ist sich sicher. Er zeigt auf seine Honda, und ich setze mich auf den Sozius. Wir brettern über Bürgersteige, durch verstopfte Straßen und den Gegenverkehr, während der Fahrtwind meinen Schleier vom Kopf fegt.

Einige Momente Todesangst später stoppen wir an einem Hauseingang. Der Dicke verweist auf die Tür, freut sich und saust davon.

Das ist definitiv keine Moschee. Das ist ein Museum. Ach, sei es drum. Ich zahle die Eintrittsgebühr und starre lebensgroße Puppen mit verfilzten Bärten an, die Prominente der persischen Geschichte darstellen sollen. Die Glühlampen leuchten schwach, Staub hängt in der Luft, und die Wachsfiguren lächeln nicht. Ein iranisches Madame Tussauds. Nur ein wenig verstörender.

Wieder draußen, winke ich einem Taxi. »Masjed-e Nasir al-Mulk, lotfan.«

Der Fahrer fragt dreimal nach, dreht eine Runde um den Block und setzt mich an der altbekannten Gasse ab. Die Tour dauert eine Minute. Ich stehe also erneut vor der blauen Pforte und seufze. Es ist fünfzehn Uhr, und sie ist verschlossen.

Zurück auf der Hauptstraße, frage ich einen Mann nach der Moschee, der mit seinem Schnurrbart einem Löwendompteur im Zirkus gleicht. Ich hoffe auf klare Anweisungen. Wenn er ebenfalls auf das Gebäude deutet, wird es wohl stimmen. Ich wiederhole den Namen »Nasir al-Mulk« dreimal. Schließlich ein lautes »Aaah«. Er hat mich verstanden, ich freue mich. Er erzählt einiges auf Farsi und zeigt mit dem Finger in die Innenstadt. Immer geradeaus, danach zweimal rechts und einmal links. Ich rufe ein Taxi und fahre heim.

## We miss you already

Der letzte Abend in Shiraz, der letzte Abend mit Kourosh. Wir essen Fladenbrot und plauschen. Gleich muss ich los, den Nachtbus erwischen, denn es zieht mich weiter gen Westen, Richtung irakische Grenze, nach Ahvaz und Susa.

Ich betrachte Kourosh und lasse mich einfangen. Zum hundertsten Mal. Jetzt bemerkt er meine Blicke, und ich gucke weg.

»Hey, ich habe etwas für dich«, lächelt er verlegen und zieht einen blauen Zettel aus der Hosentasche. Es ist ein Briefchen von Hafis. Kourosh war am Mittag zum Mausoleum gelaufen und hat ein Gedicht mitgebracht. Nur für mich.

»Der Wellensittich hat es ausgewählt«, fügt er schnell hinzu und liest die zweizeilige Prophezeiung vor: »›Ich fürchte, dass Tränen meine Trauer offenbaren. Und dieses verschlossene Geheimnis wird zur öffentlichen Geschichte.‹«

Ratlosigkeit.

»Das ist die Antwort auf deine Frage«, meint Kourosh.
»Ich habe aber gar keine Frage gestellt.«
»Egal. Das Orakel hat immer recht.«
Wir kichern. Sehen uns an. Und sehen weg. Schweigen.
»Okay, hast du alles gepackt? Ich bringe dich zum Busbahnhof«, durchbricht er die Stille und räuspert sich.

Ich verabschiede mich von seiner Familie. Behruz schmunzelt wie immer weitherzig, Tufan lächelt sein Strahlelächeln, und Mommy winkt. Sie trägt Lippenstift. Tanaz hat mir für unterwegs ein »klitzekleines Proviantpaket« zusammengestellt, wie sie sagt. Der Eimer Salat, die zehn Pfannkuchen, die drei Tomaten, die Packung Oliven, die zwei Flaschen Wasser und die Tüte mit Fladenbrot reichen für eine Expedition zum Südpol. Wir küssen uns dreimal, und ich bin ihr sehr dankbar.

Kourosh und ich sprechen kaum ein Wort auf der Fahrt. Er scheint betrübt über meine Abreise, lässt sich aber nichts anmerken. Ich bin auch betrübt. Ob wir uns wiedersehen?

Er nimmt meinen Rucksack und begleitet mich zum Bussteig. Abschied. Er schaut mir in die Augen, ich in seine, dann ein kurzer Händedruck. Mehr ist in der Öffentlichkeit nicht erlaubt. Er geht, und ich schmachte ihm nach, bis er verschwunden ist.

Der Bus rollt ein. Das Ziel ist neun Stunden entfernt und heißt Ahvaz, ein stinkender Moloch in der Nähe zur irakischen Grenze. Ich weiß noch nicht, wie, aber von dort möchte ich weiter nach Shush, bei uns eher bekannt unter dem Namen Susa.

In der Schule besaß ich ein Geschichtsbuch mit Eselsohren, und darin war eine kleine Schwarz-Weiß-Fotografie dieser altpersischen Residenzstadt abgedruckt. Man erkannte ein paar Säulen und Trümmer, nicht mehr. Die Lehrerin am Pult monologisierte von Schlachten und einem großen Makedonier, doch ich betrachtete nur das farblose Bildchen. Susa. Der Klang verzauberte mich und blieb mir in Erinnerung.

Die Ruinen sind ruinös, keineswegs mit Persepolis vergleichbar, und werden deshalb höchst selten von ausländischen Touristen angeglotzt. Außer von mir. Hoffentlich.

Laut Fahrschein gehört mir ein Einzelplatz. In den besseren iranischen Reisebussen reihen sich an der linken Fensterfront hintereinander die Einzelsitze auf und rechts die Zweiersitze. So fläze ich mich in das rote Polster und habe bereits die Hälfte der Fressalien ausgepackt, da kommandiert mich der Busfahrer auf die andere Seite. Auf einen Zweiersitz, direkt am Gang, zu einer jungen Perserin, die wie ich allein reist. Wir sollen zusammensitzen. Doch nicht, weil sich der Kerl etwa um mein Wohlbefinden sorgt und den interkulturellen Austausch fördern möchte. Nein. Mein Einzelsitz gebührt nun einem männlichen Passagier, der nach mir in den Bus gestiegen ist. Und weil der im Gegensatz zu mir einen Jonny hat, wird er bevorzugt, und ich darf den Fensterplatz räumen.

Ich bin wutflammend. Das Mädchen besänftigt mich, klingt dabei aber selbst verzagt. »Ja, fremde Männer und Frauen dürfen nicht nebeneinandersitzen. Und wir sind Mädels und beide allein. Deshalb bekommt der Mann deinen Einzelplatz. So ist das leider.«

Es ist irrwitzig und kolossal lächerlich! Die verdammte Geschlechter-Apartheid in diesem Land! Mich ärgert meine Zurückhaltung. In Deutschland hätte ich protestiert. Im Iran halte ich die Klappe.

Das Mädchen bringt Ruhe in mein Gemüt. Shabnam heißt es. »Das bedeutet ›Morgentau‹«, übersetzt sie und lacht ein erdiges Lachen. Die Medizinstudentin mit Augen, so blau wie das Meer, und einer viel zu großen Brille möchte ihre Eltern in Ahvaz besuchen, deshalb sitzt sie hier. Ihre Geburtsstadt hat nicht den besten Ruf. Die Weltgesundheitsorganisation verlieh Ahvaz im Jahr 2013 eine zweifelhafte Ehrung: Sie kürte die Metropole zur Stadt mit der fürchterlichsten Luftverschmutzung weltweit. Herzlichen Glückwunsch. Danach erst folgt die mongolische Hauptstadt Ulaanbaatar, und direkt dahinter Peking. Schön, dass ich mit Ahvaz nun das Moloch-Triumvirat komplettieren kann. Die roten Smogwolken abends in Peking werde ich nie vergessen, und in Ulaanbaatar war ich vor lauter Trübnis schon nachmittags betrunken. Andere Menschen reisen an die Ostsee oder nach Island und atmen. Wahrscheinlich die klügere Idee.

Wir tosen durch die Nacht und schwatzen. Über dreckige Städte und Shabnams Studium, über Shiraz und Orangenblüten. Und das alles so munter und beschwingt, dass ich mich fast über meinen Platzverweis freue. Nur schlafen klappt nicht. Sitze am Gang sind eben doch blöd.

Es wird leise im Bus. Ein Mitreisender nach dem anderen lässt sich von Morpheus davontragen. Shabnam fallen die Augen zu. Ich setze die Kopfhörer auf und bleibe wach.

Zwei Uhr nachts. Shabnams Kopf lehnt an der Scheibe, die Brille ist verrutscht, auf dem Fernseher flimmert ein persischer Spielfilm. Ich kenne ihn, sehe ihn mittlerweile zum dritten Mal. Dreimal unfreiwillig, und dennoch starre ich auf den Bildschirm. Mahtab Keramati spielt die weibliche Hauptrolle, und ich bin überzeugt, sie gehört zu den schönsten Frauen auf diesem Planeten. Eine iranische Nofretete mit grünen Augen.

Drei Uhr. Der Fernseher ist aus, alles dämmert vor sich hin, nur ich schaue durch das Fenster in die Finsternis. Schatten ziehen über die einsame Landschaft, die sich in Schwarz hüllt. Als hätte sie einen Tschador übergestreift. In meinem Ohr persische Musik. Die Pallett Band singt den Soundtrack dazu:

*Schwarze Nacht und wache Augen.*
*Schwarze Nacht und verwischte Schatten.*
*Schwarze Nacht und verdeckter Mond.*

Vier Uhr. Mein Handy brummt. Eine Nachricht von Kourosh, der genauso wenig schlafen kann. *Hope you are fine*, schreibt er, *we miss you already.*

Ja, ich dich auch.

# AHVAZ UND SUSA

## Auf nach Susa

Sieben Uhr. Ankunft in Ahvaz. Shabnam und ich steigen aus dem Bus, und die Taxifahrer umringen uns wie ein Schwarm Motten. Ich sage »Shush«, und das Mädchen mit den Meeraugen verhandelt. Sadegh macht den günstigsten Preis. Von hier zu irgendeinem Ruinenhügel, dann nach Shush und ins Städtchen Shushtar, später zurück nach Ahvaz. Sieben Stunden für dreißig Euro. Ich weiß nicht, ob das für persische Verhältnisse erschwinglich oder happig ist. Vom Düsseldorfer Flughafen bis zu meiner Wohnung im Zentrum zahle ich schon über dreißg Euro. Und das sind nur zwanzig Minuten Fahrt. Deshalb klingt das Angebot für mich günstig. Sadegh bedeutet übersetzt »der Ehrliche«, und ich kann dies nur als gutes Omen deuten. Und eigentlich ist die ganze Rechnerei sowieso irrelevant, denn offenbar fahren weder Bus noch Bahn direkt nach Shush. Kourosh hatte im Internet recherchiert, jedoch keinen Busplan finden können. Was verwundert, immerhin ist Susa eine der ältesten durchgehend besiedelten Städte der Erde. Man könnte meinen, dieses Stück Weltgeschichte wollen mehr Leute sehen als nur eine Düsseldorferin.

Shabnam verabschiedet sich und fährt in die Innenstadt, ich folge Sadegh zu seinem weißen Saipa, und mich befällt das Gefühl, dass er überhaupt kein offizieller Taxifahrer ist. Ich schätze ihn auf Mitte vierzig, sein kurz geschorenes Haar ist an den Schläfen von Silberfäden durchzogen. Sadegh spricht nicht viel. Mehrmals biete ich ihm Tomaten, Oliven, Fladenbrot, Kekse und Reibekuchen aus meinem Expeditionspaket an, doch er lehnt lächelnd ab. Auch der Eimer Salat kann ihn nicht begeistern.

Wir fahren durch die Provinz Khuzestan im äußersten Westen des Iran, die irakische Stadt Basra ist nur zwei Stunden entfernt, und so leben in dieser Region hauptsächlich schiitische Araber. Die Landschaft ist steinig, und die Sonne brennt von einem tiefblauen Himmel herab. In der Ferne züngeln Flammen aus Ölfördertürmen. Außer Blech und Asphalt gibt es auf der Schnellstraße nicht viel zu sehen, deshalb liest Sadegh während der Fahrt im Koran. Und betet.

Nach zwei Stunden erreichen wir Chogha Zanbil. Eine antike Tempelstadt, die so verlassen wirkt, als wären wir nach langer Zeit die ersten Besucher. Dreißig Autominuten von Susa entfernt und touristisch ein weißer Fleck. Chogha Zanbil gehörte einst zum Reich Elam und ist über 3000 Jahre alt. Doch erst vor einem halben Jahrhundert begannen Archäologen, die Überreste im Umland freizulegen, und das meiste ruht noch immer unter der Erde. Wie ich später nachlesen werde, fanden die Forscher in dem Gebiet rund um Susa nicht nur Tontäfelchen mit akkadischen Schriftzeichen, sondern auch ein Elefantenskelett und etliche Tonfiguren von nackten Frauen, die ihre Brüste mit beiden Händen fassen.

Sadegh begleitet mich, und wir sind tatsächlich die einzigen Zaungäste. Im Zentrum der Anlage, im heiligen Bezirk, erhebt sich eine fünfstufige Zikkurat. Sie gilt als der am besten erhaltene Tempelturm in Elam und Mesopotamien. Hier wurden den weiblichen Gottheiten Opfer gebracht. Fünfzig Meter hoch war die Pyramide einst, wie ein fünfzehnstöckiges Hochhaus. Jetzt ist nur noch die Hälfte davon übrig. Die biblische Überlieferung des Turmbaus zu Babel fußt wahrscheinlich auf einem solchen Bau. Der alttestamentarische Himmelsturm soll jedoch fast doppelt so hoch gewesen sein wie der in Chogha Zanbil.

Wir umrunden die Pyramide mit ihren ungebrannten Lehmziegelmauern, Kammern und Treppenaufgängen, die seit Jahrtausenden der Sonne trotzen. Die ausgegrabenen Stiere und Greife aus

Ton habe ich zwei Wochen zuvor im Teheraner Nationalmuseum betrachtet. Jetzt bin ich hier.

Sadegh schießt Fotos mit seinem Smartphone. Ich weiß nicht, ob er Chogha Zanbil schon einmal besucht hat. Ich soll ihn jedenfalls fotografieren, damit er die Aufnahme seinem kleinen Sohn schicken kann.

Ein paar Hinweisschilder informieren über das Reich Elam, das vor unglaublichen 5000 Jahren gegründet wurde. Das war die Zeit, in der Noah seine Arche gebaut haben soll. Wir betrachten den Turm, und außer dem Rauschen des Windes ist alles still um uns. Keine Menschen, kein Gedrängel, keine Selfiesticks. Die Sonne flimmert, und der Ort scheint von der Welt unentdeckt und unbegafft. Nur Sadegh und ich glotzen, verfolgt von einem Rudel Hundewelpen mit Schlappohren. So behalte ich das Bild in Erinnerung, so will ich es immer sehen.

Ohne Welpen, jedoch mit Frohsinn im Herzen nehmen wir die Straße nach Susa. Auf der Fahrt verrät mir Sadegh, dass er den Titel Haji trägt, also irgendwann nach Mekka gepilgert ist. So wie Herr Jafari. Wobei das wohl die einzige Gemeinsamkeit ist, die die beiden teilen. Ich gratuliere Sadegh (gratuliert man da überhaupt?), und er erzählt mir eine heitere Story auf Persisch, die ich nicht verstehe – aber immerhin wird der Mann gesprächiger.

Ankunft in Susa. Als man in Mitteleuropa vor 6000 Jahren noch jungsteinzeitliche Ochsen vor die Karren spannte, malten die Menschen hier zur selben Zeit bereits Bilder auf Tonvasen. Die imposantesten Fundstücke, wie die geflügelte Sphinx aus dem Palast Dareios des Großen, schafften die Franzosen später in den Louvre. Hier in dem kleinen Museum sehen wir lediglich Krüge, Waffen und Scherben. Nichts gegen den Louvre, aber traurig ist es dennoch, in Susa nur die Kopien der bemalten Reliefs von Löwen und Soldaten zu besichtigen und nicht die Originale. Draußen zieht eine Mädchenschulklasse in blau-weißen Hejabs an uns vorbei. Das Gegacker durchbricht für ein paar Momente die Stille, denn auch in der Ausgrabungsstätte von Susa ist nicht viel los.

Mohamad führt uns durch das Ruinenfeld. Ein junger Kerl mit Sechstagebart und geflickter Jeans. Wir schwitzen unter der Sonne, und er seufzt; im Hochsommer seien Temperaturen um die fünfzig Grad nicht unüblich.

Er zeigt uns einen Säulenstumpf und erzählt Geschichten aus glanzvollen Zeiten, als Susa noch der Mittelpunkt der Welt war. Neben Persepolis galt Susa als die bedeutsamste Residenzstadt der Perserkönige. Bei dem griechischen Historiker Herodot ist sie sogar die einzige persische Residenz, die genannt wird. Auch die Bibel erwähnt Susa einige Male. Das *Buch Esther* spielt überwiegend hier.

Wir rücken vor zum nächsten Stumpf, und ich wundere mich, dass wir eine Privatführung erhalten. Mohamad grinst. »Sie sind die allererste alleinreisende Ausländerin, die uns jemals besucht hat. Wir freuen uns alle«, sagt er und fügt hinzu: »Meistens kommen Iraner hierher, ganz selten ein paar europäische Seniorengruppen. Aber niemals sind sie allein. Wahrscheinlich aus Angst.«

Er lacht und übersetzt für Sadegh. Der nickt. Ich sei auch die allererste alleinreisende Ausländerin, die jemals in seinem Taxi gesessen habe, meint er lächelnd. Und jetzt weiß ich endlich, warum er die ersten drei Stunden so schweigsam war.

Im Zentrum der Stadt erhoben sich einst die Akropolis, zahlreiche Tempel und das Apadana, also eine Art Palast mitsamt Säulenhalle. Mittlerweile sehen wir nur noch Schutt. Doch Susa muss flirrend und fortschrittlich gewesen sein. Parallel zum angrenzenden Mesopotamien schufen die Menschen hier bereits ein Schriftsystem. Auf Tontafeln sind Keile und Kügelchen eingeritzt.

Um all die geborgenen Schätze einzukassieren und nach Europa zu verladen, errichteten französische Archäologen im 19. Jahrhundert eine trutzige Festung auf der Hügelkuppe. Hier sollten ihre Funde sicher sein vor den Persern, den Erschaffern der Schätze. Mohamad schaut hinauf und verzieht das Gesicht. »Ich bin immer noch wütend. Sie haben uns alles weggenommen.« Franzosen genießen in Susa nicht den besten Ruf. Freundlich zu französischen Touristen sei er aber dennoch, versichert Mohamad.

Wir folgen einem Sandweg, vor uns liegen Steine und zerbröselte Löwenköpfe, auf denen ein Grasteppich wächst. Hier stand einst der Palast des Dareios I.

»Dieser Platz ging in die Geschichte ein«, lächelt Mohamad und erklärt: »Während seines Orientfeldzugs eroberte Alexander der Große Susa und feierte eine Massenhochzeit zwischen griechischen Offizieren und adeligen Perserinnen. Fünf Tage lang. Die Männer tranken und warteten auf ihre Bräute, die sich dann zu ihnen setzten und sich küssen ließen – ganz nach altpersischer Sitte. Als Erster verheiratete sich Alexander selbst. Und das gleich zweimal. Wenn schon, denn schon.«

Mohamad lacht und übersetzt für Sadegh. Der schaut auf die Trümmer und holt sein Smartphone aus der Hosentasche.

»Leider ist fast alles zerstört«, sagt Mohamad und deutet auf das Geröllfeld, »uns bleibt nur diese Erzählung.«

Im 13. Jahrhundert überrannten die Mongolen die Palaststadt. Danach erlangte sie nie wieder die alte Bedeutung.

Neben der pompösen Zwillingsschwester Persepolis wirkt Susa wie eine Resterampe. Ihre Ruinen sind nicht mehr als Schutthügel. Ich finde sie dennoch schön und freue mich, dass ich hierhin gereist bin, nach Susa und in den Iran. Und dass ich nicht auf die Stimmen in Deutschland gehört habe. Wie viele Leute mich doch vor dem Trip gewarnt hatten. Vor Gefahren und fremdartigen Menschen. Liest man die Sicherheitshinweise des Auswärtigen Amts, so erschreckt man tatsächlich. Da stehen Sätze wie: »Es sind Fälle bekannt, bei denen ausländische Staatsangehörige [...] angeklagt und verurteilt worden sind.« Oder: »Iraner werden zudem aufgefordert, keine Kontakte mit Ausländern [...] ›über das normale Maß‹ hinaus zu pflegen.« Ein paar Zeilen später erfährt der Leser von entführten und erschossenen Touristen. Deutsche sollten sich vor der Reise besser in eine Krisenliste eintragen.

Die Mahnungen mögen berechtigt sein, doch sie nährten auch das mulmige Gefühl in mir, als ich in den Iran aufbrach. Die Realität stellt sich dagegen anders dar. Meine Ängste platzen wie Bläschen im Milchschaum, denn sogar hier, kurz vor dem Irak, hat niemand vor Aufregung Schnappatmung. Es ist friedlich und heiß. Und siebzig Kilometer weiter wird es ebenfalls friedlich und heiß sein.

Das ist ein Vorteil des Reisens: Es holt den Kopf aus den Wolken zurück auf die Erde. Ja, Reisen erdet. In einer Welt, in der Meinungen mehr zählen als Fakten, ist es unerlässlich, sich selbst auf den Weg zu machen und nachzusehen.

Sadegh und ich fahren weiter ins heutige Susa, genannt Shush, eine Kleinstadt mit nur 60 000 Menschen. Die Männer sind dunkel, tragen Pluderhosen und haben ihre karierten Tücher zu Turbanen gewickelt. Viele Einwohner sind Luren. Bis ins 20. Jahrhundert hinein lebten sie als nomadische Hirten und galten als besonders furchtlose und zähe Kämpfer.

Wir besuchen das Grab des Daniel, und ich lege zum letzten Mal auf dieser Reise den Tschador an. Die Minarette der Moschee sind knatschblau und mit Ornamenten verziert, nur der zuckerhutförmige Turm aus Kalkstein sprengt das Bild und lässt das Mausoleum seltsam andersartig erscheinen.

Daniel soll zur Zeit des babylonischen Königs Nebukadnezar gelebt haben. Also rund 500 Jahre vor Christi Geburt und mehr als tausend Jahre bevor Mohammed den Islam begründete. Die Bibel erklärt ihn zum wichtigen Propheten, und die Story von der Löwengrube kennt wohl jedes Kind. Angeblich starb er in Susa, deshalb dieses Mausoleum.

Sadegh schießt ein Foto von mir. Mit großer Sonnenbrille und eingerollt im Blumen-Tschador, stehe ich vor dem Zuckerhut und wirke ebenfalls seltsam andersartig.

Wir kehren zurück zum Auto. Die Sonne bringt das Land zum Köcheln, und Sadegh kauft uns Zamzam-Cola. Seit zehn Minuten bringt er mir neue Wörter bei. *Derakht* für »Baum«, *aseman* für »Himmel« und *traffic* für »traffic«.

Unsere letzte Station ist Shushtar. Die Stadt am Fluss Karun befand sich auf der persischen Königsstraße, die Susa mit Persepolis verband. Die Siedlung lässt sich bis in die elamische Zeit zurückdatieren und ist bekannt für ihre fast 2000 Jahre alten Bewässerungssysteme. Die Wassermühlen, künstlichen Wasserfälle, Brücken und Stauwerke funktionieren noch heute und gehören zum UNESCO-Weltkulturerbe. Wie so vieles im Iran.

Wir stehen an der Dammbrücke und schauen in das schlammige Wasser, das durch die Kanäle fließt. Nie zuvor habe ich von diesem Ort gehört, der einst so bedeutungsvoll für die Menschen gewesen sein muss. Nie habe ich darüber gelesen, und nie haben die Lehrer davon gesprochen. Umso mehr man reist, umso größer wird die Welt.

## Be happy

Zwei Stunden Fahrt nach Ahvaz, zurück in den Moloch. Erschöpft bin ich, müde. Aber dankbar für die Zeit. Geschichte bewegt, der Geruch von Steinen, die ausgetretenen Treppenstufen, die Rillen in den Säulen. Und dann die Erzählungen zu den Steinen und Treppen und Rillen. Wie wundersam.

Der Weg ins Jetzt fällt schwer. Und Ahvaz bekümmert. Smog hängt über der Stadt, die Autos dampfen, die Ölfördertürme züngeln. Beton, Blech und Qualm. Sehenswürdigkeiten soll es hier keine geben. Nichts, das lohnt, heißt es.

Sadegh und ich tauschen Handynummern und winken zum Abschied. Mein Bus nach Kermanshah fährt erst in sechs Stunden, ich könnte die Stadt besichtigen; für Schmauch und Lärm fehlt mir jedoch der Eifer.

Ich setze mich auf eine Bank und warte. Schlage ein Buch auf, schlage es wieder zu. Kopfhörer auf, Kopfhörer runter. Schwitzen. Das Ticket betrachten. Außer der Zahl Acht nichts lesen können. Eine Runde durch den Terminal gehen. Fragen, ob nicht doch ein Bus früher fährt. Kopfschütteln. Eine Cola und einen labbrigen Keks am Büdchen kaufen. Zur Toilette. Zurück zur Bank. Yara eine Textnachricht schicken. Buch auf, Buch zu. Cola trinken,

Keks wegwerfen. Eine Steckdose suchen. Keine finden. Schwitzen. Buch auf, Buch zu. Seufzen. Noch fünf Stunden und vierzehn Minuten.

Wer glaubt, Reisen sei immer spannend, immer dramatisch und faszinierend, der täuscht sich. Reisen ist keine Aneinanderreihung von Abenteuern. Überhaupt, Abenteuer. Was soll das sein? Früher klang das Wort noch magisch. Früher, als Edmund Hillary den Mount Everest bestieg oder Roald Amundsen zum Südpol aufbrach. Heute soll alles ein »Abenteuer« sein, ein »Erlebnis«. Das Erlebnisshoppingcenter, der Abenteuerspielplatz, die Erlebnisgastronomie. Ich freue mich schon auf die Eröffnung eines Abenteuerscheißhauses. Wahrscheinlich hängt der tollkühne Besucher sein Gesäß dann neben einem Plastikdinosaurier in eine künstliche Vulkanlandschaft. Echte Abenteuer bleiben trotzdem selten. Und tatsächlich ist (heutiges) Reisen überwiegend Warten. Warten auf Busse, auf Züge, auf Flieger. Warten in der Schlange, Warten auf Sonne, Warten vor verschlossenen Türen. Warten auf Glück. Warten auf Erkenntnis. Und bisweilen wartet man auf alles vergeblich. Wie im Leben. Samuel Beckett wusste, warum er das Theaterstück *Warten auf Godot* schrieb.

Für mich bleibt das Warten eine Qual, nicht nur aufgrund der Langeweile, die schwer aushaltbar ist, sondern auch, weil ich mir dann meiner Verlorenheit bewusst werde. Und wie wenig ich den Stillstand annehmen kann. Neidvoll beobachte ich die alten iranischen Männer. Wie sie am Bussteig oder auf einer Wiese sitzen und nichts tun. Manche lassen die Perlen einer Gebetskette durch die Finger gleiten. Mehr nicht. Sie sind ganz da. Ganz im Jetzt. Ich schaffe das nicht. Bin allzeit rastlos, allzeit abgelenkt, die Zukunft zieht mich fort, und ich beschleunige. Kaffee to go, Liebe to go, Leben to go. Zum Kotzen ist das. »Wenn ich genauso schnell laufe, wie die Erde sich dreht, bleibt immer Tag, und die Uhrzeit steht.« So sang es die Berliner Band Dota, und ich muss wieder an die alten iranischen Männer mit ihren Gebetsketten denken. Ich sollte jedes Mal an sie denken, sobald ich auf Tempomat bin. Und wenn ich diese Greise betrachte, wünsche ich mir, dass ihre Ruhe auf mich abfärbt. Nur ein klein wenig. Vielleicht warten sie auch gar nicht, vielleicht verweilen sie. Und vielleicht sind deshalb ihre Gesichter so sanft.

Stopp, Blödsinn! Was rede ich? Ich will doch gar nicht warten. Und sitzen. Und ich will erst recht keine Gebetskette durch meine Finger gleiten lassen. Ich will weiter, will stürmen und drängen, will raus. Sanfte Gesichter, glückliche Greise – was für ein bigotter Scheiß! Hier spricht meine westliche Blasiertheit, meine Scheinheiligkeit. Ich möchte zwanghaft etwas gut finden, was irgendwie orientalisch und fremd daherkommt. Möchte zwanghaft Sympathie für andere Kulturen empfinden, die eben nicht westlich sind. Dabei ist meine Rührseligkeit einfach nur peinlich. Mehr nicht.

Noch vier Stunden und achtundfünfzig Minuten. Mein Handy brummt. Es ist Sadegh. Er schickt mir Fotos von unserer Tour und ein paar Zeilen.

Sadegh: *Natrium, I installed a program that is spoken English translation. Natrium, Kermanshah and Hamedan and Tabriz weather is cold, take care.*

Ich überlege, was das Alkalimetall Natrium damit zu tun hat. Es dauert eine Weile, bis ich begreife, dass er mich meint.

Nadine: *Kheyli, mamnun! It was a great day! Che khub!*

Und Sadegh schreibt nur zwei Worte: *Be happy!*

## Einsamkeit

Es ist siebzehn Uhr, die Sonne brennt auf die Busstation. Warten. Noch immer. Es ist heiß, und meine Happiness ist mir irgendwann in den letzten zwei Stunden abhandengekommen. Blicke kleben an mir. Kerle stieren, umkreisen mich wie ein verletztes Tier, und unter meinem Kopftuch sammelt sich der Schweiß. Ich bin die einzige Frau, die allein sitzt, und nun spüre ich die Einsamkeit ganz deutlich, sie hockt mir im Nacken. Plötzlich wünsche ich mir einen Gefährten. Zum ersten Mal. Jemanden, der die Beklommenheit glatt streichelt. Jemanden, der mir kugelrund gelutschte Wörter zuflüstert, die wie Zucker schmecken.

Auf der Bank gegenüber nimmt eine Familie Platz. Die Frau hält ein Baby im Arm, der Mann reicht einem Mädchen eine Packung Kekse. Ich betrachte die vielleicht Dreizehnjährige, wie sie kichert und krümelt. Aus einem pinken Rucksack fischt sie ein Schulheft, und der Vater lächelt sie an.

Ich erinnere mich an meine Eltern und wie ich mit ihnen vor zwanzig Jahren an die Nordsee fahren musste. Mein Vater lächelte selten, und wir stritten immerfort. Vier Mal verreisten wir. Einmal nach Österreich, da war ich drei. Dann einmal nach Paris und zweimal an die Nordsee, als ich ein Teenager war. Die restlichen Jahre verbrachten wir in unserer winzigen Mietwohnung in einer Provinzstadt und schrien uns an, eingepfercht in einer Kleinfamilie, die sich schon längst überdauert hatte. Ich schwor mir, als erwachsene Frau frei zu sein. Und diese Stadt zu verlassen, dieser Enge zu entfliehen. Seitdem bin ich auf der Flucht. Und reise.

Ein Mann ruft laut »Abadan!«, und die Familie geht. Ich blicke ihr nach, sehe, wie der Vater seiner Tochter über den Kopf streichelt, und fühle plötzlich Heimweh. Nach welcher Heimat? Da ist keine Heimat, nur dieses Sehnen in mir. Und vielleicht ist das der Grund, warum ich hier bin. Weil ich suche. Weil ich die Welt zerpflügen muss und nicht weiß, was mir fehlt. Und es wahrscheinlich niemals wissen werde. Aber das spielt keine Rolle, ich habe inzwischen andere Dinge aufgelesen, die mich trösten. Ich reise nicht mehr, um mich zu finden. Ich ziehe nicht los, um bei mir anzukommen. Derlei Behauptungen sind Binsenweisheiten einfallsloser Blogger oder Überschriften in Frauenmagazinen. Ich bin auf keinem Selbstfindungstrip. Ich weiß, wer ich bin, und ich weiß, was ich will. Staunen. Lernen. Und wenn sich dabei mein Herz nur ein paar Millimeter weitet, so habe ich schon viel erreicht.

*Be happy!* Sadegh hat recht. Und ich kann doch glücklich sein. Glücklich, weil die letzten Tage randvoll waren mit Augenblicken. Mit Schönheit. Mit Bestürzung. Der Iran fordert und beschenkt. Und es wird Zeit, dass ich mich endlich auf Persien einlasse. Dass ich endlich in jeder Herzkammer Platz schaffe. Und akzeptiere, was ist und was fehlt.

Mein Handy klingelt. Ich schaue auf das Display, zögere, lächle und stecke das Telefon zurück in die Tasche. Es ist Kourosh. Ich kann jetzt nicht mit ihm sprechen. Ich will den Moment hier aushalten und mich dieses eine Mal nicht ablenken lassen. Will kurz innehalten, nur ein klein wenig, und meine Einsamkeit annehmen. Einen Versuch ist es wert.

Jemand ruft »Kermanshah!«. Ich schultere meinen Rucksack und sehe noch, wie die Familie in ihren Bus steigt, wie das Mädchen zurückschaut. Und ich bilde mir einen Blickkontakt ein, zwischen ihr und mir. Aber vielleicht war da nichts.

## Zu dir oder zu mir?

Der Bus stoppt gegen fünf Uhr morgens in Kermanshah. Ein Taxifahrer, der aussieht wie ein Preisboxer, gabelt mich auf. Ich hatte mir aus Adriens *Lonely Planet* ein paar Hosteladressen zusammengeschrieben und reiche den Zettel nach vorn. Der Mann startet den Motor, fragt unterwegs andere Kutscher nach dem Weg. Doch im Laufe der Fahrt scheint in ihm aus unerfindlichen Gründen die Überzeugung zu reifen, dass er mich an keinem der Hostels absetzen kann.

»Na, bad!«, sagt er. Alle schlecht und gefährlich. Nicht für ein Mädchen geeignet. Sein Gesichtsausdruck ist dabei so ernst, als müsste er gleich gegen Wladimir Klitschko in den Ring. Ich versuche, ihn umzustimmen, erkläre, dass die Herbergen von Reiseführern empfohlen würden und ich keine Angst hätte, doch er weigert sich. Das könne er nicht verantworten, meint er, und nach zwei schlaflosen Nächten kapituliere ich.

Wir steuern drei Hotels an, zwei sind noch geschlossen, und das dritte ist dem Boxer dann wieder zu unsicher. Ein Blick auf die Fassade reicht. »Bad«, wiederholt er, reibt den Daumen und den Zeigefinger aneinander und sagt »in kheyli gerune«, außerdem zu teuer. Das vierte Hotel wird es schließlich. Der Boxer trägt meinen Rucksack in die Lobby und rät mir, morgen weiter nach Hamedan zu reisen. Da sei es netter. Er schreibt seine Telefonnummer auf ein Bonbonpapier. Parviz ist sein Name, und sollte ich ein Taxi brauchen, so ist er mein Mann.

Das Hotel ist tatsächlich anständig. Der Greis in der Küche bereitet mir Tee und Spiegeleier, das Zimmer ist sauber, und eine Stunde später falle ich endlich in einen tiefen Schlaf.

Kermanshah ist fünfzehn Grad kälter als Ahvaz und war einst ein wichtiger Ort an der Handelsroute nach Bagdad. Heute trennen die beiden Städte nur fünf Stunden Autofahrt. Während des Iran-Irak-Kriegs wurde Kermanshah verwüstet. Mit seinen Neubauten und Betonklötzen gewinnt es keinen Schönheitspreis.

Ich folge endlos langen Straßen und merke bald, dass ich die Freitagsmoschee und den Basar so niemals vor Sonnenuntergang erreichen werde. Ein Taxi hält. »Masjed-e Jame, lotfan«, sage ich und setze mich auf den Beifahrersitz. Nach einer Weile ragen rechts die blauen Minarette in den Himmel, aber der Taxifahrer biegt nicht ab. Zuerst tippe ich auf das typische Verkehrschaos, doch als er in den nächsten zwei Minuten immer noch nicht wendet, werde ich stutzig. »Masjed-e Jame«, wiederhole ich und weise in die andere Richtung.

»Taq-e Bostan?«, fragt der Mann und meint damit die großen Felsreliefs am Rande der Stadt.

»Na. Masjed-e Jame«, erwidere ich.

»Taq-e Bostan«, sagt er aufs Neue. Englisch spricht er nicht, und ich versuche es mit einem Wort, das er trotz meiner grausigen Betonung verstehen muss: »Basar.«

Er reagiert nicht, fährt weiter geradeaus, und plötzlich wird es unangenehm.

»Masjed-e Jame«, sage ich nun mit Nachdruck.

»Hotel?«, fragt er und deutet auf sich und mich.

»Chi?« Was?

»Man zan nadaram. Man tanha hastam.« Ich glaube zu verstehen: »Keine Frau, bin allein.« Er schaut mich an und berührt meine Schulter: »Hotel?«

»Na«, antworte ich und ermahne ihn, gefälligst umzukehren.

»Tanha. Hotel?«, wiederholt er.

Ich zeige meinen Ring, und er grinst.

»Shohar daram«, ich bin verheiratet, sage ich laut und denke seltsamerweise an Kourosh.

»Shoharet alan kojast?« Wo mein Gatte denn jetzt sei, fragt er, und ich zücke das Handy, wähle Kouroshs Nummer und plappere los: »Der Taxifahrer belästigt mich. Willst du mein Ehemann sein?«

»Hol ihn ans Telefon«, antwortet Kourosh.

Ich halte dem Fahrer mein Handy ans Ohr und sage, dass mein Ehemann ihn sprechen möchte. Sein Grinsen erstirbt, er wehrt das Telefon ab, stottert »bebakhshid«, sorry, und wendet den Wagen. Ab jetzt schweigt er und schaut nicht mehr zu mir herüber. Später werde ich mich wundern. Warum bin ich nicht einfach ausgestiegen? Ich weiß es nicht. Wahrscheinlich war ich mit der Situation überfordert. So blöd das klingt. Zudem hätte ich dann auf einer vierspurigen Straße voller Autos gestanden, ohne einen Schimmer, wohin ich sollte.

»Ich rufe dich alle zwei Minuten an«, verspricht mir Kourosh, und er hält sein Versprechen, bis wir die Freitagsmoschee erreicht haben und der Fahrer sich davongemacht hat.

»Schick mir eine Nachricht, wenn du zurück im Hotel bist«, sagt er, »damit ich mir keine Sorgen machen muss.«

Als wir auflegen, fühle ich mich verlassen. Die Moschee ist geschlossen, eine Innenstadt kann ich nicht finden, und so lande ich stets an Kreisverkehren. Auf dem Bürgersteig kommt mir eine Dreiergruppe Männer in dunkelgrünen Uniformen entgegen. Revolutionsgardisten. Sie nehmen den gesamten Gehweg in Anspruch, sehen mich, plustern sich auf, und einer von ihnen rempelt mich zur Seite. Ich drehe mich um, will dem Kerl Flüche hinterherrufen, aber ich beiße mir auf die Lippen, bin zu feige und ärgere mich maßlos. Über ihn, über den Taxifahrer, über mich.

Eine Frau winkt mir zu. Ich hoffe auf ein herzliches »Welcome to Iran«, das jetzt die Seele eincremen würde, doch sie lächelt nicht, zeigt nur auf meinen Kopf. Mein Tuch ist wohl heruntergerutscht, und die Haare sind unbedeckt. Ich richte es und will zurück ins Hotel.

Wieder Taxi. Der alte Fahrer wirkt noch klappriger als sein Auto, aber er ist desinteressiert. An mir, an sich, an Kermanshah.

Den Hotelportier frage ich nach einer Busverbindung Richtung Hamedan. Morgen möchte ich raus aus dieser Stadt.

»No, Madam. No busses.« Er schüttelt den Kopf.

»No busses?«

»No busses, Madam!«

Pause.

»Taxi?«

»Yes, Madam. Taxi.« Er zeigt auf einen Mann mit schütterem Haar, der in einer Sitzgruppe Zeitung liest. Vermutlich ist das eine abgekartete Sache, ein Geschäft zwischen den beiden. Kundenbeschaffung. Aber die Vorstellung, zurückzulatschen, um einen Busbahnhof zu suchen, schreckt mich.

»Okay, Taxi«, seufze ich. »Morgen um zwölf Uhr.«

Mein Zimmer verlasse ich heute nicht mehr. Über Kermanshah vermag ich deshalb nicht viel zu berichten.

# HAMEDAN

## Drama, Baby, Drama

Nächster Vormittag. Es ist halb zwölf, als das Hoteltelefon klingelt.

»Madam«, sagt eine Stimme, »your taxi is waiting.«

Meine Haare sind noch nass, und ich habe nicht mit einer Überpünktlichkeit persischer Taxifahrer gerechnet. Zehn Minuten später hetze ich in die Lobby und wundere mich: Boxer Parviz wartet in der Sitzecke, lächelt straff und nimmt meinen Rucksack.

Im Auto denke ich nach und komme zu folgendem Ergebnis: Parviz ahnte, dass ich heute Vormittag nach Hamedan aufbrechen würde. Er wusste, wo ich abgestiegen war, und stellte sich dann frech als mein vermeintlich geordertes Taxi vor. Riskant, aber clever. So viel Chuzpe gebührt Anerkennung. Schade für den anderen Fahrer. Immerhin dauert die Tour knapp drei Stunden. Das hätte sich für ihn gelohnt.

Der Weg nach Hamedan führt uns an den Felsreliefs von Taq-e Bostan vorbei, und Parviz schlägt vor, eine Besichtigung einzulegen. Ich erinnere mich wieder an den aufdringlichen Taxifahrer von gestern, doch ich will mir von seiner Unhöflichkeit nicht noch einen Tag vermiesen lassen und seinetwegen die Schönheiten der Gegend verpassen. Also stimme ich zu.

Die Sehenswürdigkeiten im Land haben alle einen Einheitspreis von 30 000 Rial für Iraner und 150 000 bis 200 000 Rial für Ausländer. Taq-e Bostan kostet Parviz also knapp sechzig Cent und mich vier Euro, je nach Kurs. Meist zahlen Taxifahrer aber keinen Eintritt, schließlich karren sie die Touris ran. Die Abzocke mit den Sehenswürdigkeiten ist eine Schweinerei. Mehr als das Sechsfache muss ich abdrücken. Dennoch bezahlte ich bisher ohne Murren. Nicht so mit Parviz. Der hat sich vor der Kasse aufgebäumt und faltet das Männchen dahinter zusammen. Die beiden streiten einige Minuten, und Parviz schaut so grimmig wie Mike Tyson kurz vor der Beißattacke. Das Kassenmännlein meckert, schnaubt und winkt mich schließlich ohne Bezahlung durch. Parviz wirft noch einen bösen Blick zurück und nickt mir dann zu. Er ist nicht nur Fahrer und Boxer, sondern auch mein Leib- und Portemonnaiewächter. Und mein Fotograf, denn unverlangt knipst er mich vor Felsen, Wiesen und Wassertümpeln. Ich lass ihn machen.

Taq-e Bostan bedeutet übersetzt »Gartenbogen« und lag vor langer Zeit in einem Paradies an der Seidenstraße. Inmitten des Zagros-Gebirges schlugen die Sassaniden hier vor 1600 Jahren Könige mit Lockenbärten, Pferde und Götter in den Stein. Ganze Spielszenen sind in den Fels gehauen. Das Sassanidenreich war nach den Achämeniden das zweite persische Großreich des Altertums und erstreckte sich über die Gebiete der heutigen Staaten Iran, Irak, Aserbaidschan, Turkmenistan, Afghanistan und Pakistan. Taq-e Bostan ist aber nicht nur Sehenswürdigkeit, sondern auch Ausflugsziel. Auf Picknickdecken sitzen die Menschen und essen. Manche Besucher fahren Bötchen, und andere bewundern die Meisterwerke ihrer Vorfahren.

Zwanzig Minuten später sind Parviz und ich zurück auf der Straße nach Hamedan. In den drei Stunden Fahrt müssen wir dreimal tanken. Warum, weiß ich nicht, aber der Blick in die Landschaft schenkt Beschwingtheit. Wir kurven vorbei an saftigen Wiesen, und am Horizont leuchtet das Weiß der Bergkuppen. Fehlen nur noch Kühe, und wir wären in der Schweiz.

Parviz redet nicht viel, manchmal ein paar Wörter Englisch. Wenn er Farsi spricht, dann mit einem starken Dialekt. Er ist Kurde.

Rund acht Millionen Kurden leben im Iran, hauptsächlich im Norden und entlang der irakischen Grenze. Die Regionen dort gelten als abgehängt. Das beginnt bereits im Südwesten, wo sich die arabischstämmigen Minderheiten angesiedelt haben. Araber und Kurden übernehmen nicht nur geografisch die Außenseiterposition im Iran. Diskriminierungen, marode Infrastrukturen und ein Mangel an Bildungseinrichtungen sind die Probleme in diesen Landstrichen. Ein Teil der Kurden gehört zwar dem schiitischen Glauben an, aber es gibt Spannungen zwischen ihnen und der Regierung. Denn während der Revolution überwarfen sie sich mit Khomeini, der ihnen in der Verfassung die Autonomie verwehrte. Im August 1979 bombardierte die iranische Armee kurdische Städte und Dörfer und tötete etliche Zivilisten. Teheran hat seitdem immer wieder jeden Versuch einer Revolte gewaltsam unterdrückt.

Im Jahr 2005 spitzte sich die Lage erneut zu. Iranische Polizisten erschossen einen kurdischen Studenten, der gegen die Regierung demonstriert hatte. Die Männer sollen seine Leiche an ein Militärfahrzeug gebunden und durch die Straßen geschleift haben. Es kam zu brutalen Protesten in den kurdischen Gebieten. Das Regime entsandte daraufhin 100 000 Soldaten in die Region, um die Aufstände niederzuschlagen. Die Kämpfer der Peschmerga werden trotzdem nicht müde, iranische Militärstellungen anzugreifen. Der letzte Sturm liegt angeblich erst einen Monat zurück.

Am späten Nachmittag erreichen wir Hamedan. Den äußersten Westen haben wir damit hinter uns gelassen. Hamedan entstand im 2. Jahrtausend vor unserer Zeit, und einer Legende zufolge brachen von hier die Heiligen Drei Könige nach Bethlehem auf.

Adriens *Lonely Planet* empfiehlt ein Gasthaus im Zentrum, das gute Bewertungen vorweist und beliebt bei Backpackern und Familien sein soll. Parviz kennt die Stadt nicht und bespricht sich mit vier Taxifahrern durch das heruntergekurbelte Fenster. Die schauen Parviz an, dann mich, dann Parviz und schütteln den Kopf. »Na, bad«, höre ich sie zu Parviz sagen, und Parviz sagt zu mir »na, bad«.

»Na, khub«, entgegne ich, und er wiederholt »na, bad«. Dazwischen fallen Wörter wie »khatarnak«, gefährlich, und »mardome bad«, böse Menschen.

Wir fahren den Imam Khomeini Square rauf und runter, raus aus dem Kreisverkehr und rein in den nächsten, von links nach rechts und zurück. Ich fasle vom *Lonely Planet*, quengle, nerve und will jetzt endlich in dieses gottverdammte Gasthaus. Parviz schaut mich an, tritt plötzlich auf die Bremse, greift in das Handschuhfach, holt ein Taschenmesser hervor und hält sich die Klinge an die Kehle. »Una mikoshanet!«, sie werden dich töten, sagt er, und seine Augen funkeln.

Es hat keinen Sinn. Ich kann das »cosy, friendly guesthouse« (Wortlaut *Lonely Planet*) abhaken und bin mir sicher, der Mann übertreibt. Parviz ist nicht nur Fahrer, Boxer, Bodyguard und Fotograf, Parviz ist auch eine Drama Queen. Den doofen *Lonely Planet* werde ich nie wieder aufschlagen.

Eine weitere halbe Stunde trudeln wir nun durch Hamedan auf der Suche nach einer Unterkunft, die Parviz gut genug für mich erscheint. Da wir schon vor der Fahrt einen Festpreis ausgemacht hatten, verdient er nichts an der Mehrarbeit. Und da er fremd ist in der Stadt, kassiert er auch keine Provision von einem Hotel. Er handelt tatsächlich aus Sorge, er will mich in Sicherheit wissen. Das ist anstrengend, aber rührend. Und vor allem teuer. Denn Mister Drama steuert jetzt eine Viersternehütte an. Nun schüttle ich den Kopf, sage »na, bad«, doch das hält ihn nicht auf. Fragen kostet nichts, meint er.

Ein Mann mit Walkie-Talkie und in einer Jacke, auf die gelbe Reflexstreifen genäht sind, weist uns den Weg zur Rezeption. In der Eingangshalle sitzen ausländische Businessmänner in Ledersesseln, die Decke ist so hoch, dass Astronauten hier ihr Training absolvieren könnten. Die Marmorböden glänzen wie eine Eislaufbahn, und Kellner servieren Getränke mit Schirmchen. Ich möchte umkehren, aber Parviz spricht bereits mit der Empfangsdame und winkt mich zu sich.

»400 000 Toman per night«, näselt sie und tippt die Zahl in einen Taschenrechner, »converted hundred Euro per night«, sagt sie teilnahmslos, und ich lehne ab.

Der Mann in der Reflektorjacke geleitet uns wieder hinaus. »Too expensive«, sage ich zu ihm und zucke mit den Schultern. Parviz erzählt ihm von dem abscheulichen Gasthaus, das ich mir ausgesucht hätte, und seufzt. Der Reflektormann erschrickt. »Ich würde nicht mal meine Schwester da hinschicken!«, ruft er auf Englisch und meint wohl »Feind« statt »Schwester«, aber so gewinnt seine Empörung durchaus an Komik. »Gasthäuser sind zu gefährlich«, fügt er hinzu, und Parviz bejaht. Immer dieses Drama.

»Mag sein, dass sie gefährlich sind«, sage ich, »doch ein Viersternehotel ist mir zu teuer.«

Der Reflektormann nickt und sieht sich nun ebenfalls in der Pflicht, mir zu helfen. Maziar ist sein Name, und nun übernimmt er die Verhandlungen. Wir gehen also wieder zurück zur Rezeption, und es entbrennt eine Diskussion zwischen ihm, Parviz und der Empfangsdame.

»Okay«, murrt sie, »sixty Euro.«

Alle drei schauen mich an, warten auf meine Antwort. Und mir fehlt die Courage, zu sagen, dass ich eigentlich nur fünfzehn Euro ausgeben wollte. Ich knicke ein. Die Reisekasse schluchzt. Ich nehme die Schlüsselkarte entgegen, und Maziar freut sich. »Ich habe ihr gesagt, du seist meine Cousine«, grinst er, und ich überlege, ob »Cousine« besser ist als »Schwester«.

Parviz wirkt erleichtert. Auf dem Selfie, zu dem ich ihn vor unserem Abschied noch nötige, schaut er trotzdem so grimmig wie Mike Tyson, und ich werde es deshalb nie jemandem zeigen können.

## Kreisel, Katzen, Komplimente

Das Zimmer ist ein Traum. Nach Busnächten und Klitschen bin ich im Himmelreich gelandet und sinke in die gebügelten Laken des Kingsize-Betts. Und auch die westliche Toilette kann begeistern. Ich wollte diese Businesshotels zwar meiden, doch jetzt bin ich froh. Wie sehr ein sauberes Badezimmer und frische Leinen beglücken können.

Einhundert Kilometer nördlich von Hamedan liegt die Ali-Sadr-Höhle und der eigentliche Grund, warum viele Iraner in der Stadt urlauben. »Das ist die größte Wasserhöhle der Welt«, meinte Kourosh und riet mir zu einem Ausflug. Ich glaubte ihm, bis ich googelte. Die Hang-Son-Doong-Höhle in Vietnam ist die größte Wasserhöhle auf diesem Planeten, keine Rede vom Iran.

»Ja, wir haben die größte Höhle auf der ganzen Welt«, übertreibt auch Maziar und verspricht mir Freikarten, weil der Onkel eines Schwippschwagers der Chef der Höhle sein soll. »Chef der Höhle« ist eine famose Berufsbezeichnung, und ich freue mich auf freien Eintritt in die größte Wasserhöhle der Welt – im Iran.

Welchen Beruf Maziar ausübt, habe ich allerdings noch nicht durchschaut. Er schickt Autos auf Parkplätze, checkt Gäste ein, gibt Anweisungen, erhält Anweisungen, spricht ins Handy, schimpft ins Walkie-Talkie, mal im Anzug, mal in Reflektorjacke. Und er ist immer da.

Nächster Morgen. Rein in die Stadt. Ich wage den Weg zu Fuß, denn aufgrund der ewig langen Hotelsuche mit Parviz erkenne ich ein paar Straßenecken wieder. So wähne ich.

Hamedan war einer der Hauptorte an der Seidenstraße. Von hier führte der Weg über Kermanshah nach Bagdad. Die Provinzhauptstadt thront auf 1800 Meter Höhe am Abhang des Alvand-Gebirges und wurde im Laufe der Zeit mit schöner Regelmäßigkeit zerstört. Von Erdbeben, Mongolen, Timuriden, Türken und Irakern. Die Bewohner bauten sie jedes Mal wieder auf und entwickelten dabei eine Vorliebe für Kreisel. Vielleicht, um die Feinde zu verwirren, besteht Hamedan aus einem riesengroßen Kreisverkehr, um den sich weitere Kreisverkehre wickeln. Hat man sich bis zur Mitte des Wirrwarrs durchgekämpft, erwartet den Unermüdlichen zur Belohnung Khomeinis Gesicht, eingemeißelt in einen Bronzeklotz. Hurra.

De facto wurde der sternförmig auf den Khomeini-Platz zulaufende Straßenverlauf 1928 von einem deutschen Architekten am Reißbrett entworfen und realisiert. Straßennamen hat er dabei leider vergessen, denn ich kann entweder keine finden oder die Namen nicht lesen. So arbeite ich mich von Kreisel zu Kreisel und stehe irgendwann nass geschwitzt und ungewollt an der Statue eines weltberühmten Persers. Der Mann aus Marmor trägt Bart, Turban, und unter seinem Arm klemmt ein Buch. Arzt, Philosoph, Jurist, Dichter und Astronom soll er gewesen sein, und er galt als der größte Geist der islamischen Welt. Vor seiner Klugheit verneigte sich selbst das Abendland, und er liebte Wein und Frauen. Nein, die Rede ist ausnahmsweise nicht von Khomeini. Diese Marmorstatue hier zeigt Abu Ali al-Husain ibn Abdullah ibn Sina. Im lateinischen Westen war er unter dem Namen Avicenna bekannt, im Orient trägt er den Beinamen »Fürst aller Wissenschaften«, was beileibe noch cooler klingt als »Chef der Höhle«.

Bis heute ranken sich um ihn Wunder und Märchen. Wie dieser nette Schwank: Der Meister litt unter der viel zu hohen Anzahl seiner Patienten und dachte sich deshalb eine Lösung aus, um die Hausbesuche zu bewältigen. Also spannte er Fäden vom Handgelenk der Kranken quer durch die Stadt zu ihm, sodass er darüber ihren Puls fühlen konnte. Eine Greisin spielte ihm einen Streich und band den Faden um die Pfote ihrer Katze. Als Avicenna die Schnur am anderen Ende in die Finger nahm, soll er den Kopf geschüttelt und gemurmelt haben: »Das ist doch nicht möglich, die alte Frau bekommt Sechslinge.«

1037 erkrankte Avicenna schwer und starb während eines Feldzugs. Er wurde in Hamedan begraben, wo seit 65 Jahren ein für ihn errichtetes Mausoleum an ihn erinnert. Davor wacht die Marmorstatue, die ich jetzt anschaue. Zusammen mit einer Katze. Und das ist kein Märchen. Katzen lauern im Iran an jeder Ecke. Logisch, meinen die Iraner. Die Form des Landes auf der Weltkarte zeige nämlich eindeutig eine sitzende Katze. Der Buckel bilde die Grenze zu Turkmenistan, und die Ohren begrenzten Aserbaidschan und die Türkei. Auf solche Ideen kommt man wohl erst nach der zweiten Flasche Wein.

Der Weg von der Avicenna-Statue zurück ins Hotel ist schwieriger, als ich dachte. An dem x-ten Kreisverkehr (vielleicht ist es stets derselbe) gebe ich auf. Ich weiß nicht weiter. Meine Ahnungslosigkeit bemerkt ein Mann, der mich sogleich auf Englisch anspricht. »Ja, das Hotel kenne ich«, sagt er, »ich bringe Sie hin.«

Der Herr im Anzug arbeitet als Mathematikprofessor an der hiesigen Universität und hätte jetzt normalerweise Mittagspause. Doch anstatt zu ruhen oder Formeln zu berechnen, besteht er darauf, mich mit seinem Auto zum Hotel zurückzufahren. Durch die gesamte Innenstadt. Einfach so. Eine Lehrstunde in Selbstlosigkeit.

Am späten Nachmittag spaziere ich über den Siedlungshügel von Hegmataneh. Die Steinklötze und Mauerreste sind angeblich Überbleibsel der antiken Hauptstadt Ekbatana, die als eine der größten und einflussreichsten Städte des vorachämenidischen Iran galt. Hier beendete Alexander der Große seinen Feldzug gegen die Perser.

Neueste Forschungen werfen allerdings Fragen auf. So sind sich Archäologen mittlerweile unsicher, ob die Ruinen auf dem Siedlungshügel tatsächlich die Relikte der alten Residenz Ekbatana sind. Es bleibt spannend. Wo immer ich also jetzt sein mag, ich lasse mich von der Wissenschaft nicht beeinflussen, flaniere an Schutt vorbei, ziehe in Gedanken antike Palastmauern hoch und lege Kopfsteinpflaster aus. Darauf klappern Pferdehufe, und es riecht nach nassem Fell. Dann stelle ich mir Menschen in wallenden Gewändern vor, die aus Tonkrügen Wein in Becher gießen. Die Frauen tragen Armreife aus Gold, und ihre Locken sind mit Elfenbeinspangen hochgesteckt. An den Gürteln der Männer baumeln edelsteinbesetzte Dolche, und sie neigen den Kopf, wenn sie einer Dame begegnen. Zweitausendfünfhundert Jahre später ist der Glanz verpufft. Es gibt nicht viel zu sehen. Nur Stein und Staub. Wie so oft.

Irgendwo am Rande des Geröllhügels entdecke ich eine kleine Kirche. Wann und warum sie ausgerechnet hier erbaut wurde, bleibt unbeantwortet. Der Innenraum ist gottverlassen. Über dem Altar hängt ein Gemälde von Jesus. Er trägt ein Kreuz und sieht nicht glücklich aus. An den Wänden Bilder von Maria und anderen Stars aus der Bibel. Außerdem eine Kopie von Leonardo da Vincis

*Abendmahl.* Bedauerlicherweise wurde für diesen Job der schlechteste Maler des gesamten Mittleren Ostens angeheuert. Denn das hier ausgestellte Werk sieht aus, als hätte ein verhaltensauffälliges Kind zu viel Ritalin geschluckt und wäre daraufhin in den Farbtopf gefallen. Im Zeugnis würde stehen: Es hat sich bemüht. Jesus scheint dem Gesichtsausdruck zufolge unter Bauchschmerzen zu leiden, Johannes ist eingeschlafen, und Judas' Kopf ist zu groß.

Abgesehen von den Gräueltaten an der Wand, ist die Kirche schlicht. Holzbänke, die quietschen, und in der Ecke ein Tisch mit abgebrannten Kerzen. Nichts weiter. Wer wohl hierhin kommt? Die Staubschicht auf den Bänken verrät, dass Besuch selten ist.

Ich trete aus dem Dunkel hinaus in die Sonne. Ein Pärchen geht vorüber und setzt sich in den Schatten. Sie sehen mich nicht, so versunken sind sie ineinander. Er streicht den Schleier zur Seite und flüstert ihr ein paar Worte ins Ohr. Sie kichert. Er wird ihr gesagt haben, wie schön sie ist und dass sie nach Kirschen duftet. Ich höre seine Komplimente nicht, aber ich verstehe alles. Das Bild der beiden Liebenden macht Freude. Sie sind hingerissen und scheren sich nicht um Gesetze und Verbote. So soll es sein. Ich schmunzle und schleiche davon.

Am Busbahnhof möchte ich mir eine Fahrkarte für übermorgen Abend kaufen. Die nördliche Stadt Tabriz ist die letzte Station, bevor ich nach Teheran zurückkehre. Im Terminal sorge ich allerdings bei den Ticketverkäufern für Verwirrung. Ich sage auf Persisch, dass ich ein Ticket nach Tabriz für heute Abend kaufen möchte. Und zwar übermorgen.

Stirnrunzeln, doch ich bin mir sicher, alles verständlich erklärt zu haben, und wiederhole mein Anliegen mit absoluter Bestimmtheit: »Ein Ticket für heute Abend übermorgen.«

Die beiden Männer am Schalter lächeln verlegen und rufen einen Kollegen zu Hilfe. Dem sage ich das Gleiche, denn Englisch spricht auch er nicht. Zu dieser Zeit weiß ich noch nicht, dass *pasfarda* zwar »übermorgen« bedeutet, aber *emshab* nicht »Abend«, sondern »heute Abend«. Und dass jene Kombination nicht funktionieren kann und meine Aussage damit überhaupt keinen Sinn ergibt.

Die Gesichter bleiben ratlos, die Männer wissen nicht, was ich will, und parken mich erst mal hinter ihrem Schalter. Ich bekomme einen abgepackten Kuchen, und die Herren konferieren. Nach zehn Minuten entscheiden sie, mir einfach ein Ticket für übermorgen Abend auszudrucken, und ich freue mich, dass mein Persisch mittlerweile so gut verstanden wird. Die Herrschaften hätten mir deswegen ruhig ein Kompliment aussprechen können.

Mein Fauxpas fällt mir erst Tage später auf, als ich in meinem Vokabelheft blättere.

## Höhlenmenschen

Vor rund fünfzig Jahren ließ ein Hirte seine Ziegen auf einer Wiese weiden. Ein Zicklein ging verloren und verfranzte sich. Der Hirte suchte es und fand stattdessen ein unbekanntes Höhlensystem. So die Legende. Fakt ist, dass iranische Bergsteiger 1963 auf einen Höhleneingang stießen und die Hallen der Ali-Sadr-Höhle nach Jahrhunderten erstmals wieder betreten wurden.

»The boss is in a meeting right now, but here is your ticket«, sagt die Sekretärin und drückt mir die Freikarte in die Hand. Ein bisschen enttäuscht bin ich schon, dass ich den »Chef der Höhle« nun nicht persönlich kennenlernen werde, aber Maziar hat tatsächlich sein Versprechen gehalten, und ich habe freien Eintritt.

An einem Bootssteg im Höhleneingang wartet rund ein Dutzend Iraner auf den Beginn der Tour. Ein Pärchen lächelt mich an. Navid und Leila besuchen zum ersten Mal in ihrem Leben die Höhle. Nein, das stimmt nicht ganz. Navid war schon einmal hier, als fünfjähriger Knirps. Der Ausflug liegt aber ein Vierteljahrhundert zurück und soll nicht zählen.

Leila ist aufgeregt. »Diese Höhle ist die größte der Welt. Wusstest du das?«, sagt sie und strahlt. Ihre Gesichtszüge sind so fein und vornehm wie die einer Aristokratin. Im Zwielicht glänzt ihre Haut, als wäre sie in Milchkaffee getunkt. Navid hat wirres Haar und trägt einen Spitzbart. Fehlen nur noch ein Zylinder und ein Spazierstock, und er gliche einem Professor aus dem 19. Jahrhundert.

Ein Mann verteilt Rettungswesten und hüpft in ein Tretboot. Mit einer Kordel sind vier winzige Boote hintereinandergebunden, wie bei einem Abschleppdienst. Nur das Führerboot verfügt über Pedale. Leila will vorn sitzen, klettert in das erste Boot und thront neben dem Kapitän. Navid und ich steigen in die Nussschale direkt dahinter, und dann tauchen wir ein in die Düsternis.

Einhundertdreißig Millionen Jahre soll die Ali-Sadr-Höhle auf dem Tropfsteinbuckel haben. Vermutlich war sie den steinzeitlichen Bewohnern der Gegend bereits bekannt. Sicher ist nur, dass König Dareios I. das Höhlengeflecht schon vor über 2000 Jahren als Wasserreservoir nutzte.

Leila klappt den Selfiestick aus, klemmt ihr Handy hinein und legt los. In den nächsten zwei Stunden wird sie mehr Fotos schießen als alle Geologen in den letzten fünfzig Jahren zusammen. Navid zwinkert ihr zu und winkt. Leila ist glücklich und knipst. Immer wieder suchen sie Blickkontakt und lachen sich an.

Unsere Karawane zieht durch Kanäle und Seen. Stalagmiten ragen aus dem Wasser, und Stalaktiten hängen herab wie Finger, die nach uns greifen wollen. Die Kälte krabbelt unter die Rettungswesten. Stockfinster wird es nie, denn stets leuchtet irgendwo das Display eines Smartphones.

»Wir möchten heiraten«, sagt Navid, während Leila ein Foto von uns schießt.

»Ihr seid total verliebt, nicht wahr?«

»Ja«, lächelt er, »ich werde ganz klassisch um ihre Hand anhalten. Weißt du, Leilas Familie ist sehr traditionell.«

»Und du?«

Er schaut aufs Wasser und überlegt. »Traditionen sind okay. Aber ich interessiere mich mehr für Wissenschaft und Philosophie. Ich lese viel und mache mir gern Gedanken dazu.«

»So geht es doch vielen jungen Leuten hier. Und viele studieren und bekommen vielleicht neue Einblicke.«

»Das heißt nichts«, entgegnet er, »die Universitäten fördern ja kein selbstständiges Denken.«

Das ist interessant. Höre ich doch immer wieder von den gut ausgebildeten Akademikern im Land. Qualifiziert sind sie gewiss, nur vergaß ich dabei völlig, dass Hochschulen ja staatlich sind. Und was bedeutet »staatlich« in einer Despotie? Was bringen die Universitäten den Studenten bei? Oder was bringen sie ihnen nicht bei?

»Wir lernen an den Unis kein eigenständiges Denken«, wiederholt Navid, »das ist nicht erwünscht.«

Und so gilt Khomeinis Ausspruch noch heute: »Universitäten sind gefährlicher als Handgranaten.« Wer denkt, der hinterfragt. Und wer hinterfragt, wird zur Bedrohung. Und deshalb muss das Regime jene Intellektuellen, die die Gesellschaft aufwühlen könnten, kleinhalten und ausmerzen. Nach der politischen Revolution folgte also die Kulturrevolution. Hunderte Universitätsprofessoren wurden entlassen, sämtliche Geschichtsbücher und Lehrmaterialien wurden umgeschrieben, zensiert und islamisiert. Kulturdenkmäler wurden zerstört, Künstler ermordet. Könige galten sowieso als Bösewichte, und Khomeini errettete als »Geist Gottes« die unterdrückte Bevölkerung von der jahrhundertelangen Knechtschaft und führte sie ans Licht. Nur an welches?

Die heutigen Bücher sind weniger dogmatisch. Das liegt auch an einer Reihe von Untergrundverlagen, die heimlich ohne staatliche Kontrolle publizieren und ihre Werke auf Schwarzmärkten verkloppen. Und natürlich kann jeder im Internet surfen und sich Informationen aus der Welt beschaffen. Daran ändern die verhängten Webblockaden nichts. Die werden einfach durch VPN-Verbindungen getunnelt. Aber die Regierung gibt nicht auf. Bildungseinrichtungen lassen sich im Gegensatz zum Internet noch kontrollieren. Für Ayatollah Khamenei ist deshalb die durchgreifende Islamisierung der Universitäten »lebensnotwendiger als das Mahl, das wir zu uns nehmen«. Und so bleibt die »Gesamtheit der Wissenschaften« nicht uneingeschränkt und für jedermann zugänglich. Baha'i dürfen gar nicht erst studieren, Frauen nur bestimmte Fächer – sofern ihre Ehemänner das erlauben. Trotzdem ist die Mehrheit aller Studierenden weiblich, und das gefällt den Turbanträgern nicht. Doch die Emanzipation wird in den nächsten Jahrzehnten nicht ohne Folgen bleiben.

Leila winkt uns zu und fordert uns auf, in die Kamera zu lächeln. Sie dreht ein Video. Wir fahren durch pechschwarze Seen, ziehen die Köpfe ein und betrachten skurril geformte Tropfsteine, die von Lampen angestrahlt werden. Da hinten wacht ein Löwe, dort räkelt sich eine Frau, und hier vorn kauert ein Drache. So wie man sich Figuren in Wolken denkt, so erkennen wir Tiere und Menschen im Kalk.

Von der Tropfsteindecke hängen nicht nur Stalaktiten herab, sondern auch Schilder, auf denen Koransuren gedruckt sind. Damit die Besucher stets daran erinnert werden, wem sie dieses Naturwunder zu verdanken haben. Über uns der Spruch: »Und Er zeigt euch Seine Zeichen. Welches von Allahs Zeichen wollt ihr nun nicht anerkennen?« Als unser Boot an einem wuchtigen Steinzapfen vorbeigleitet, fantasieren wir einen Mann mit Bart hinein. »Gott ist überall!«, flüstere ich.

Zeichen mag es also geben, Lebenszeichen eher nicht, denn bislang haben Wissenschaftler in der Tropfsteinhöhle kaum irdisches Dasein entdecken können. Nur wenige Einzeller schwimmen im Wasser oder kleben an den Wänden. Nicht einmal Fledermäuse verirren sich hierhin. Aber wer weiß? Lediglich sechzig Prozent des Höhlengeflechts sind derzeit erforscht. Der Rest liegt im Dunkeln. Mir fällt ein britischer Gruselschocker ein, den ich vor vielen Jahren im Kino sah. Sechs Freundinnen brechen auf zu einer Höhlenexpedition. Sie seilen sich ab und rutschen durch einen Felsspalt, der dummerweise hinter ihnen einstürzt und den Rückweg versperrt. So hoffen sie auf einen zweiten Ausstieg, klimmen durch das Labyrinth, finden uralte Kletterhaken, Knochen und hören Kinderlachen. Es stellt sich heraus, dass sie nicht allein sind. Welch Überraschung. In der Höhle hausen glitschige Wesen, die sich auf

Frischfleisch freuen. Für die Freundinnen beginnt ein Kampf ums Überleben gegen Monster, Dunkelheit und Paranoia. So lange, bis sie sich schließlich gegenseitig abmurksen. Frauen sind halt doch keine besseren Menschen. Warum mir dieser Film ausgerechnet jetzt in den Sinn kommt, können auch die Koransuren nicht beantworten.

Leila knipst munter Selfies von sich vor Stalagmiten und Stalaktiten, mit uns im Hintergrund, ohne uns im Hintergrund, von unten, von hinten, mit dem Tretbootfahrer, ohne Tretbootfahrer, von links, von rechts und von oben. Monster lächeln dabei nicht in die Kamera, zumindest sehe ich keine. Vielleicht haben sie Angst vor Leila.

Unsere Nussschale schaukelt hinein in die größte Halle der Ali-Sadr-Höhle. Hundert Meter lang und vierzig Meter hoch. Eine liegende Freiheitsstatue hätte hier Platz, und wie eine Kathedrale türmt sich das Gewölbe über uns auf. Tropfsteine hängen wie Eiszapfen herab, Kristalle glitzern an den Wänden. Stilles Wasser, so klar, so gläsern, dass wir endlos hinabblicken können.

Am Abend schicke ich Kourosh ein Foto von der Höhlendecke. Es dauert nur wenige Augenblicke, und er antwortet: *Hello, German girl. How are you? I was thinking of you.*

Ich lese die zwei Zeilen, und mein Herz hüpft.

## Liebe im Gottesstaat

Wie liebt man im Iran? In Gärten und Museen sah ich sie manchmal, die Liebespaare. Nur wenn sie sich unbeobachtet wähnten, tauschten sie Vertraulichkeiten aus.

Leila und Navid gehen den offiziellen Weg. Sie möchten heiraten. Doch viele junge Menschen möchten das nicht. Wie funktioniert also die Liebe in einem repressiven Regime, das die Innigkeiten seiner Bürger kontrollieren will und außereheliche Lust als Sakrileg begreift?

De facto ist Sex zwischen einem unverheirateten Mann und einer unverheirateten Frau nicht erlaubt. Einhundert Peitschenhiebe erwarten die Sünder. Und sollte einer der Liebenden doch verheiratet sein, aber nicht mit der Person, mit der er sich vergnügt, so droht die Steinigung.

Ich tat in meinem Leben schon Dinge, für die ich in diesem Land durchgepeitscht worden wäre. Jetzt stehe ich hier und vermag mir nicht vorzustellen, wie ein Staat seinen Bürgern das antun kann. Ob die Strafen tatsächlich vollstreckt werden, steht allerdings auf einem anderen Blatt. Denn dann müsste das Regime Millionen unverheiratete Iraner auspeitschen und wer weiß wie viele Ehebrecher exekutieren lassen. Zudem kann man mit Geld und durch korrupte Beamte einiges verhindern. Bei Ehebruch und sonstigen »Sünden« sollten außerdem vier männliche Zeugen zugeschaut haben, damit das Gesetz greifen kann. Das macht den Umstand trotzdem nicht besser. Der Koran sieht die Steinigung im Gegensatz zur Bibel übrigens nicht als Strafe vor. Aber in den Hadithen wird sie erwähnt, auch weil sie vor 1400 Jahren in vielen Kulturen üblich war. Heute versuchen iranische Politiker immer wieder, die grausame Hinrichtungsmethode abzuschaffen, doch der islamische Wächterrat lässt sich nicht umstimmen.

Gefährlich leben ebenfalls Schwule und Lesben. Queer darf zwar jeder sein, nur darf niemand diesen Neigungen nachgehen. Frauen erhalten bei lesbischen Handlungen hundert Peitschenhiebe. Bei viermaliger Wiederholung erfolgt die Todesstrafe. Wenn sich zwei Männer lieben und der aktive Mann weder verheiratet noch Muslim ist, wird er mit hundert Peitschenhieben bestraft. Ein Mann, der den passiven Part übernimmt, wird zum Tode verurteilt. Es ist also besser zu vögeln, als gevögelt zu werden. Transsexualität ist erstaunlicherweise aufgrund einer Fatwa von Khomeini kein Problem. Zumindest gesetzlich. Leicht hat es jedoch niemand, der nicht islamkonform liebt.

In einem Staat, in dem die Sexualität überwacht wird, ist selbst das Flirten eine Herausforderung. Sicher nicht immer eine schlechte, denn Findigkeit ist gefragt. Wie also kennenlernen? (Verbotene)

Partys sind die eine Möglichkeit, die andere erfordert ein protziges Auto. Das leihen sich die Bubis von Papa und cruisen damit die großen Boulevards auf und ab, bis sie ein hübsches Mädchen sichten. Dann schreibt der Bursche seine Handynummer auf einen Zettel und hofft.

In traditionellen Häusern bestimmt die Familie den Ehepartner. Wobei das nicht mit der Zwangsehe gleichzusetzen ist. Es sind arrangierte Ehen, und manchmal ist sogar Liebe im Spiel. Es folgt das *Khastegari*. Der Verehrer besucht mit seiner Familie das Haus der Braut. Mag man sich gegenseitig, so wird ein zweites Khastegari veranschlagt.

Navid muss also auf diese Weise um Leilas Hand anhalten. Hoffentlich hat er mehr Glück als Qais, der Jüngling aus der großen Liebesgeschichte *Madschnun Laila*, die im 7. Jahrhundert verfasst wurde. Ein orientalisches *Romeo und Julia*. Laila trifft Qais auf einer Feier, und beide vernarren sich unsterblich ineinander. Doch Lailas Eltern sind gegen ihre Liebe. Sie trennen das Paar und verheiraten Laila mit einem anderen Mann. Qais erträgt den Verlust nicht, verliert den Verstand und lebt fortan in der Wüste.

Dieses Schicksal wünsche ich Navid nun wirklich nicht. Falls also er und die echte Leila Hochzeit feiern dürfen, so sei ihnen auch weiterhin das Glück hold, denn die Scheidungsrate ist in den vergangenen zwanzig Jahren erheblich gestiegen. 2015 wurden stündlich 82,6 Vermählungen gegenüber 18,6 Scheidungen erfasst. Damit scheiterte fast alle drei Minuten eine Ehe. Zudem ist das Konzept der Heirat für immer mehr Menschen unattraktiv oder zu teuer. Der Mann muss für die finanzielle Sicherheit sorgen, und das ist bei der hohen Arbeitslosenquote oft nicht möglich. Und natürlich wollen die meisten jungen Iraner einfach ein ganz normales (Liebes-)Leben führen. Wie überall auf der Welt. Funkt dann doch eine traditionelle Familie dazwischen, gibt es Lösungen. Etliche Ärzte haben sich auf die Reparatur des Jungfernhäutchens spezialisiert. Wer es billiger haben möchte, der führt sich für ein paar Toman eine Kapsel in die Scheide, die beim Geschlechtsverkehr aufplatzt und Kunstblut fließen lässt.

Und dann ist da noch die *Sighe*, die Zeitehe oder »Genussehe«. Sie ist bei den Schiiten zulässig und wird von einem Mullah für einen Zeitraum von einer halben Stunde bis 99 Jahren geschlossen. Die Sighe hat keinen rechtlichen Wert. Sie ist eine rein religiöse Vermählung. Sunniten lehnen diese Form der Ehe ab, da sie angeblich Prostitution legalisiere.

Und Prostitution ist so alltäglich im Gottesstaat wie der Gebetsruf des Muezzins. Gerade weil das Regime der Lust den Krieg erklärt hat, lauert sie an jeder Ecke. Das Internet ist übersättigt mit selbst gefilmten Pornos *made in Islamic Republic of Iran*. Professionelle verkaufen ihren Körper genauso wie Studentinnen, die ihre Finanzen aufbessern wollen. Sogar über Facebook werden Geschäfte abgewickelt. Man tippt nur einen gängigen persischen Mädchennamen ein, wie Shiva oder Parisa, und fügt das Wort *jende*, Hure, hinzu. Und schon leuchten die Damen auf dem Bildschirm auf.

Da die außereheliche Liebe in jeder Form strengstens verboten ist, drohen auch hier Strafen, und es bleibt wieder nur Bestürzung über so viel Kleingeistigkeit. Das Verhältnis der Islamischen Republik Iran zur Sexualität ist nicht nur rückständig, sondern plemplem. Da will der Staat die Lust verbannen und beschäftigt sich andauernd mit ihr. Und folglich diskutieren Gesetzgeber und Mullahs stundenlang über Sex und hauen regelmäßig Fatwas dazu raus. Die bekannteste wurde kurz nach der Revolution verkündet und von Ayatollah Gilani im Fernsehen erläutert. Seine Erklärung ist so dermaßen aberwitzig, dass sie noch immer für Gelächter sorgt:

> *Wenn ein junger Mann in seinem Schlafzimmer liegt und seine Tante im direkt darunter liegenden Zimmer schläft und der Fußboden bei einem Erdbeben einbricht, sodass er direkt auf sie fällt, und beide nackt wären, wenn der junge Mann dabei zufällig gerade eine Erektion hätte und auf ihr landen würde, sodass er penetrieren würde, wäre dann das Kind, das aus*

*einer solchen Begegnung hervorginge, legitim oder ein Bastard?*

Laut Fatwa wäre das Kind legitim. Glück gehabt.

## Die Segnung

Hamedan. Unter einer Ziegelkuppel liegt das Grab der Esther und ihres Adoptivvaters Mordechai, die wichtigste jüdische Pilgerstätte im Iran. Wer meint, jüdisches Leben in der Islamischen Republik sei undenkbar, der irrt. Und im Gegensatz zu Europa benötigen jüdische Einrichtungen hier keinerlei Bewachung.

Mit gebeugtem Nacken zwänge ich mich durch die Öffnung der Synagoge. Die Böden sind mit Teppichen ausgelegt, und Glühlampen flackern. Nur eine Prise Tageslicht rieselt durch die wenigen Fenster.

Einen Raum weiter umrunden drei iranische Touristen mit Fotoapparaten die beiden Holzsärge. Mehr Platz ist nicht. Ich fühle mich falsch und will umkehren.

»Herzlich willkommen. Wie schön, dass Sie uns besuchen!«

Ein Rabbiner kommt auf mich zugeeilt.

»Kommen Sie, kommen Sie«, er führt mich zu den Särgen, die mit weißen Tüchern bedeckt sind. Von dem Deckengewölbe hängt ein Kronleuchter, die Wand ist mit hebräischen Schriftzeichen beschrieben. Der Rabbi zeigt auf ein Zimmer nebenan und fragt, ob ich beten möchte.

»Vielleicht später«, erwidere ich.

»Sind Sie Christin?«, will er wissen. Seine Augen leuchten, und ich verschweige, dass ich schon vor langer Zeit aus der Kirche ausgetreten bin. »Ja«, antworte ich, und der Mann freut sich. Christen sind wohl gern gesehene Gäste. Er setzt mich auf eine Holzbank und verabschiedet die drei Iraner, drängt sie hinaus. Dann lächelt er und erklärt mir die Bedeutung des Mausoleums.

Seit 2700 Jahren bestehen jüdische Gemeinden im Iran. Als Gattin des Herrschers Xerxes I. hielt Königin Esther im 5. Jahrhundert vor unserer Zeit eine schützende Hand über die persischen Juden und verhinderte einen Genozid. Historiker verweisen die Geschichte jedoch ins Reich der Märchen. Und wahrscheinlich liegt hier auch nicht die berühmte Dame aus der Bibel, sondern »nur« die jüdische Frau des Sassaniden-Königs Yazdegerd I., der im 5. Jahrhundert über Persien herrschte. Also tausend Jahre später als Esther, die vermutlich ebenfalls eine Erfindung ist.

Heute leben rund 10 000 Juden im Iran, mehr als in jedem anderen muslimischen Land der Erde. Ob sie glücklich sind, kann ich nicht beurteilen. Anerkannte Bürger sind sie zwar, allerdings nicht gleichberechtigt. Hohe Posten in Politik und Verwaltung bleiben ihnen verwehrt. Viele sind nach Israel ausgewandert, in Hamedan gibt es nur noch fünf Familien.

Auch wenn die iranischen Juden zum Iran gehören, so besteht der Antizionismus bezüglich Israels weiterhin. Doch woher kommt der Hass? Iran und Israel haben keine gemeinsamen Grenzen. Nicht zuletzt eint sie ihr Überlegenheitsgefühl gegenüber den Arabern.

Laut des Politikwissenschaftlers Hamed Abdel-Samad sind drei Gründe für den iranischen Antizionismus und Antisemitismus ausschlaggebend: die enge Verbindung Irans zu Nazideutschland in den Dreißigerjahren, die Schriften des Ideologen Sayyid Qutb, des Vordenkers der ägyptischen Muslimbruderschaft, dessen Werke Khomeini las, und letztendlich der Koran, in dem die Juden in einigen Passagen beschimpft werden.

Khomeini war es auch, der Israel als »Quelle des Übels« bezeichnete. Den Anlass dafür lieferte der Israel-Palästina-Konflikt. 1979 rief der Imam den al-Quds-Tag aus. Einen gesetzlichen Feiertag, an dem in Massendemonstrationen die »Befreiung Jerusalems von den zionistischen Besatzern« und der »Tod Israels« gefordert wird. Das ist nicht nur widerwärtig, sondern auch scheinheilig, denn sein Hass hielt Khomeini trotzdem nicht davon ab, in den Achtzigerjahren amerikanisches Kriegsgerät zu kaufen, und zwar – jetzt kommt's – mit Israel in der Vermittlerrolle. »Tod Israel« wurde dennoch geplärrt. Die allermeisten Iraner hören dabei schon lange nicht mehr hin. Diese Rufe brüllen nur noch die Hardliner. Und unter den Hashtags *Iran loves Israel* sowie *Israel loves Iran* finden sich im Netz liebenswerte Freundschaftsbekundungen.

Präsident Rohani schlägt ebenfalls versöhnliche Töne an. Kaum im Amt, schickte er Glückwünsche zum Neujahrsfest Rosh ha-Shanah in die Welt. Und tatsächlich blüht im Mullah-Staat ein zaghaftes jüdisches Gemeindeleben, es gibt religiöse Krankenhäuser, Schulen und Kindergärten. Doch das Misstrauen bleibt. Ende letzten Jahres rief das iranische Kulturinstitut Sarcheshmeh (wieder) einen Holocaust-Karikaturen-Wettbewerb aus. Im Mai sollen die Gewinner gekürt werden. Und weil Khamenei den Holocaust leugnet und die Hardliner unaufhörlich »Tod Israel« blöken, als hätten sie einen Sprung in der Platte (oder im Hirn), schürt die israelische Regierung, allen voran Benjamin Netanjahu, die Angst vor den iranischen Nuklearwaffen. Das Uran für den Bau der Bombe sei bald angereichert, trommelt Bibi jahraus, jahrein. Morgen sei es so weit. In sechs Wochen. In sechs Monaten. Seit einem Vierteljahrhundert steht die Uhr schon auf fünf vor zwölf. Dabei ist die Vorstellung, der Iran könnte eine Atombombe auf Israel abwerfen, blödsinnig. Sogar Khamenei und seine Blitzbirnen wissen, was das für sie alle bedeuten würde. Und warum sollen pakistanische Nuklearwaffen ungefährlicher sein als iranische? Oder amerikanische? Wer ließ noch gleich die Atombomben auf Hiroshima und Nagasaki fallen?

Über all das sprechen wir hier im Mausoleum nicht. Der Rabbiner plant Bedeutsameres: die Segnung einer Christin. Das kommt zwar überraschend, aber ich lasse es geschehen. Seine Hand ruht auf meinem Kopf, meine Hand berührt den Sarkophag. Er schließt die Augen und murmelt irgendetwas. »Lebt Ihre Mutter noch?«, fragt er zwischendrin, und: »Sind Sie verheiratet?« Ich sage Ja, ich sage Nein. Geflüster, warme Hände und Gottes Beistand.

Nach dem Segen schaut er mich freudig an. »Ich habe für Sie, Ihre Mutter und Ihre baldige Hochzeit gebetet.« Er verabschiedet mich herzlich.

## Absurdistan

Achtung: Dieses Kapitel wird so abgrundtief pauschalisierend, dass Alarmglocken läuten müssten. Doch die hier beschriebenen Merkwürdigkeiten sind trotzdem entzückend, gaga und hanebüchen genug, um darüber zu berichten. Wussten Sie zum Beispiel, dass iranische Männer liebend gern Blumen pflücken? Oder dass die Iraner jährlich über 160 000 Tonnen Kosmetik- und Papiertücher verbrauchen? Oder dass die schwarz gekleideten Chadoris abends häufig überfahren werden, weil man sie in der Dunkelheit nicht sieht?

Bald drei Wochen reise ich nun durch das Land, und manchmal bleibt nur Kopfschütteln. Aus Heiterkeit, aus Wut. Vieles ist unerhört. Und das Unerhörte ist stets auf politischem Mist gewachsen. So wie die Tatsache, dass Frauen immer noch keine Sportstadien besuchen dürfen. Sie müssen draußen bleiben. Für diese Lächerlichkeit fehlen mir die Worte, deshalb lasse ich sie unkommentiert.

Ebenso hirnrissig, aber fast schon ein wenig drollig war übrigens folgende Vorschrift, die vor ein paar Jahren die Gemüter erregte: Im Staatsfernsehen sah der Zuschauer nachts eine Zeit lang nur männliche Moderatoren, denn die Kolleginnen sollten sich bitte um Haus und Kinder kümmern und nicht arbeiten. Doch Beschwerden setzten der Schnapsidee schnell ein Ende.

Einer Radiomoderatorin der beliebten Sendung *Javan Irani salam* ist es bis dato untersagt, männliche Studiogäste zu interviewen. Grund: Sie sei zu schön. Und in iranischen Spielfilmen wird kurz vor dem Happy End, wenn sich die Liebenden in die Arme fallen wollen, ausgeblendet. Das reicht an staatlich abgesegneter Leidenschaft. So richtig in Fahrt kommen die Zensoren, sobald sie eine Oscarverleihung retuschieren dürfen. Da wird über die Dekolletés der Hollywooddamen gern ein riesengroßer schwarzer Fleck platziert.

Den Gipfel der Idiotie erklommen vor einigen Jahren ein paar Mullahs in Shiraz. Die findigen Hohlbirnen setzten sich tatsächlich für getrennte Bürgersteige ein! Auf der einen Straßenseite die

Frauen, auf der anderen die Männer. Das war den Shirazis dann aber doch zu blöd, und sie weigerten sich.

So viel zu den unerquicklichen Kuriositäten der Islamischen Republik, kümmern wir uns jetzt um die liebenswerten Schrulligkeiten der Perser. Diese kleinen Eigenarten, die schmunzeln lassen und Frohsinn schenken. Weil sie bizarr sind – und manchmal nerven.

An erster Stelle sei die zwanghafte Höflichkeit erwähnt. Wenn Iraner sich verabschieden, dann reicht kein schlichtes »Khodahafez«, Tschüss. Auf dem Weg vom Wohnzimmer bis zur Tür wird sich tausendmal verabschiedet und verbeugt und bedankt. Es wird das Essen gelobt und wieder gedankt. Im Treppenhaus weitere drei Stunden Abschied und Dank, bis auch wirklich der letzte Nachbar weiß: Besuch war da.

Diese Höflichkeitsfloskeln gehören fest zur persischen Tradition. So wie das *Ta'arof*. Ta'arof ist allgegenwärtig und bezeichnet eine gesellschaftliche Etikette, wie das Anbieten und Ablehnen von Gegenständen, Geld, Einladungen und Lebensmitteln. Ein Beispiel: Ich möchte die Taxifahrt bezahlen, doch der Fahrer lehnt ab. Ich bestehe auf die Vergütung, und der Kutscher verweigert erneut. Das wiederholt sich drei Mal. Natürlich schwindelt der Taxifahrer, wenn er meine Entlohnung ausschlägt und mir die Tour schenken will, denn er muss ja verdienen. Nur widerwillig lässt er sich von mir zur Annahme des Mammons nötigen. Und selbstverständlich beschwöre ich dann meinen sehnlichsten Wunsch, die Scheine loswerden zu wollen. So wahrt jeder das Gesicht. Da aber viele ausländische Touristen dieses Spielchen nicht kennen und sich über eine Freifahrt freuen, verkneifen sich die Taxler immer häufiger das Ta'arof.

Die Höflichkeitsrituale können aber noch ulkigere Formen annehmen. Steht man beispielsweise mit Iranern vor einer Haustür, so vergehen einige Momente, weil sich alle gegenseitig den Vortritt lassen möchten. So läuft das auch mit Keksen. Der letzte Keks macht eine große Runde, wird jedem Gast angeboten und aus Höflichkeit wahrscheinlich von niemandem gegessen. Insbesondere

Einladungen sorgen für Missverständnisse. Selbst unter Freunden:

»Ich zahle!«

»Nein, ich!«

»Nein, ich bezahle!«

»Nein, ich!«

»Okay.«

»Verdammt.«

Wobei ich mir habe sagen lassen, dass Iraner untereinander auch ganz schön garstig sein können. Höflichkeit bedeutet nicht zwangsläufig Zuneigung.

Nächste Pauschalierung: Iraner telefonieren viel. Und laut. So laut, dass sie eigentlich gar kein Telefon bräuchten, da der Gesprächspartner sie sowieso hört. Ich denke an Herrn Jafari und muss lachen. Wie er in sein Nokia schrie. Und das nicht nur, weil dieses Gerät so alt war wie Persepolis, sondern weil Iraner einfach gern aus voller Kehle handyfonieren. Die Visitenkarten hätte er gar nicht erst verteilen brauchen, weil 200 Meter um ihn herum eh jeder Bescheid wusste. Dabei sprechen Iraner ohne Telefon seltsamerweise völlig ruhig und bedächtig. Es klingt beinahe wie leiser Gesang.

Die meisten Telefonate werden aus Sorge geführt, denn Mama klingelt durch, sobald der Nachwuchs das Haus verlässt. Ein Fragengewitter donnert los: »Wo bist du? Wer ist bei dir? Geht's dir gut? Hast du gegessen? Wann kommst du zurück?« Da spielt es keine Rolle, ob der Sohnemann bereits 45 Jahre alt ist und selbst Kinder hat, die er ständig anruft.

Iraner übertreiben gern. Das Wort *azizam* bedeutet »mein Schatz« und wird inflationär oft gebraucht. »Azizam, ich küsse den Boden, auf dem du gehst«, »Azizam, ich will deine Leber essen, so sehr liebe ich dich«, »Azizam, du bist die Schönste«, »Azizam, ich sterbe für dich«. Deshalb muss man sich noch lange nicht geschmeichelt fühlen. Solche Redewendungen benutzen Iraner ständig. Für jeden, der um die Ecke biegt. Ich mag das. In Deutschland hüpfe ich ja schon vor Begeisterung, wenn der Busfahrer sich ein angedeutetes Nicken abringt. Wahrscheinlich sind wir die einzige Nation auf diesem Planeten, in der Busfahrer ihr eigenes Schild besitzen mit dem Hinweis, dass sie nicht angesprochen werden wollen. Dann doch lieber ein launiges »Ich sterbe für dich!«.

Was ich nicht mag, ist Karottenmarmelade. Ich weiß nicht, warum, aber die Iraner stehen darauf. In jedem Gasthaus wird mir das klebrige Gelee vorgesetzt. Dabei schmeckt es weder nach Karotte noch nach Marmelade. Eher wie Zuckerglibber mit Chemie. Das gilt genauso für alkoholfreies Bier und Orangensaft.

Zum Thema Essen könnte man wohl ein eigenes Kapitel schreiben. Nur so viel: Die Speisen im Iran sind köstlich. Man denke nur an *Chelo Kabab*, sprich Lammfleischfilet, eingelegt in einer Marinade aus Zwiebeln, Knoblauch, Joghurt, Limonensaft, Salz und Safran, dann gegrillt auf dem Holzkohleofen. Dazu Duftreis und Kräuter. Reis ist eine ernste Angelegenheit für die Iraner. Selbst als Vegetarier lecke ich mir nach solchen Schmäusen die Finger, und das ist auch ein Grund, warum ich schon nach fünf Tagen hier den Vegetarismus aufgab.

Einzig Fast Food können sie nicht. Der Besuch einer der unzähligen Burgerbratereien ist lediglich in Notfällen zu empfehlen. Labbriges Brot, unglückliche Tomaten. Ein halber Meter Falafel kostet zwar günstige fünfzig Cent, aber ein Wohlgefühl hinterlässt er nicht.

Vielleicht ist es gut, dass ich nichts verstehe. Ich sehe nur die Fotos am Tresen hängen. Was da angeboten wird, weiß ich nicht, denn jedes Wort ist in Farsi. Es macht auch keinen Sinn, den Koch zu fragen, er wird kein Englisch sprechen. Ich zeige auf ein Bild, der Küchenmeister brät und überreicht mir etwas anderes. Das kann gut gehen, muss aber nicht. So wurde mir einmal eine Bulette serviert, deren beste Tage wohl noch vor der Revolution lagen. Die Haxe des Bösen.

Von Sushi war bereits die Rede, und Pizza sollte man nur seinem ärgsten Feind auftischen. Die Packung Ketchup, mit der die Iraner das wehrlose Essen ertränken, macht leider nichts besser.

Und obwohl Iraner sowohl mit Ketchup, Zucker und Höflichkeiten maßlos übertreiben, so sind sie doch in der Farbwahl ihres Autos puritanisch. Denn fast alle Autos im Iran sind weiß. Wahrscheinlich soll die Farbe vor Sonnenhitze schützen. Wie sie dann allerdings zwischen all den weißen Saipas und weißen Peugeots ihren eigenen weißen Saipa oder weißen Peugeot wiederfinden, bleibt ein Rätsel.

Und noch eine Pauschalierung: Scheinbar jeder Iraner ist Arzt oder Ingenieur. Diese Berufe gelten als besonders erstrebenswert, und der beliebteste iranische Vorname ist wahrscheinlich Doktor. Der technologische und medizinische Standard im Land ist hoch. Und wer als Arzt im Iran arbeitet, wendet sich häufig der Plastischen Chirurgie zu, denn mit *nose jobs* verdient man ordentlich Schotter. Teheran ist die Welthauptstadt der Nasenpflaster. Hier werden mehr Schönheitsoperationen vorgenommen als in Hollywood. Sogar bei Männern. Und anders als im Westen lassen die Operierten das Pflaster noch Wochen später auf dem neuen Stupsnäschen kleben. Als Statussymbol. Selbst ungerichtete Nasen ziert der weiße Streifen. Und während der Westler von einer schiefen Nasenscheidewand faselt, ist man hier stolz auf die Operation. Warum auch nicht?

Apropos Westler. Die mag man. Und deshalb sind sie schon mal Thema einer großen Fernsehshow. In Teheran saß ich an einem Abend mit Yara, Yasemin, Bijan und Omid auf der Couch und schaute in die Röhre. Die Flimmerkiste läuft übrigens in sämtlichen Wohnungen tagaus, tagein. Ohne dass dem Krach viel Beachtung geschenkt würde. Auch hier weiß ich nicht, warum.

Wir sahen einen iranischen Straßenfeger, in dem ein Moderator mit viel Witz seinen Landsleuten erklärte, wie sie am besten mit ausländischen Touristen umgehen sollten. Also mit Aliens. Zwei Iranerinnen aus dem Publikum wurden nach vorn gebeten, und der persische Hans-Joachim Kulenkampff ließ sie auf eine weitere Iranerin treffen, die als deutsche (!) Touristin verkleidet war. »Verkleidet« ist das richtige Wort, denn sie trug eine khakifarbene Outdoorhose mit Seitentaschen, dazu Trekkingschuhe. Um ihren Hals einen Fotoapparat und auf ihrem Kopftuch den Tropenhut. In der Hand eine Landkarte. So stolperte die »deutsche« Iranerin zu den iranischen Iranerinnen und sagte folgenden Satz auf Deutsch: »Usch moge nach Moschee.«

Yasemin und Yara kicherten. »Ist das Deutsch?«, fragten sie mich, und ich antwortete: »So ähnlich.«

Die iranischen Iranerinnen kicherten ebenfalls, aber eher aus Scham, denn sie schnallten nicht, was der Alien mit Tropenhut von ihnen wollte. So standen sie da zu dritt und wussten nicht weiter. Die deutsche Iranerin zeigte daraufhin auf ihre Landkarte und versuchte es mit »Wo's Museum?«. Wieder Schweigen, genierliches Glucksen. Das dauerte ein paar Minuten. Dazwischen Schnittbilder von sich kugelnden Zuschauern, die auch nichts verstanden, doch umso herzhafter lachten. Schließlich sprang Hans-Joachim Kulenkampff den iranischen Iranerinnen zur Seite, machte Vorschläge, machte Witze, der Saal brüllte, applaudierte, und die drei Mädels marschierten gickelnd ab. Geholfen wurde niemandem, aber niedlich war die Szene trotzdem.

## Go away

Im Hotel will Maziar lieber nicht mit mir gesehen werden. »Zu gefährlich«, meint er, und so vereinbaren wir einen Treffpunkt an einem Denkmal. Ich fühle mich wie eine Geheimagentin, denn Maziar wartet in einem Nadelstreifenanzug auf der anderen Straßenseite, versteckt hinter einer Sonnenbrille. Ich steige in sein Auto, er nickt kurz, und wir fahren los. Für diese spielfilmreife Szene gibt es nur zwei Möglichkeiten: Entweder er hat tatsächlich Angst, mit einer Ausländerin erwischt zu werden, oder er ist verheiratet. Dabei planen wir nichts Skandalöses. Maziar hat Arbeitspause und möchte mir Ganj Nameh zeigen. Fünfzehn Minuten fahren wir durch Hamedan zu einer Talstation. Mit der Bergbahn gondeln wir in ein Naherholungsgebiet, das auf über 2000 Meter Höhe an den Ausläufern des Gebirges liegt. Wir sehen einen Wasserfall, Imbissbuden, eine Shoppingmall und zwei Keilschrifttafeln, die in eine Felswand gemeißelt sind. Ganj Nameh bedeutet »Schatzbrief«, und die Inschriften stammen von Dareios I. und Xerxes I. Die Texte erzählen nichts Neues. Beide Könige preisen die Götter und sich selbst.

Viel aufregender als das Gekritzel an der Wand ist das Geknirsche unter unseren Sohlen. Diesmal kein Staub; wir stapfen durch Schnee. Weiß und funkelnd. Maziar trägt Halbschuhe aus Leder und rutscht aus. Ich verliere meine linke Sandalette. Und trotzdem ist es wundersam. Vor knapp drei Wochen saß ich noch auf einer Düne in der Wüste und ließ den Sand durch meine Finger rieseln. Vor drei Tagen staunte ich über sattgrüne Wiesen, und nun bewerfe ich Maziar mit einem Schneeball.

»Wir haben hier alles«, schwärmt er, »alle vier Jahreszeiten in einem Land.«

Zurück in der Gondelbahn, plauschen wir über Schnee, Iran und das Wetter in Deutschland. Wir gleiten über Baumwipfel dem Parkplatz entgegen. Mich lässt diese Geheimdienstnummer nicht los, und so frage ich ihn direkt: »Bist du verheiratet?« Jetzt klinge ich doch tatsächlich wie eine echte Iranerin. Die drei Tschador-Cousinen aus Kashan wären stolz auf mich.

»Ich war verheiratet«, antwortet Maziar, ohne zu zögern, »wir haben eine kleine Tochter. Sie ist sieben.«

Er zeigt mir ihr Foto auf seinem Smartphone. Wie eine Madam sitzt das Mädchen auf einem Sessel mit übereinandergeschlagenen Beinen, roten Zehennägeln und einem Grinsen im Gesicht.

»Wie hübsch. Sie hat dein Lächeln«, sage ich, und Maziar bedankt sich.

Noch eine Dreiviertelstunde bleibt uns, bevor Maziar zurück ins Hotel muss. Er schlägt ein Café in der Innenstadt vor. Wir bestellen frisch gepressten Ananassaft mit Strohhalm und einer Orange am Glasrand. Das Café ist modern eingerichtet, und Hipster sitzen an

Holztischen. Ein dicker Wirt gibt mir die Hand. Reza und Maziar sind befreundet und haben Großes im Sinn. Der Wirt möchte aufrüsten und sich ein zweites Standbein schaffen. In der Industrie. Jetzt, wo der Iran wirtschaftlich aufmacht. Strom und Wärme will er verticken und damit irgendwelche Betriebe ausstatten. In ihren Erläuterungen bleiben Reza und Maziar vage. Mein Heimatland eröffnet ihnen jedoch ungeahnte Möglichkeiten.

»Wir brauchen elektrische Energie«, erklärt Maziar, »du bist Deutsche und könntest die Kontakte zu den deutschen Firmen herstellen. Natürlich bekommst du Provision.« Reza nickt und zeigt mir auf seinem Tablet, was er sucht. Er hat die Homepage eines deutschen Konzerns angeklickt. Ich lese die Gerätebezeichnungen, und die beiden Männer schauen mich erwartungsvoll an. Gewünscht ist ein kompaktes Blockheizkraftwerk mit Wärmeauskopplung aus dem Motorkühlwasser. Dazu ein Gasmotor, Wärmetauscher, Umwälzpumpen und ein Abgasprimärschalldämpfer.

»Kannst du das besorgen?«, fragt Maziar und zieht an seinem Strohhalm.

»Joa, ich hör mich mal um«, antworte ich, weil das höflicher klingt als »Häää?!«. Die beiden strahlen, und Reza spendiert mir noch einen Ananassaft.

Wenig später setzt mich Maziar am Busbahnhof ab und verspricht, dass er mir in den nächsten Tagen weitere Blockheizkraftwerke per Mail zuschicken wird. Er hupt zum Abschied.

Acht Stunden Busfahrt durch die Nacht in die Provinz Ost-Aserbaidschan. Am Fenster ziehen Berge vorbei, die in hundert Grautönen schattiert zu sein scheinen. Wie kauernde Tiere hocken sie da. Doch vielleicht ist es nur ein Zerrbild der Dunkelheit. Der Opa hinter mir schnarcht, irgendjemand trägt ranzige Socken, und ich bleibe schlaflos.

»Hotele arzan, lotfan«, sage ich zu einem Taxifahrer. Nach Drama Queen Parviz mache ich diesmal keine Vorschläge und vertraue darauf, dass der Mann verstanden hat und mich zu einer billigen Pension kutschieren wird. Mit seinen Bartstoppeln und dem zerknitterten Hemd wirkt er, als hätte er schon lange keinen Feierabend mehr gehabt. Die Fersen seiner Schuhe sind heruntergetreten, damit die Füße bequemer rausschlüpfen können. Er lächelt nicht, nimmt meinen Rucksack und schlurft zu seinem Auto. Wäre ich doch einem anderen Taxifahrer nachgegangen.

Es ist fünf Uhr morgens, und die Hotels sind geschlossen. Der Taxler klopft und klingelt an vier Türen überall in der Innenstadt. Niemand öffnet. Ich bin so übermüdet, dass ich erneut ein teures Businesshotel akzeptieren würde, doch dann öffnet sich die fünfte Tür. Ein Bursche gähnt, vermietet mir ein Zimmer im Obergeschoss und legt sich wieder hin. Der Taxifahrer trägt meine Tasche, und ich folge ihm durch das düstere Treppenhaus in den dritten Stock.

Die Kammer ist nicht versperrt, und der Fahrer stellt meinen Rucksack in eine Ecke. Vor dem Fenster blinkt eine Neonreklame, und aus dem Badezimmer wabert der Geruch von Kanalisation. Ich bedanke mich und bezahle den Mann. Er steckt das Geld in die Hosentasche, geht aber nicht. »Merci«, sage ich nochmals. Er starrt mich an. Eine Sekunde, zwei. Und dann zuckt ein Beben durch seine Visage, und die glasigen Augen funkeln. Er packt meinen Arm, reißt mich an sich, und ich spüre seine Bartstoppeln an meinem Hals.

»Lass das sein!«, rufe ich auf Deutsch, drücke ihn von mir, und das Kopftuch rutscht auf meine Schultern. Der Mann weicht zurück, steht zwischen mir und der Tür. »Go away!«, brülle ich, doch er bleibt. Fixiert mich. Und setzt seinen massigen Körper erneut in Bewegung, stürmt auf mich zu und greift mit beiden Händen mein Gesicht. Seine nassen Lippen verfehlen meine und pressen sich auf mein Kinn. Ich kreische, und er lässt von mir ab. »Gomsho!«, verpiss dich, schreie ich auf Persisch, und das Funkeln in seinen Augen erlischt. Er raunt irgendetwas und verschwindet. Ich verriegele die Tür. Stille.

Zwei Stunden später flutet Tageslicht durch das Fenster, und ich überlege immer noch, wo der Fehler war. Was hat ihn angestachelt? Warum hat er das getan? War ich zu nett? Die Antworten lassen sich nicht finden, und ich kann nichts mehr ändern. Nur eines sage ich mir wieder und wieder: Der Vorfall hat rein gar nichts mit dem Land zu tun oder mit Taxifahrern. Das war die Entscheidung dieses einen Mannes. Nur er allein hat sein Handeln zu verantworten. Niemand sonst. Auch nicht ich.

# TABRIZ

## Das große Kribbeln

Manche Leute sagen, Tabriz sei der Ort des biblischen Gartens Eden. Wann die Stadt gegründet wurde, bleibt ungewiss. Sollte hier tatsächlich einst das Paradies gelegen haben, so hat sich einiges verschlechtert.

Diesmal spreche ich nicht von Beton und Abgasen, die Großstadt hat durchaus ihren Charme. Doch vor zwei Wochen wurde in Tabriz der iranisch-türkische Menschenrechtsaktivist Amir Vali Zadeh festgenommen. Er setzte sich für die aserbaidschanisch-türkische Minderheit in der Islamischen Republik ein, und das war der Regierung zu viel politisches Engagement. Politisches Engagement ist ausdrücklich unerwünscht in einer Despotie. Und so werden friedliche Regierungskritiker immer wieder als Gefährder der nationalen Sicherheit verhaftet. Dies betrifft Menschenrechtler, Journalisten, Rechtsanwälte, Blogger, Künstler, Frauenrechtler, Umweltschützer und Gegner der Todesstrafe. Im Januar 2016 wurde ein neues Gesetz zu politischen Straftaten verabschiedet, worunter alles zählt, was sich »gegen die Führung des Landes, seine Institutionen und die Innen- und Außenpolitik« richtet. Schön schwammig formuliert, damit das Regime jederzeit durchgreifen und »Feinde« einkassieren kann.

Die Gerichtsverfahren sind zumeist unfair, die Justiz nicht unabhängig. Denn die Staatsanwaltschaft nutzt Paragraf 48 der Strafprozessordnung, um Gefangenen einen Rechtsbeistand ihrer Wahl zu verweigern. Der gewünschte Rechtsvertreter steht dann plötzlich nicht mehr auf der Liste der von der obersten Justizautorität zugelassenen Anwälte.

Über den Zustand der iranischen Gefängnisse könnte man ein eigenes Buch schreiben. Laut Amnesty International und Augenzeugenberichten leiden die Insassen unter Krankheiten und Bettwanzen. Von Folter wird erzählt; von Hieben auf die nackten Fußsohlen oder einer hell erleuchteten Zelle als Psychoterror. Vierundzwanzig Stunden lang. Und nicht enden wollende Verhöre. Immer wieder. Zwar sollen den Häftlingen dreimal pro Woche fleischhaltige Gerichte sowie Milchprodukte angeboten werden, und auch der Zugang zu Bädern mit sauberem und warmem Wasser sei vorgeschrieben, doch die Realität ist erschreckender, als man vermutet. Das berüchtigte Evin-Gefängnis in Teheran gleiche im Gegensatz zu so manch anderer Haftanstalt im Land einem Wellnesshotel, heißt es hinter vorgehaltener Hand.

Von alldem bekommt man als Tourist nichts mit. In Tabriz sehe ich Blumen am Straßenrand, ein Überbleibsel vom Garten Eden vielleicht. Tabriz ist die Hauptstadt der Provinz Ost-Aserbaidschan und liegt nur knapp 250 Kilometer von der türkischen Grenze entfernt. Heute ist der alte Umschlagplatz an der Seidenstraße eine Metropole mit rund zwei Millionen Einwohnern.

Den Morgen verbringe ich im Aserbaidschan-Museum, einem der bedeutendsten Museen für Altertumskunde und Anthropologie im Iran.

Ich beschaue die Skelette einer Frau und eines Mannes aus der Eisenzeit. Archäologen gruben sie vor einigen Jahren in der Tabrizer Innenstadt aus. Nun ruhen sie in einer Glasvitrine, genau so, wie sie einst gefunden wurden. Ein Bild, das mitten ins Herz springt. Mann und Frau liegen auf der Seite, sind sich zugewandt und scheinen sich an den Händen zu halten, auch wenn die Handknochen fehlen. Die angewinkelten Knie berühren sich, und die leeren Augenhöhlen blicken einander an. Und plötzlich erscheinen die Totenschädel nicht wie Fratzen, sondern sie lächeln sich zu. In Hinwendung und Verbundenheit. In dieser innigen Pose sind sie zusammen bestattet worden, doch was den beiden Liebenden zugestoßen sein mag – vor 3000 Jahren –, weiß ich nicht. Eine ganze Weile stehe ich vor der Vitrine, betrachte die zwei Skelette und bin berührt.

Die nächste Stunde lese ich Inschriften auf Münzen, sehe Grabsteine aus verschiedenen Epochen und lokale Trachten. Im Untergeschoss des Museums ist die zeitgenössische Kunst ausgestellt. »Der Mensch im heutigen Zeitalter« lautet das Thema des Tabrizer Bildhauers Ahad Husseini. Innigkeit und Liebe sucht man hier unten vergebens. Lebensgroße Skulpturen kämpfen sich durch Plagen, Kriege und Elend. Da warten abgezehrte Kinder aus Bronze auf den Tod, Drachen fressen flüchtende Frauen und Männer. Soldaten knüppeln andere Soldaten nieder, und eine Horde Orks reißt die Mäuler auf und will sich mit Raketen in den Pranken scheinbar auf die Museumsbesucher stürzen. Herr Husseini sollte sich vor seinem nächsten Projekt lieber die beiden Skelette anschauen und atmen. Einigermaßen verstört verlasse ich das Museum.

Der Khomeini Square führt zur Mosalla, einem riesigen Versammlungssaal für die Gläubigen. Der Muezzin singt, und ich stehe vor dem Eingang, luge hinein, so lange, bis ich von ein paar Mullahs per Handzeichen weggescheucht werde.

In einem Imbiss auf der anderen Straßenseite setze ich mich an einen Tisch und weiß nicht, wohin mit mir. Auf der Tischdecke kleben Ketchupreste, ebenso an der Honigflasche in Bärchenform. Doch der Koch lächelt. Nach der Falafel bleibe ich auf dem Plastikstuhl hocken. Fünf Minuten vergehen, zehn Minuten. Ich starre nach draußen und wundere mich über die vielen Soldaten in Tabriz. An nahezu jeder Ecke sehe ich Burschen im sandfarbenen Tarnfleck.

Später trotte ich Richtung Basar. Zum UNESCO-Weltkulturerbe gehört er. Ach, wen soll das im Iran noch überraschen? Dieser herrliche überdachte Markt mit all seinen Hallen und Gewölben zählt zu den größten. Nur der in Teheran packt noch eine Schippe drauf.

Draußen blühen Tulpen, und Vögel zwitschern. Auf einer Bank sitzt eine Dame und liest in einem deutschen Persien-Reiseführer.

Ihr rotes Kopftuch leuchtet in der Sonne, schlohweiße Haarsträhnen fallen ihr ins Gesicht, und ich gaffe sie an, bin gefesselt von ihrer Ruhe inmitten einer wuselnden Menschenmenge. Ihre Lippen umspielt ein Lächeln, als sie mich sieht.

»Sie sind Deutsche«, sagt sie.

»Was hat mich verraten?«

»Alles«, lacht sie, »reisen Sie allein?«

Ich nicke, und ihre Augen glänzen.

»Vor genau fünfzig Jahren bin ich schon einmal durch Persien gereist«, erzählt sie. »Allein. So wie Sie. Da war ich 25.«

»Hatten Sie Angst?«

»Nein, ich war zu grün hinter den Ohren.« Sie grinst, und ich sehe die 25-Jährige in ihr.

»Und jetzt?«, frage ich.

»Jetzt reise ich mit einer Gruppe. Ich finde es schön, mich um nichts mehr kümmern zu müssen.« Sie zwinkert mir zu. »Wenn Sie mal in meinem Alter sind, wissen Sie, was ich meine.«

»Ist der Iran anders als früher?«

Sie überlegt, dann lächelt sie. »Das Land hat sich vielleicht verändert, aber die Herzen nicht.«

Während ich durch den Basar streife und Büstenhalter aus Bangladesch betrachte, denke ich über ihre Worte nach. Verändert hat sich einiges in den letzten fünfzig Jahren. Nicht nur die politische Situation, auch die Basare wandeln sich. Denn Fortschritt und Globalisierung sind in die Gewölbe eingezogen. In den überkuppelten Gassen ist oft nicht viel übrig vom Orient. Kunstlederschuhe aus China, Kopftücher aus Indien oder koreanischer Plastikramsch verdrängen die traditionellen Handwerke. Und die modernen Einkaufszentren bringen die *Basaris* in Not.

Natürlich gibt es sie noch, die Teppichhändler, die Gewürzstände und die Kupferschmiede. Doch das Hämmern und Klopfen in den Gässchen wird jedes Jahr ein wenig leiser. Darüber kann all die Schönheit der Basare nicht hinwegtäuschen. Trotz ihrer *timches*, jener prachtvollen Handelshöfe der Großhändler, trotz ihrer Mosaike und Madresen, trotz der Teehäuser und Karawansereien.

Dem aufmerksamen Besucher wird das Sterben einer jahrhundertealten Basarkultur nicht entgehen. Und das macht die Märkte ironischerweise authentisch, denn hier wird keine Show für Touristen abgezogen. Noch nicht. Nur selten schleppen mich Teppichverkäufer in ihre Läden. Dann stehe ich zusammen mit anderen weggeholten Europäern vor einem Stapel Läufer, lächle und lobe. Lehne ich den gezeigten Teppich im Wert eines Kleinwagens dankend ab, akzeptiert der Händler dies ohne Nachfragen. Und ich gehe weiter meines Weges.

Seit Jahrhunderten führen kilometerlange verschlungene Pfade durch den Basar, ein Spinnennetz aus Gassen und Sträßchen. Es riecht nach Parfum, Staub und Plastik. Ziellos wandere ich umher, beäuge edle Schachbretter, weiche einer Schubkarre Kokosnüssen aus und entdecke irgendwann einen betagten Herrn, der vor einem Bekleidungsgeschäft auf einem Stuhl sitzt und die Menschen beobachtet. Er trägt Anzug, Weste und Hut. Wie ein Kavalier aus einem Schwarz-Weiß-Film. In seiner Hand dampft eine Tasse Tee. Er lässt sich von mir fotografieren und bittet mich in seinen Laden. Ich steige die Treppen hinab in das Kellergeschoss und werde von einem jüngeren Mann in Empfang genommen. Sein Sohn, wie sich herausstellt. Ich drehe eine Anstandsrunde, doch den Ausgang erreiche ich nicht mehr, denn der Sohnemann gießt bereits Tee in kleine Becher. »Welcome to Iran! Welcome to Tabriz«, sagt er, holt zwei Stühle und eine Packung Butterkekse aus der Abstellkammer. Seine Englischkenntnisse reichen für die nächste halbe Stunde und ein paar Gläser Chai.

»One month travel through Iran? Very good.« Er nickt anerkennend, und ich zeige ihm das Foto, welches ich von seinem Vater geschossen habe. Er betrachtet das Bild und schmunzelt.

Drei Frauen streifen durch den Laden. Der Mann entschuldigt sich und eilt zu einer Kundin, die sich vor dem Spiegel ein Sommerkleid an den Körper hält. Auf meinem Handy blinkt eine Nachricht.

Kourosh: *Hello, German girl. I'll come to Tehran to visit Omid. Hope to see you again!*

Drei Sekunden, vier Sekunden, erst dann setzt mein Herzschlag wieder ein. Kourosh besucht Omid. Und will mich sehen. Ausrufezeichen!

»Chai?« Die Kundin hat sich verabschiedet, und der Mann zeigt auf die Thermoskanne. »Bale, merci«, murmle ich und bin doch ganz woanders. Er schenkt nach, reicht mir noch einen Keks, und ich fühle ein Kribbeln im Bauch. Kourosh kommt nach Teheran!

## Der fliegende Holländer

Am Basareingang weist ein Schild in den ersten Stock, dort liegt die Touristeninformation. Die Tür steht offen, und hinter dem Schreibtisch sitzt ein Herr im Polohemd. Nasser spricht fließend Deutsch, und auf seiner Halbglatze spiegelt sich die Deckenleuchte. Er fackelt nicht lange und rät mir zu einer Tour in das Bergdorf Kandovan. Die Höhlenwohnungen seien dort wie in Kappadokien in den weichen Vulkanstein gegraben, sagt er. Er zeigt mir Fotos, preist an, spendiert mir Tee und lächelt. »Sie sehen, der Preis ist fair, aber wenn wir noch zwei oder drei Touristen finden, die mitfahren, wird es viel günstiger für Sie.«

Der Mann ist gut. Ich schaue Bildchen, Nasser lächelt, ich schaue wieder Bildchen, Nasser lächelt, und jetzt will ich unbedingt nach Kandovan.

Durch den Flur geistern drei Menschlein. Nasser wittert Geschäfte, und ich einen günstigeren Preis. Er ruft ihnen zu und bittet sie in sein Büro. Bert, Leentje und Tineke kommen aus Holland und wirken so verloren wie Rehe in der Höhle eines Löwenrudels. Nach sieben Minuten willigen die drei ein, und ich reiche Nasser die Scheine.

»Ihr Lack ist schön«, sagt er plötzlich, »meine kleine Tochter liebt Nagellack über alles. Sie hat schon viele Farbtöne. Aber genau so ein Rot hat sie immer gesucht.« Er grinst mich an, ich ahne, was folgt: »Würden Sie ihn mir schenken? Für meine Tochter?«

Ich möchte nicht und antworte: »Ja klar, sehr gern!« Nasser lächelt. Am Abend will er das Fläschchen bei mir abholen. Ich hoffe, er vergisst es.

Der Hüne Bert faltet sich auf den Beifahrersitz und zieht die Knie an. Mit seiner Brille und dem Seitenscheitel könnte er glatt als Staatsdiener im holländischen Einwohnermeldeamt arbeiten. Seine Frau Leentje und Tante Tineke quetschen sich mit mir auf die Rückbank.

»Bert, falls du zu viel Platz da vorn hast, kannst du auch zu uns auf den Rücksitz kommen«, feixt Leentje, und ihre Sommersprossen tanzen. Der Fahrer scheint zu verstehen, lacht Bert von der Seite an, sodass sein Schnauzbart wippt, und überfährt prompt eine rote Ampel.

»Wir sind ja nur eine Stunde im Auto, das schaffe ich schon«, sagt Bert, doch seine Mundwinkel sind verkrampft.

Mandelbäume, Wachholdersträucher, Sonne – vielleicht war ja Kandovan der Garten Eden, und nicht Tabriz. In einer Flussoase liegt das Felsendorf auf 2200 Meter Höhe. Schon von Weitem sehen wir den durchlöcherten Tuffstein. Tineke drückt die Kamera an die Glasscheibe, schürzt die Lippen und gleicht dabei einer Spitzmaus, die einen Regenwurm ausgebuddelt hat. Und auch Bert, Leentje und ich kleben am Fenster.

Kandovan ist einmalig im Iran. Als vor 800 Jahren die Mongolen über Persien herfielen, boten die abgelegenen Höhlenzimmer Schutz vor Brandschatzung und Vergewaltigung. Der Anblick erinnert an den Wabenstock eines Bienenvolks. Deshalb heißt das Dorf Kandovan, denn *kando* bedeutet »Honigwabe«. Die Waben sind in kegelförmige Felsen gehauen, als hätte ein Riese Hunderte Hinkelsteine nebeneinander aufgestellt.

Unser Fahrer wartet auf dem Parkplatz und gibt uns zwei Stunden Zeit. Wir kraxeln die Treppen hinauf, die Gässchen sind eng. Ein Hahn stolziert um eine Gruppe Hühner herum, Katzen liegen auf Mäuerchen, und einem Esel fallen die Augen zu. Holzbrücken verbinden die Steinhäuser miteinander, und aus den Höhlen treten bunt gekleidete Frauen, bieten uns Honig und Marmelade zum Kauf. In den Innenräumen gibt es keine Möbel, nur Teppiche bedecken die Böden. In die Felswände sind Mulden geschlagen, in denen Teller und Pfannen aufgereiht sind. Ein Stück Maschendraht dient oft als Haustür. Draußen hängen Wäscheleinen, und notdürftig verlegte Stromkabel spannen sich quer durch das Dörflein. Sogar ein Hamam und eine Höhlenmoschee wurden in den weichen Stein gebaut. Nach zwanzig Minuten verlieren wir Tineke. Irgendwo blieb sie stehen, fotografierte etwas und ward nicht mehr gesehen.

»Das ist unglaublich hier!«, sagt Bert und strahlt eine Greisin an, die auf einer Bank sitzt und in ihr Handy tippt. Zwei Kinder winken und rufen: »Hello!«

»Wo ist eigentlich Tineke abgeblieben?«, wundert sich Leentje, doch die Frage ist schnell vergessen, als ihr zwei Dörflerinnen eine Lederhandtasche zeigen.

Rund tausend Menschen leben in Kandovan. Neben Farsi sprechen sie Azeri, was ein wenig wie Türkisch klingt und auch in Aserbaidschan gesprochen wird. Täglich strömen Besucher aus allen Ecken des Iran in das Felsendorf, mittlerweile auch aus dem Ausland. Ich schätze, in ein paar Jahren parken hier Dutzende Reisebusse. Ob das gut oder schlecht ist, vermag ich nicht zu beurteilen. Nasser hat jedenfalls nicht übertrieben, Kandovan ist ein Schmuckstück.

»Welcome!« Ein Mann bedeutet uns, ihm zu folgen. Er trägt eine Militärhose und eine Staubschicht im Haar. Nach oben will er mit uns und zeigt mit seinem Finger zum Horizont. Hätten wir gewusst, dass wir an Berghängen hochklettern sollen, wären wir ihm vielleicht nicht gefolgt.

Die ersten fünf Minuten sind leicht. In die Felswände wurden Nischen gehauen. Groß genug, damit Füße und Hände Halt finden. Klein genug, um trotzdem abzurutschen. Die nächsten fünf Minuten sind schwierig. Die Wölbungen und Mulden liegen oft nicht mehr in meiner Griffweite, der Sand unter den Schuhen knirscht, und das Kopftuch hängt mir im Gesicht. Der Mann reicht mir die Hand und zieht mich rauf. Trotz seines Alters klimmt er wie eine Bergziege durch die Schluchten. Leentje entpuppt sich als holländische Gerlinde Kaltenbrunner, und Bert freut sich endlich über seine Körperlänge.

Nachdem die Kletterwand geschafft ist, schleppen wir uns steile Pfade bergauf, ich stolpere und schlittere auf dem Hintern einige Meter hinab, kralle mich an Sträucher, und Leentje reißt sich den rechten Schuh kaputt. Nach zwanzig Minuten, die sich wie drei Stunden in der Eiger-Nordwand anfühlen, gelangen wir an eine Sandpiste mit starkem Gefälle. Der Mann klatscht in die Hände, nimmt Anlauf, hechtet mit großen Schritten bis zu einem Vorsprung, zieht sich hoch und steht nach zehn Sekunden am Rand eines Felsens. Leentje ist die Nächste. Sie stellt behutsam einen Fuß vor den anderen, überlegt sich jeden Schritt. Und sie schafft es mit Achtsamkeit bis zu dem Vorsprung, greift nach der Hand des Mannes und ist damit jetzt ganz offiziell Leentje Kaltenbrunner und die einzige holländische Bergsteigerin, die ich kenne.

Ich bin glückloser. Die Sohlen meiner Schuhe sind zu glatt für den Sand, ich rutsche aus, schürfe mir die Handflächen blutig und entscheide mich für ein uncooles Nach-oben-Robben. Das sieht selten dämlich aus und fühlt sich auch so an.

Jetzt Bert. Sein Gesichtsausdruck liegt irgendwo zwischen Skepsis und Panik. Er denkt nach und sagt schließlich: »Nee, das traue ich mir nicht zu.« Umso mutiger, da seine Frau ja bereits an der Felskante steht und auf ihn wartet. Er zaudert, kämpft mit sich. Dann atmet er ein und nimmt Anlauf. Die ersten Meter meistert er zügig, als würde er über brennende Kohlen laufen, fast so gut wie der Mann in der Militärhose, doch der Sand unter den Schuhen wird auch ihm zum Verhängnis. Er rutscht weg, seine Brille segelt vom Kopf, und er legt sich auf die Nase. Ein fliegender Holländer. Er erwischt noch ein Grasbüschel und kann es umklammern.

»Bert, es ist nicht mehr weit, du packst das!«, ruft Leentje Kaltenbrunner, und Bert bündelt die letzten Kräfte im Leib, zieht sich hoch und krabbelt über die Kante. Er strahlt und schnauft, und auf seiner Stirn glänzen Schweißperlen. Sein Stunt wird ganz sicher in die holländische Bergsteigergeschichte eingehen.

Der Aufstieg hat sich gelohnt, denn vor unseren Augen erstreckt sich die Weite. Durch ein grünes Tal schlängelt sich ein Fluss, und Baumwipfel schaukeln im Wind, wie auf einem Gemälde von Caspar David Friedrich. Nur die vulkanischen Hinkelsteine, die einem riesigen Nagelkissen gleichen, wird es in Preußen nicht gegeben haben.

Der Abstieg ist nicht weniger knifflig als der Aufstieg, doch wir bleiben heil und schenken dem Mann unseren aufrichtigen Dank und ein paar Rial. Noch Tage danach werden mir die Knochen schmerzen.

Zurück im Dorf, treffen wir auf Tineke. »Wie seht ihr denn aus?«, fragt sie und schürzt die Lippen. Sie betrachtet den Staub in Berts Haaren, meine blutigen Hände und Leentjes Loch im Schuh. »Zum Glück war ich nicht dabei.« Sie lacht und weiß doch gar nicht, was ihr entgangen ist.

## Sechsundzwanzig Tage Iran

Mehrmals kam es zur Sprache, aber die Sache ist zu existenziell, um sie nicht noch tausendundeinmal zu wiederholen. Werter Leser, verstehen Sie das als besorgte Vorwarnung meinerseits: Sollten Sie die Absicht haben, den Iran eines Tages zu bereisen, und sollten Sie dort (ich wünsche es Ihnen nicht) zu Tode kommen, dann nicht, weil Sie entführt, erhängt oder gehäutet worden sind. Nein, mit ziemlicher Gewissheit hat Sie ein weißer Saipa mit dem Namen Pride überfahren.

Achtzig Prozent aller Autos sind weiß oder waren es einmal, und sechzig Prozent der Kisten sind Saipas, vorwiegend das Modell Pride. Also »Stolz«. Die heroische Bezeichnung darf nicht darüber hinwegtäuschen, dass der Pride potthässlich ist, stinkt und die Sicherheitsstandards nicht erfüllt. Wer im Iran die Straße überqueren muss und überlebt, darf *pride* empfinden. Es ist die Hölle.

Nach mehr als drei Wochen stehe ich immer noch wie ein verlassenes Schulkind am Bordstein und traue mich nicht loszugehen. Ein Schritt vor, ein Sprung zurück. Ich bin zu zaghaft, nicht abgebrüht genug, mir schlägt das Herz bis in die Stirn, und ich bin überzeugt, der Autofahrer riecht meinen Angstschweiß und gibt extra Gas. Somit verstreichen etliche Minuten, bis endlich auch ein Einheimischer den Höllenschlund durchlaufen muss und ich mich in seinen Windschatten hänge. Dabei sieht der Iraner im infernalen Straßenverkehr beeindruckend gut aus. Er tänzelt, er schwebt. Elegant hält er mit einer Hand die Autos fern, wie ein Zauberer, der einen Bann spricht. Ich hingegen hopse wie ein angeschossenes Kaninchen dem Magier hinterher. Hauptsache, überleben.

Der Straßenverkehr ist allerdings das Einzige, worüber sich der Reisende ernsthaft sorgen sollte. Sicherlich wird er öfter verloren gehen, denn die Städte sind unübersichtlich. Und obwohl sich eine Kommunikation auf Englisch zumeist hoffnungslos gestaltet, hält es die Iraner trotzdem nicht davon ab zu helfen. Man kommt immer irgendwie an.

Was die Reise aber für mich knifflig macht, ist die Ahnungslosigkeit. Ich weiß nicht, ob ich die Hand geben soll oder nicht, ob ich mein Kopftuch ablegen darf oder nicht. Sehe ich in einem Viertel keine Frauen, sondern nur Männer, so befürchte ich, verbotenes Terrain betreten zu haben, und werde nervös. Als Mensch zweiter Klasse fühle ich mich zum Glück nur selten, auch wenn die iranische Gesetzgebung das vorsieht. Die Herren behandeln mich respektvoll und tragen stets meine Tasche. Ganz selbstverständlich. Natürlich gibt es die Denkzwerge, die mich als Freiwild betrachten, aber das ist eher ein globaler Missstand. Die sind überall vertreten. Und natürlich ist da die verdammte Geschlechter-Apartheid, die ideologische Hackordnung. Mit der ringe ich. Und das funktioniert für mich nur – so klischeehaft es am Ende sein mag – über das Kopftuch. Es ist eben nicht nur ein Stück Stoff, wie wir es in westlichen Debatten als vermeintlich liberales Argument oft zu hören bekommen. Nein, es ist auch Politik. Es ist die Verkörperung eines Patriarchats. Oder vielmehr die *Ent*körperung. Jede Frau soll es anlegen dürfen, wenn sie denn will.

Aber ich will es nicht. Und umso länger ich durch das Land reise, umso nachlässiger trage ich es. Der Schleier bedeckt einzig den Haarknoten im Nacken. Wenn ich in den Fernbussen auf einem Einzelplatz sitze, lasse ich das Tuch immer öfter auf die Schultern fallen und bin blank. Wie das Mädchen am Persischen Golf. Als hätte ich nichts bemerkt. Fahren wir durch ein Dorf oder werden wir von Polizisten kontrolliert, rücke ich den Schal zurecht, bis er nach einiger Zeit erneut hinuntergleitet. Rein zufällig. Und niemand im Bus sagt etwas.

Ursprünglich wollte ich gar nicht viel über das Kopftuch schreiben. Es erschien mir populistisch, und ich befürchtete, ins Fahrwasser einer schäumenden Diskussion zu geraten, die gar nicht meine ist. Denn ich bin keine Muslima. Doch ich darf mich nicht so einfach davonstehlen. Schließlich bin ich eine Frau. Und als Frau kann ich das Schicksal meiner Geschlechtsgenossinnen nicht ignorieren.

Millionen Frauen werden unterdrückt. Im Iran, in Saudi-Arabien, im Jemen, im Sudan, in Pakistan, im Tschad, an der Elfenbeinküste, in Syrien, in Jordanien, in Afghanistan, in Indonesien, in Mali, in Ägypten, im Irak, in Dörfern und Städten. Nicht immer ist die Religion schuld, da sind ja auch die Traditionen. So kennt der Koran beispielsweise keine Genitalverstümmelung, wie sie in einigen Ländern immer noch vorgenommen wird. Diese bestialische Tradition ist sogar vorislamisch. Doch ändert das etwas? Und was kann ich tun? Außer diese paar Zeilen zu schreiben?

Ich habe mich nie als Feministin bezeichnet. Das Wort klang für mich nach unrasierten Beinen. In Deutschland musste ich ja nicht für meine Rechte kämpfen. Musste nicht mein Wahlrecht erstreiten. Musste kein Plakat in die Luft halten, um die Abschaffung des Paragrafen 218 zu fordern. Jetzt, hier im Iran, mit dem Patriarchat am Leib, verstehe ich auf einmal, was Feminismus wirklich bedeutet. Feminismus bedeutet nicht, sich in Sack und Asche zu hüllen und die High Heels gegen Boots zu tauschen. Feminismus bedeutet auch nicht, sich ein 500 Euro teures T-Shirt von Dior anzuziehen mit dem Schriftzug »We should all be feminists«. Feminismus ist der Kampf für Gleichwertigkeit, für Selbstbestimmung. Und all die Frauen, die hier auf die Straße gehen, ihr Kopftuch abnehmen und sich verhaften lassen, sind Heldinnen.

Klickt man sich durch soziale Netzwerke oder spricht mit den jungen Iranern in den großen Städten, könnte man meinen, eine ganze Nation verliere allmählich ihr Kopftuch. Als würde sich ein gesellschaftlicher Wandel vollziehen. Weg von der Unmündigkeit, hin zur Freiheit. Frauen entschleiern sich öffentlich, Männer solidarisieren sich mit ihnen. Die Mullahs werden gehasst, die Vorschriften missachtet. Doch an dieser Stelle muss ich vage bleiben, denn mein Eindruck mag täuschen. Als Reisender trifft man nur eine kleine Auswahl an Menschen. Nämlich die, die auf einen zukommen. Von den anderen weiß man nichts. Und trotzdem. Durch eine Diktatur zu reisen macht etwas mit dem Reisenden. Egal, ob Frau oder Mann. Sie oder er muss sich zwangsläufig zentrale Fragen stellen. Was ist Freiheit? Wo endet sie, sobald die Vorhänge aufgezogen sind? Sobald das Kopftuch die Haare bedeckt? Dann die Verdächtigungen. Die Paranoia. Sieht man mir an, dass ich eine Flasche Wein im Rucksack verstecke? Dass ich Verbote gebrochen habe? Weiß die Geheimpolizei von mir und meiner Schreiberei? Tatsächlich sind das größenwahnsinnige Gedanken, denn so wichtig bin ich nicht.

Lüg sie an, sagen die Iraner und meinen mit »sie« die Regierung. Es ist ganz gleich, was du machst, sie wissen eh alles über dich, sagen die Iraner ein paar Sätze später. Eine seltsame Mischung aus Widerstand und Fatalismus. Und wo beginnt jetzt eigentlich meine Freiheit?

Ich bin in Europa aufgewachsen und zu jung, um staatliche Willkür erlebt zu haben. Mein Großvater erzählte mir von seiner Unfreiheit in der DDR und von den Kontrollen durch die Stasi. Deshalb machte er sich aus dem Staub. Und ich? Ich bin in eine Komfortzone hineingeboren, fern ab von Krieg und Diktatur. Ich sagte es bereits, Freiheit ist selbstverständlich für mich. Sie ist für die meisten Westler ein Konsumgut geworden. Wir begreifen die Freiheit nicht mehr als kostbare Blüte, die man hegen und pflegen muss, damit sie nicht verendet.

Die Annahme, wir seien gefeit vor Totalitarismus, ist gefährlich. Um Freiheit muss gestritten werden. Immerfort. Sonst verlässt sie uns eines Tages wieder. Wendet sich ab wie eine enttäuschte Geliebte. Auch Demokratien können sich verändern. Ein Blick in die Türkei soll genügen.

## Khomeini weint

Tabriz. Ein verwelkter Mann sitzt auf einem Stück Karton. Vor ihm eine Spitzendecke, darauf Batterien und Haarbürsten. Um ihn herum knattern Motorräder, an der Straßenecke verkauft ein Junge bunt bemalte Küken. Aus den Imbissbuden züngelt der Geruch von gegrilltem Lammfleisch, an den Saftständen werden Melonen gepresst. Autos hupen, Menschen wimmeln. Abgase liegen in der Luft, und Rosengärten. Ein paar Frauen tragen Plastiktüten, gefüllt mit Fladenbrot, Mädchen telefonieren und kichern. In den Käfigen vor den Shops zwitschern Wellensittiche. Staub, Asphalt, Blumen am Straßenrand. Und über uns allen glüht die Sonne.

Ich kaufe einen Melonensaft und schlendere zurück zum Hotel. Unterwegs bleibe ich vor einem Plakat stehen. Düster blickt Khomeini auf mich herab. Allwissend. Als hätte er jeden meiner Schritte bespitzelt. Ich betrachte das Antlitz des alten Mannes. Zum ersten Mal schaue ich ihn an. Zum ersten Mal richtig. Mit dem weißen Bart, dem Turban und den schwarzen Brauen erscheint er wie ein Prophet aus längst vergangenen Zeiten. Eine biblische Gestalt. Ich folge seinen Linien von den Brauen bis zum Mund, sehe in seine Augen. Augen, in denen ein Licht brennt. Er war ein bescheidener Mensch, so sagt man. Ernst, zurückhaltend, willensstark. Nach dem pompösen Schah und seiner Frau wirkte er beruhigend, predigte einfach, doch eindringlich. Väterlich. Es heißt, dass er alle Bilder von sich verbannen ließ, auf denen er lächelte. Doch wer hätte geahnt, dass Ruhollah Khomeini Gedichte schrieb? Verse, die an Hafis' ausschweifende Poesie erinnern und sogar Peter Scholl-Latour seinerzeit ratlos zurückließen. Im Internet ist das Büchlein erhältlich. *Wein der Liebe* lautet der Titel, und darin schlägt der Ayatollah ungewohnte Töne an:

*Öffne das Tor des Wirtshauses Tag und Nacht für mich,*
*denn der Moschee und des Seminars überdrüssig bin ich.*

Manche Gedichte sind zart, ein wenig kitschig zuweilen, und sie brechen meine Vorstellung des unerbittlichen Imams:

*Von deinen Locken bin ich gefesselt.*
*Du bist die Zypresse vom Garten der Vorzüglichkeit,*
*eine Blume aus dem Blumenbeet der Schönheit.*
*[...] Alle, die den Wein gekannt haben,*
*alle verloren ihre Besinnung.*
*Aber ich kam zur Besinnung durch den Kelch*
*aus Deiner belebenden Hand. [...]*
*Deine Koketterie und juwelengefüllten roten Lippen*
*haben dazu geführt, dass ich dich verehre.*

Ob Khomeini tatsächlich von einer Angebeteten schrieb oder vom Jenseits, werden wir wohl nie erfahren. Und doch werfen diese Zeilen einen Weichzeichner auf seine strengen Gesichtszüge.

Erst mit 76 Jahren betrat er die Weltbühne. Wie ein Heiliger, wie ein Guru – als wäre Moses ein zweites Mal mit den Zehn Geboten vom Berg herabgestiegen. Vielleicht beruht ein Teil seines Mythos schlicht darauf, dass er nur ein Jahrzehnt an der Macht war, bevor er starb. Genug Zeit, um einen Kult zu errichten, zu wenig Zeit, um sich selbst zu überdauern.

Heute hört man von Exiliranern Reue. Die Revolution sei notwendig gewesen, bloß das hätten sie nicht gewollt. Erreichte die

Islamische Republik doch einen Brutalitätsgrad, der das Schah-Regime in den Schatten stellt. Ihre Meinung über Khomeini ist gespalten. Im Land ist er (noch) eine Ikone. Nicht überall und nicht in jedem Herzen, doch seine Aura bleibt unbestritten.

Was hat dieser Mann nur an sich? Was ist es, das fasziniert? Auch ich bin gefesselt, obwohl ich es nicht zugeben möchte. Ja, er hat diese Strahlkraft. Es ist, wie es ist. Gäbe es einen Hollywoodfilm über den Ayatollah, so müsste Sean Connery ihn spielen. Und vielleicht hat der Westen ja damals die Chance verpasst, mit der Islamischen Republik ins Gespräch zu kommen. Vielleicht hätte sich dann manches anders entwickelt. Vielleicht wäre die Gewalt nicht ausgeartet. Wer soll das wissen?

Ich löse mich von seinem Blick und kehre zurück ins Hotel. Morgen Teheran.

Auf dem Weg hängt Khomeinis Gesicht in meinen Gedanken. Seinetwegen muss ich hier Hejab tragen, aber ich kann den Iran verlassen. Und wieder nach Hause fliegen. In ein demokratisches, freies Land.

Nein, Khomeini und ich werden in diesem Leben nicht mehr warm miteinander. Für mich bleibt er ein Menschenfänger, der Hass im Herzen trug. Ein charismatischer Menschenfänger, das ja. Und für ein paar Momente habe ich die Verzauberung verstanden. Nur ein paar Momente lang.

Vor dem Hotel wartet Nasser. Ich hole den Nagellack aus meinem Zimmer und überreiche das Fläschchen. Mit Wehmut. Nasser bedankt sich und steigt auf sein Fahrrad. »Meine Tochter wird sich freuen!«, jubelt er und schwebt davon. Roter Nagellack für ein iranisches Mädchen. Ich muss schmunzeln und stelle mir vor, wie Khomeini jetzt von einer Wolke auf mich herabblickt – und leise weint.

# Blaues Wunder

Es gibt viele Blaue Moscheen auf der Welt.

Die Sultan-Ahmed-Moschee in der Türkei, die König-Abdullah-Moschee in Jordanien oder die Abdul-Aziz-Shah-Moschee in Malaysia. Sie alle werden aufgrund der Farbgebung ihrer Kacheln und Ornamente »Blaue Moschee« genannt. So auch die Kabud-Moschee in Tabriz.

Im 15. Jahrhundert errichtet, im 18. Jahrhundert durch ein Erdbeben zerstört. Die Schäden konnten trotz umfangreicher Restaurierungen nicht gänzlich ausgebessert werden. Ihren Namen errang die Moschee wegen ihres königsblauen Fliesenschmucks. Davon ist nicht viel übrig geblieben. Der Besucher sieht abgeplatzte Kacheln, die Mosaike sind zersprungen. Doch verweilt man ein paar Augenblicke vor dem Eingangsiwan, jenem typischen orientalischen Tonnengewölbe, durch das man hineinschreitet, so offenbart sich ein Meisterwerk. Kobalt, Lapislazuli und Blattgold bedecken noch einige der Mosaiksteine. Manche Fliesen schimmern im allerherrlichsten Türkis und Königsblau, dass selbst der Himmel vor Neid erblassen müsste.

Der Innenraum ist dämmrig. Keine Touristen, nur ein Hausmeister zieht einsame Runden. Ich setze mich auf den Gebetsteppich und denke zurück an eine Reise, die mich schon einmal zu einer Blauen Moschee geführt hatte. Nach Afghanistan. Zwei Jahre ist der Besuch her. Und wenn ich jetzt hier die azurblauen Mosaike betrachte, so erinnere ich mich an Mazar-e Sharif.

Ich weiß noch, wie mich die widersprüchlichsten Gefühle durchfluteten, als wir in einem Taxi saßen und sandige Straßen entlangfuhren, am Horizont der Hindukusch. Ich fühlte mich hellwach und betrunken zugleich. In meinem Kopf schwirrten Ängste, Staunen und Dankbarkeit umher. Ich starrte auf ein Medaillon, das an einer Kette vom Rückspiegel herabbaumelte. »Allah« war darauf in arabischen Schriftzeichen eingestanzt. Wie das Pendel eines Hypnotiseurs sog es meinen Blick ein, und René filmte alles, was ihm vor die Linse kam. Wir begleiteten eine Schauspieltruppe, die zur Unterhaltung der deutschen Soldaten ins »Camp Marmal« eingeladen war. Eine Dokumentation wollten wir drehen. René und ich. Und während die Schauspieler im Lager für ihren Auftritt probten, entschieden wir uns, die Kamera einzupacken und den Stützpunkt zu verlassen. Rein in die Stadt. Nach Mazar-e Sharif. Nur im Taxi und ohne Begleitschutz.

Ich weiß noch, wie uns die Bundeswehrsoldaten in Usbekistan ein paar Tage zuvor gewarnt hatten: »Verlasst niemals das Camp! Lebensgefahr!« Wir stiegen trotzdem in dieses Taxi.

Draußen eine fremde Welt. Abgerissene Häuser, Neubauten. Dazwischen Buden, an denen Essen und Autoreifen verkauft wurden. Ein deutsches Konsulat, das sich hinter Mauern versteckte. Männer mit langen Bärten und pludrigen Hosen, Jungs in Jeans und T-Shirt, Frauen in blauen und weißen Burkas. Ein Bild brannte sich in mein Gedächtnis: Ich sah einen alten Mann auf einem Fahrrad durch den verworrenen Verkehr radeln. Er hatte nur ein Bein. Vielleicht wurde das andere von einer Landmine zerfetzt oder ging im Krieg verloren. Die Pluderhose war am Stumpf zusammengenäht und schlackerte im Fahrtwind. Um das Pedal zu treten, hielt er einen Holzstock in der Hand. Dieser einbeinige Greis auf dem Drahtesel. Mitten im Durcheinander.

Auf dem großen Platz, der die Blaue Moschee umgab, gurrten Hunderte Friedenstauben. Männer und Frauen warfen Brotkrumen, ein Junge mit Witwengesicht rannte uns hinterher. Kindlich und gealtert zugleich. Zwei Tage später sollte genau hier eine Bombe explodieren.

Im Innenhof der Moschee blendeten weiße Marmorplatten die Augen, Frauen lehnten ihre Stirn an die Kachelwände und beteten. Angeblich liegt in jener afghanischen Blauen Moschee (wie auch im irakischen Nadschaf) der Schwiegersohn des Propheten Mohammed begraben. Also Ali ibn Abi Talib, der erste Imam der Schiiten. Davon leitet sich der Name der Stadt ab. Mazar-e Sharif ist persisch und bedeutet »Grab des Heiligen«. Historiker vermuten hier allerdings die Begräbnisstätte des Zarathustra. Und da schließt sich der Kreis. Damals wusste ich noch nicht, dass ich einst den

Iran bereisen würde. Heute denke ich, dass auf dem Vorplatz dieser Moschee meine Faszination für den Mittleren Osten ihren Anfang nahm. Wir umrundeten das blaue Wunder, standen davor wie scheue Kinder. Ich fühlte mich deplatziert und aus der Zeit gefallen, zugleich aufgewühlt und kribbelig. René war unsicher, ob er drehen sollte. Hinein trauten wir uns nicht. Jetzt bin ich traurig darüber. Hätten wir doch den Mut besessen.

Die Blaue Moschee in Tabriz ist so ganz anders als das Ali-Mausoleum in Afghanistan, auch wenn beide aus dem 15. Jahrhundert stammen. Wie zwei ungleiche Schwestern wirken sie. Wie Persepolis und Susa. Wie Wunder und Wunde. Die eine funkelt und strahlt, die andere blättert und schlägt Risse. Und dennoch ist die Kabud-Moschee die schönste, die ich im Iran sehe. Das ist sonderlich. Denn der Schrein in Qom mit der goldenen Kuppel und die Moscheen in Esfahan lassen nichts als Staunen zu.

Vielleicht ist es das Kaputte, das mich fesselt. Die Brüche, die Sprünge im Schönen. Diese Schönheit schmiegt sich nicht an, ist nicht blank, nicht glatt geschliffen wie die Oberfläche eines Smartphones. Diese Schönheit ist erschüttert. Sie ist versehrt. Kein Hochglanz. Dafür Erhabenheit. Und Würde. Diese Moschee ist wie der Iran.

## Shades of Grey

Am Anfang war der Widerspruch. Vor fast vierzig Jahren wurde ein Kind geboren, das einen Geburtsfehler in sich trägt. Denn eine Islamische Republik Iran kann keine echte »Republik« sein. In einer Republik ist das Volk der Inhaber der souveränen Macht. Oder zumindest legitimiert es den Regierungschef. Eine Präsidentschaftswahl im Iran bleibt demnach pseudorepublikanisch, da der Präsident nicht Regierungschef im herkömmlichen Sinne ist. Zudem werden die Präsidentschaftskandidaten vom islamischen Wächterrat bestimmt.

Ist die Islamische Republik nun ein totalitäres Herrschaftssystem? Nach dem Politikwissenschaftler Carl J. Friedrich muss der Totalitarismus einige Wesensmerkmale erfüllen. Als da wären: Die gesamte Staatsmacht liegt in den Händen eines Führers oder einer Partei. Die Gesellschaft und die Medien werden gleichgeschaltet, und dem Volk wird eine Ideologie aufgezwungen, die in alle Lebensbereiche eindringt und mit Gewalt und Massenpropaganda durchgesetzt wird. Es herrscht Willkür durch eine Geheimpolizei, und die Wirtschaft wird zentral gelenkt.

Faschismus, Nationalsozialismus und Stalinismus waren die Auswüchse von Totalitarismus in der ersten Hälfte des 20. Jahrhunderts. Vergleicht man diese Systeme mit der Islamischen Republik der Khomeini-Ära, so zeigen sich deutliche Parallelen.

Doch mittlerweile sind da moderate Strömungen, Reformer und zaghafte Versuche der Öffnung. Und dennoch wird die zivile Freiheit von staatlicher Seite bekämpft oder zumindest kontrolliert, und das Regime bedient sich dabei totalitärer Methoden. Könnte man also von einem islamischen Neo-Totalitarismus sprechen? Gibt es das überhaupt?

Bisher konnte ich mich nicht auf einen Begriff festlegen. Termini wie »autoritär« oder »totalitär« wechselten sich ab. Meine Ungenauigkeit stört mich, aber die politische Einordnung des Iran fällt mir schwer. Tatsache ist, dass unter Khomeini und Khamenei Verbrechen gegen die Menschlichkeit begangen wurden und immer noch begangen werden. Pasdaran und Basidsch üben nach wie vor Gewalt aus. An Kindern, Frauen und Männern.

Was ist der Iran? Eine Theokratie der Islamisten? Ein Einmannstaat wie das Nordkorea der Kims? Beides ist richtig und falsch. Falsch, weil es eben doch demokratische Wahlen und ein Parlament gibt. Und die Mullahs haben längst nicht alles unter Kontrolle, schaut man sich die Scheidungsraten in der Bevölkerung an oder die leeren Moscheen. Der Begriff »Gottesstaat« stimmt trotz alledem, denn die iranische Gesetzgebung beruht ja auf Gott. Und die Staatsführung obliegt dem schiitischen Klerus, angeführt von Ayatollah Khamenei. Ist also nur die Regierung islamistisch und das

Volk nicht? Ist der Iran eine Mullahkratie, obwohl die Mullahs von den Großstädtern verpönt werden und so viele Geistliche im Gefängnis sitzen wie nie zuvor? Und obwohl ein Großteil des Regierungsapparates nicht klerikal ist? Gibt es mehr Gegner als Anhänger? Oder mehr Anhänger als Gegner? Was denken die Einwohner über ihr Leben in diesem repressiven System?

De facto lässt sich der Iran nicht in Kategorien einordnen. Nur von Despotie auf der einen Seite und Bevölkerung auf der anderen Seite zu sprechen ist zu kurz gegriffen. Denn auch hier verwischen die Grenzen. Natürlich treffe ich Frauen und Männer, die unter den Vorschriften leiden und frei sein wollen. Wie die beiden Studentinnen in Esfahan, die von Frankreich träumen. Aber was ist mit den unzähligen Atheisten, die den Gottesstaat trotzdem billigen? Als Garant für die staatliche Unabhängigkeit und als Schutz vor ausländischen Invasoren?

Tausende Iraner brechen täglich die religiösen Gebote, doch respektieren die Ayatollahs, die diese Regeln aufstellen. Und warum sind wieder andere streng gläubig und verabscheuen trotz alledem die Mullahs? Manche Schiiten sehen in der politischen Einmischung des Islam sogar eine Sünde. Was ist mit den vielen Menschen, die einen Hardliner wie Ahmadinedschad immer noch schätzen und dennoch liberal eingestellt sind? Wie kann das sein? Wie fügt sich das alles zusammen? Freiheitsdrang und Koran? Nasenkorrektur und Tschador? Turbanträger und Twitter? Glaube und Unglaube? Westen und Osten? Weshalb passt der Iran nicht in meine verdammte Schublade? Wieso sprengt er mein Gitternetz?

Weil es nicht nur Schwarz oder Weiß gibt. Das ahnt jeder Vollidiot, und gleichwohl denken wir ständig in schwarz-weißen Rastern, bemühen wir ständig binäre Vereinfachungen. Dabei hat die Wahrheit Graustufen. Und iranische Wahrheiten schimmern in Myriaden von Nuancierungen.

Wenn Reisende und Reporter von Sadomasopartys, Alkohol, Drogen, Bikinimädchen und der unterschwelligen Bedrohung im hippen Persien berichten, dann stimmt das. Keine Frage. Doch der Hedonismus ist nur eine Schattierung und keine Charakterisierung. Und Hedonismus bedeutet nicht zwangsläufig politischen Protest.

Die Kluft zwischen Bevölkerung und Regierung ist dennoch unübersehbar. Umso mehr die Spaltung zwischen den Generationen. All das reißt Brüche, die nicht zu kitten sind. Der Iran ist ein Mosaik mit Sprüngen.

Da gibt es das private Leben, das öffentliche und die Subkulturen. Da wehren sich manche Iraner ganz bewusst und setzen sich Gefahren aus. Etliche greifen zu Drogen oder saufen sich ins Koma, weil ihnen das System keine Alternativen bietet. Studierte Frauen und Männer finden keine Arbeit und sitzen zu Hause vor dem Computer. Wer kann, versucht, ein Visum für Europa oder Amerika zu ergattern. Viele können nicht. Und viele arrangieren sich.

Dass Menschen in extremen Systemen extremer handeln, ist keine neue Erkenntnis. Aber es trifft eben nicht auf alle zu, denn da sind ja auch die Zufriedenen. Wie Fatemeh und ihre Cousinen, die traditionellen Werten anhängen. Oder Kourosh und seine Familie, die westlich leben, aber sich in dem Regime zurechtfinden und den Iran lieben. Manche sind arm, manche reich. Manche wollen raus, manche nicht. Und etliche Iraner möchten nur ein bisschen raus. Wünschen sich frischen Wind. Während sich andere einen Hurrikan herbeisehnen. Ob mit Allah oder ohne.

Was ist der Iran? Der Iran ist weder noch. Der Iran ist ambivalent. »Schillernd« ist das schönere Wort, und in den Sprüngen bricht sich das Licht der Widersprüche.

Ich bin erstaunt, dass ich darüber staune. Ich muss mich endlich meinen lästigen Klischees stellen. Ständig warte ich auf die Bekräftigung meiner vorgefassten Meinung. Ja, ich sehe das Schwarze und das Weiße, bloß mit den tausendundeinen Grausstufen dazwischen habe ich nicht gerechnet. Ich wollte glauben, dass es die da oben und die da unten gibt. Die progressiven Widerständler, die stürmend und drängend eine liberale Demokratie erstreben, und die archaischen Despoten, die mit Gott und Peitsche antworten. Ich wollte den Iran in mundgerechte Stücke schneiden. Um ihn zu verdauen, um ihn zu erfassen. Doch so simpel ist es nicht. Das Leben ist kein C-Dur-Dreiklang. Und es ist leichter, einen Atomkern zu spalten als ein Vorurteil. Das wusste schon Albert Einstein.

Wir Westler wünschen uns insgeheim ein Morgenland, das genauso wie das Abendland sein möchte, dann fühlen wir uns geschmeichelt und bestätigt in unseren okzidentalen Werten. Und deshalb freuen wir uns über eine aufbegehrende iranische Jugend. Crystal Meth und Elektropartys werden als Beginn einer Reformation gedeutet, modische Experimentierfreude und Instagram als Zeichen eines aufkeimenden Individualismus.

Das mag vereinzelt stimmen, aber die Regierung ist nicht dumm. Sie bietet ihren Staatsbürgern durchaus Spielraum für Kompensation, ist bisweilen so geschmeidig wie die Unterdrückten. So lässt sich vieles aushalten. »Die milderen Despotien sind die dauerhafteren«, schrieb Peter Sloterdijk.

Im Osten nichts Neues. Die verrutschten Kopftücher und engen Manteaus sind längst abgegriffene Schablonen, und dennoch sorgen sie (noch immer) für Aufregung im Westen und für Hoffnung auf den Wandel. Seit Jahren. Auch bei mir. Ich ertappe mich dabei, wie ich europäischer denke, als ich dachte. Wie ich darin ein Zeichen der Rebellion hineininterpretiere.

Ist das so? Rebellion? Wenn ich in Deutschland bei Rot über die Straße laufe, protestiere ich damit automatisch gegen das deutsche Verkehrssystem? Ist es nicht wahrscheinlicher, dass ich mich durch seinen Regeldschungel hindurchmogle? Oder steckt doch politisches Kalkül dahinter, und meine Missachtung der roten Ampel ist Ausdruck eines Aufbegehrens? Womöglich demonstriere ich bewusst gegen die Einschränkung meiner Bewegungsfreiheit. Weil ich mich als Fußgänger benachteiligt fühle und deshalb eine Reformation des Verkehrswesens fordere. Was will ich damit sagen? Selbstbestimmung kann Rebellion sein, muss es aber nicht. Natürlich lässt sich ein repressiver Staat nicht mit dem deutschen Verkehrssystem vergleichen. Aber darum geht es nicht. Es geht um die Frage, wie wir nonkonforme Handlungen deuten können.

Ja, in zahllosen iranischen Herzen pocht die Sehnsucht nach Freiheit, bloß nach welcher? Wie soll sie aussehen? Ist es das Kopftuch, das weg muss? Oder sollen zudem das Versammlungsrecht, die Pressefreiheit, Meinungsfreiheit, das Recht auf uneingeschränkte Bildung oder die Freiheit der Kunst eingefordert werden? Freiheit kann Angst machen. Freiheit ist erschütternd. Wie soll sie also aussehen? Und wohin führt die Sehnsucht? In einen Persischen Frühling? In Bürgerkrieg? In weitere vierzig Jahre Theokratie? Niemand kann das wissen, und schon gar nicht wir Westler. Dabei ist die Vorstellung, dass sich der Iran nur unter unserem Einfluss wandeln würde, an Arroganz nicht zu überbieten. Viele Iraner wünschen sich den Umbruch, weil sie unbehelligt leben möchten. So wie alle Menschen auf diesem Erdball. Das hat nichts mit Westen oder Osten zu tun. Denn Fakt ist auch, dass etliche Iraner unglücklich sind. Laut einer aktuellen Studie der Weltgesundheitsorganisation ist unter 100 000 Einwohnern jede fünfte bis zehnte Person suizidgefährdet. Gründe sind die finanzielle Not, berufliche Perspektivlosigkeit und die Repressalien des Regimes. Aber auch familiäre Zwänge sind verantwortlich für den Seelenschmerz, und da muss ich wieder an Nasrin und Mahtab aus Esfahan denken.

Bleibt zum Schluss die Frage, ob unsere infantile Verwunderung über moderne Muslime mit verrutschten Kopftüchern nun dienlich ist oder peinlich? Schwierig, doch ich vermute, sie schafft zumindest eine Möglichkeit zum Dialog. Auch wenn dieser erst mal holprig daherkommt. Trotzdem bereisen jetzt immer mehr Ausländer den Iran, machen sich auf ins »Reich der Finsternis«, verlieren ihre Angst vor dem »Bösen«. Das kann nicht schlecht sein.

Vielleicht brauchen wir unsere Verwunderung so lange, bis wir verstehen, dass uns nur die Grenzen in unseren Köpfen trennen. Dass sich jeder Mensch Freiheit wünscht, wie auch immer die aussehen mag. Dass niemand ein kummervolles Herz mit sich herumtragen möchte und dass sich zwischen Hell und Dunkel Graustufen ziehen. Doch die Wahrheit ist: Ich weiß es nicht.

# TEHERAN

## Endstation

»Gnä' Frau, ich bin in Teheran! Wo sind Sie?« Herr Jafaris Stimme scheppert im Telefon. »Ich muss im Basar Dinge erledigen«, die Leitung rauscht, »morgen Abend fahre ich zurück nach Esfahan«, sagt er noch, bevor die Verbindung abreißt.

Ich sitze im Bus – meine letzte Busfahrt in diesem Land und die schönste. Denn nun sehe ich im Tageslicht, was neulich als Zerrbild der Dunkelheit daherkam. Die Berge leuchten in Herbstfarben. Als trügen sie ein gestreiftes Hemd aus Rot, Gelb und Gold.

Teheran. Anfang und Ende. Ich mag die Stadt. Wahrscheinlich, weil ich sie durch Yaras Augen sehe. Eine Theorie besagt, dass der Name Teheran altpersisch sei und »warmer Ort« bedeute. Nein, die grimmgrauen Betonbauten sind keineswegs warm. Aber diese Megalopolis übt einen Sog auf mich aus, wie ich es bisher nur in Moskau erlebt habe.

Die Suche nach dem Appartement gestaltet sich wie zu Beginn der Reise schwierig. Der Taxifahrer hupt ein Auto an und winkt dem Mann am Lenkrad zu. Der kurbelt die Scheibe hinunter und scheint den Straßennamen zu kennen. Er ruft etwas, deutet in eine Richtung. Die sich als falsch herausstellt. Ich schaue aus dem Fenster auf die vorbeirauschende Stadt. Die Sonne rutscht hinter die Hochhäuser, färbt sie rosa, und ich denke an morgen. Nicht nur Herr Jafari ist in Teheran. Auch Kourosh ist hier. Bei Omid. Und er will mich am Mittag besuchen.

Im letzten Abendlicht erreichen wir meine Unterkunft. Der Kühlschrank ist voll. Ich setze mich in die Ledersessel und lese noch ein wenig Zeitung. Die *Tehran Times*, ein regierungsfreundliches Blättchen, das täglich erscheint und in Englisch gedruckt wird. Auf der Titelseite steht in roten Buchstaben die Schlagzeile »Iran for a world free from violence«. Damit ist nicht das eigene Land gemeint. Thema hier ist die Bekämpfung von Daesh und wie viel der Iran zum Frieden in der Welt beiträgt, indem er gegen die Terrormiliz zu Felde zieht. (Ein Jahr später wird der Iran selbst von einem Bombenanschlag des IS erschüttert. Vor Terror kann sich niemand schützen. Sogar die Abschaffung der Freiheit vermag dies nicht zu verhindern.)

Eine Seite weiter dann ein Bild von Angela Merkel, wie sie in der Türkei über den »umstrittenen Flüchtlingsdeal« diskutiert. In dem Bericht erzählt die *Tehran Times* außerdem, dass die Kanzlerin daheim heftige Kritik einstecken müsse, da sie die Strafverfolgung gegen einen gewissen Satiriker mit dem Namen Jan Böhmermann nicht verhindert habe. Warum er angezeigt worden ist, weiß ich nicht. Ich überblättere zwei Artikel zum Atomabkommen und entdecke eine kleine Meldung am Rand. Wütende Trump-Anhänger bedrohen einige Republikaner mit dem Tod, falls sie in der US-Wahl nicht für Trump stimmen sollten. Auf der letzten Seite zeigt das Foto des Tages immerhin glückliche Menschen, die vor einem Hotel stehen. Auf der Insel Qeshm wurde gestern eine Fünfsternehütte eröffnet, und ich trinke darauf noch ein Glas Eistee, bevor ich mich schlafen lege.

Dreizehn Uhr. Der Muezzin singt, und ich warte. Auf Kourosh. Wie ein Tiger streife ich durch die Wohnung, setze mich in einen Sessel, trommle mit den Fingerspitzen auf die Lehne. Stehe auf, blicke auf mein Handy, kämme mir zum vierten Mal die Haare, ziehe die Lippen nach. Ich fühle mich, als wäre ich wieder sechzehn Jahre alt und mein Schwarm würde mich gleich zum Abschlussball der Tanzschule abholen. Zudem trage ich immer noch diese Schlabberhemden, da ich aus Platzgründen nicht viel mehr eingepackt hatte. Unterwegs schmiss ich sogar zwei davon in die Tonne, weil ich sie so scheußlich fand.

Es klingelt, und mir schießt das Blut in die Wangen. Ich hole Atem, brauche drei, vielleicht fünf Sekunden, bis ich öffne; und dann sehe ich sie – diese tiefbraunen Augen, um die sich Lachfalten kräuseln.

»Hello, German girl«, sagt er noch, aber da habe ich ihn schon in meine Arme geschlossen. Das war nicht geplant, und das merkt auch Kourosh, doch er erwidert die Umarmung, bis ich mich löse und ihn mit rotem Kopf hereinbitte.

»Schön, dich zu sehen«, sagt er, und »ich hab an dich gedacht« und »viele Grüße von meiner Familie«.

Aus Verlegenheit übergehe ich seine zweite Äußerung, greife lediglich den letzten Halbsatz auf und frage nach Mommy und Tanaz und ob Tufan immer noch den Verband tragen muss.

Kourosh erzählt, ich nicke, doch der Inhalt seiner Worte dringt nicht in mein Gehirn. Ich lausche nur seiner Stimme im Raum, die doch selbst Raum ist. Eine Stimme, die Wärme spendet und so tief gründelt wie ein stiller Bergsee.

»Und du?«, sagt er plötzlich.

»Was?«, frage ich.

Er schmunzelt. »Na, was hast du die letzten Wochen alles erlebt?«

»Ach, einiges. In Tabriz habe ich eine wunderschöne Moschee besucht und ein Felsendorf. Schade, dass ich morgen schon wieder heimfliege.«

»Ja«, meint Kourosh, »das finde ich auch sehr schade.«

Wir schauen uns etwas zu lang an.

»Hey«, sage ich, »wusstest du, dass die Flagge meines Bundeslandes so ähnlich aussieht wie die Flagge des Iran?«

Noch während ich diese Feststellung ausspreche, überlege ich, wie flachsinnig sich das wohl anhören mag.

»Ähm. Nein. Trotzdem danke für den Hinweis.« Er grinst, und ich lächle hölzern. »Bevor du also in dein iranisches Bundesland zurückkehrst«, feixt er, »machen wir heute Abend aber noch eine kleine iranische Abschiedsparty für dich. Doch was unternehmen wir bis dahin?«

»Ich bin gleich mit einem Bekannten auf dem Basar verabredet. Komm doch mit!«, schlage ich vor. Kourosh lächelt und nickt.

## Jafari-Safari

Bazar-e Bozorg wird der Teheraner Basar genannt – »Großer Basar« –, und damit ist alles gesagt. Er gilt als der größte der Welt. »Hier kannst du die Milch eines Huhns kaufen«, heißt es. Was man nicht findet, existiert auch nicht.

Herr Jafari wartet am Eingang. Menschen eilen vorbei, und wir umarmen uns. »Gnä' Frau, wie wunderbar, Sie zu sehen!« Er lacht, begrüßt auch Kourosh herzlich und tauscht mit ihm persische Höflichkeitsfloskeln aus. »Ich muss hier einen Freund besuchen. Der Vater ist gestorben«, sagt er, während er in seiner kleinen Handtasche nach Visitenkarten kramt.

Durch den Basar ziehen sich unzählige Korridore, Teestuben, Gästehäuser sowie über fünfzig Moscheen und Gebetsstätten. Insgesamt erstreckt sich der Markt über eine Fläche von zehn Quadratkilometern. Ein Labyrinth. Eine Stadt in der Stadt, kühl und schattig. Rund 50 000 Menschen laufen hier täglich durch die Gassen, Hunderte Lastenträger und Karrenschieber schlängeln sich an Schaufenstern, Läden und Ständen vorbei. Und niemand weiß, wie viele Händler hier tatsächlich ihre Waren feilbieten.

»Ich kenne mich aus. Folgen Sie mir!«, sagt Herr Jafari und rennt voraus. Alle drei Meter fragt er einen Basari oder Passanten nach dem Weg. »Meine liebe Dame, ich habe den Durchblick«, meint er noch und erkundigt sich bei einem Jungen, der Melonen stapelt. »Wir müssen hier lang! In Basaren weiß ich immer die Richtung«, ruft er, und wir fliegen hinterher.

»Guter Trick«, flüstert mir Kourosh zu und lacht, »einfach jeden fragen und dann behaupten, er kenne den Weg.«

Nach einer Viertelstunde und sechs weiteren Auskünften stehen wir vor dem Eingang eines Lederwarengeschäfts. »Sehen Sie, ich wusste, wohin«, grinst Herr Jafari und streicht sich die Augenbrauen glatt.

Ein Paternosteraufzug, so geräumig wie ein Schuhkarton, ächzt nach oben. Herr Jafari tritt ein und fährt in den ersten Stock. Aus dem Boden steigt die nächste Kabine auf. Kourosh und ich zwängen uns hinein und berühren uns nur fast. Denn Kourosh scheint um jeden Zentimeter mehr Raum zu kämpfen und presst seinen Körper an die Kabinenwand. Wir schauen uns nicht an. Zehn verkrampfte Sekunden später hören wir Herrn Jafari plappern und stehen mitten im Büro des Lederwarenhändlers. Wie Marlon Brando in *Der Pate* sitzt der Basari hinter einem Schreibtisch, ganz in Schwarz gekleidet. Über ihm an der Wand hängt ein gerahmtes Foto seines Vaters. Der Alte lächelt milde. Wir sprechen Marlon Brando unser Beileid aus, und ein Mädchen serviert uns Tee. »Sein Vater ist vorgestern gestorben«, erklärt Herr Jafari.

Im Islam wird der Verstorbene unmittelbar nach dem Eintreten des Todes gewaschen und in weiße Leinentücher gehüllt. Innerhalb von 24 Stunden muss er beerdigt werden, und zwar so, dass sein Gesicht nach Mekka schauen kann. Die Trauerzeit beträgt vierzig Tage, so lange tragen die Angehörigen dunkle Kleidung.

Herr Jafari und Marlon Brando unterhalten sich auf Persisch, Kourosh sitzt neben mir auf einem Holzstuhl und wickelt ein Bonbon aus dem Papier. Der Blick aus dem Fenster bleibt irgendwo im Gewölbe des alten Handelshofs hängen. Unten knattern Motorräder, rasseln Rollgitter, und Menschen streifen durch die Gassen. Nach zwanzig Minuten verlassen wir das Büro, und Marlon Brando lächelt zum Abschied so milde wie sein Vater auf dem Foto.

Ich möchte eine Zuckerdose kaufen, und Herr Jafari fragt sich durch. »Folgen Sie mir, ich weiß, wohin«, sagt er und erkundigt sich viermal nach dem Weg. Kourosh und ich grinsen uns an. In einem Laden für Kunsthandwerk verkauft mir ein Greis, der antiker wirkt als seine Ware, eine silberne Zuckerdose, verziert mit türkisen Steinen.

Danach laufen wir noch zu den Goldschmieden, zu den Pistazienhändlern und zu den Schuhverkäufern. Ich shoppe Nougat, und Herr Jafari hat sogleich die nächste Idee. »Jetzt gehen wir ins Juwelenmuseum!«, freut er sich und flitzt zum Ausgang. Auf dem Weg zur Metro spendiert er uns eine Runde Baklava, und Kourosh blickt so erschöpft, als wäre er den Jakobsweg gewandert.

Über lange Rolltreppen führt uns der Metroschacht unter die Erde. Kacheln, Neonlicht – wie in Berlin oder Paris. Nur haben Frauen hier ihre eigenen Abteile. »Women only« steht auf den Scheiben, aber Herr Jafari zieht mich am Ärmel zu den anderen Waggons. »Keine Sorge, meine Liebe«, sagt er, »das interessiert hier niemanden, und es ist völlig egal.«

Und so sitze ich in einem Abteil, umringt von Männern, die Kurznachrichten tippen. Ein Bursche vertickt Feuerzeuge, und ich erinnere mich an ein Handyvideo einer jungen Frau, die vor zwei Jahren in der Metro getanzt hatte. Ohne Kopftuch. Das Video wurde auf der Facebook-Seite *My Stealthy Freedom* gepostet. Meine geheime Freiheit. Eine Seite (und mittlerweile schon eine ganze Bewegung), auf der sich Iranerinnen entschleiern oder tanzen, um gegen die Unterdrückung der Frau zu protestieren. Ich weiß nicht, ob ich den Mut aufbringen würde, aber ich bewundere diese Kämpferinnen.

Herr Jafari hat Kourosh und zwei weitere Männer in ein Gespräch verwickelt und kramt in seiner Handtasche. Eine ältere Dame nimmt neben mir Platz, und damit bin ich nicht mehr die einzige Frau im Abteil. Sie spricht mich auf Englisch an und erzählt, dass sie in Amerika lebt und ihren Bruder in Teheran besucht. »Können Sie sich vorstellen«, sagt sie und lächelt, »es ist über dreißig Jahre her, dass ich das letzte Mal im Iran war. Aber jetzt traue ich mich wieder.«

Wir fahren nur zwei oder drei Stationen, dann steigen Herr Jafari, Kourosh und ich aus dem Bauch der Hauptstadt hinauf ins Tageslicht. Das Juwelenmuseum liegt in einem Nebengebäude der Zentralbank. Hier sind die bedeutsamsten Klunker der Welt ausgestellt, und die Schlange vor der Kasse ist die längste, die ich bisher im Iran gesehen habe. Mensch an Mensch. Sie alle wollen hinein in »Ali Babas Höhle«, wollen das Geschmeide der persischen Könige bestaunen. Der Wert des Schmucks kann nicht geschätzt werden.

Der Ausstellungsraum ist in Schummerlicht getaucht, nur die Anstecknadeln aus Diamanten, die Tabakdosen aus Smaragden, die Wasserpfeifen aus Gold und Dutzende Preziosen sind in den Vitrinen angeleuchtet, um die sich die Besucher aufstellen. Wir betrachten die Krone des letzten Schahs, die mit ihren 3380 Diamanten und 368 Perlen über zwei Kilo wiegt. Dann die Krone von Farah Diba, die sie bei ihrer Krönung trug. 1545 Edelsteine funkeln uns entgegen. Am anderen Ende des Raums glitzert ein Globus aus 34 Kilogramm Gold. Juweliere fertigten ihn im 19. Jahrhundert an und verzierten ihn außerdem mit 51366 Edelsteinen – doch mit der Kartografie nahmen es die Herren nicht so genau. Die Länder lassen sich nur schwerlich erahnen, aber dafür sind die Meere aus Smaragden.

»Ach, nur ein klitzekleines Steinchen würde mir ja schon reichen«, lacht Herr Jafari.

Ein Glasschrank lockt alle Besucher an wie der Kuchen die Wespen. Ich muss mich durchkämpfen, um einen Streifblick zu erhaschen. In der Vitrine strahlt der Darya-i-Noor-Diamant, der »Ozean des Lichts«, der mit seinen 182 Karat der größte roséfarbene Diamant der Welt sein soll. Er gehörte einst den indischen Mogulen, bis Nadir Schah Indien im 18. Jahrhundert besetzte und das Prachtstück nach Persien brachte. »Schenkst du mir den?«, frage ich Kourosh, und er verspricht mir, noch heute Nacht in das Museum einzubrechen.

Das Highlight der Ausstellung ist jedoch der legendäre Pfauenthron. »Thron« klingt allerdings zu bescheiden für diese goldene Estrade auf geschwungenen Beinen, zu der eine dreistufige Treppe hinaufführt. Ein Kadscharen-Herrscher im 19. Jahrhundert gab den Thron einst in Auftrag. Seine Lieblingsfrau hieß Tafus, und das bedeutet »Pfau«.

Nach einer Stunde verlassen wir das Museum und nehmen Abschied von Herrn Jafari. Er muss den Bus nach Esfahan erwischen. Wir umarmen uns und winken. Dieser Mann ist ein Goldstück. Jemand müsste ihn in eine Vitrine stellen und anleuchten.

Es dämmert. Kourosh und ich steigen in ein Taxi und fahren zurück zum Appartement. Omid, Yasemin, Bijan, Yara, Kian und eine Freundin von Yasemin haben sich angekündigt. *It's party time!*

## Get the party started

Da es im Iran keine offiziellen Discos oder Bars gibt, feiern die Menschen ihre Partys im Wohnzimmer. Stühle und Teppiche werden beiseitegeschoben, die Vorhänge zugezogen, und die Musik laut aufgedreht. Der Tisch biegt sich unter süßen Küchlein, Pizzen, Salat, ein paar Schüsseln Joghurt, Nüssen, Chee.Toz (Ähnlichkeiten mit den amerikanischen Cheetos-Käsecrackern sind rein zufällig), Auberginenmousse, Fladenbrot, und Vater holt den Rosinenschnaps aus dem Einbauschrank.

Nicht nur Nouruz, Geburtstage oder das Sonnenwendfest *Yalda* werden zelebriert. Für ausgelassene Feten braucht es keinen Anlass. Perser feiern die Feste, wie sie fallen oder nicht fallen. Hauptsache, sie feiern. Frauen tragen Eyeliner und Miniröcke, die Männer klemmen die Smartphones an die Stereoanlage. Persische und westliche Popmusik dröhnt aus den Boxen, und Finger schnipsen. Omas und Opas, Jungs und Mädels – alles tanzt.

Während sich deutsche Eltern abmühen, ihre Sprösslinge mit Sätzen wie »Ab ins Bett!« zum Einschlafen zu zwingen, schwofen iranische Kinder einfach so lange, bis sie vor Müdigkeit umkippen. Matratzen gibt es sowieso genug.

Wer also jemals zu einer persischen Hausparty eingeladen ist und nicht tanzen mag (was sich per se ausschließt), verlässt den Raum, denn andernfalls zerren steppende Iraner ihn auf den wohnzimmerlichen Dancefloor. Weigert man sich immer noch, so kann man gewiss sein, dass die gesamte Gesellschaft in Sprechchören den Namen des Spielverderbers ruft und dabei im Takt klatschen wird. Ein Graus für deutsche Tanzmuffel, doch besser, man fügt sich dem Schicksal und lernt von den Persern. Männer tanzen mit Frauen, Frauen tanzen mit Männern. Berührungen zwischen Unverheirateten. Eine Lehrstunde in Lebenslust.

Ich trinke Wodka und schaue zu, wie Omid, Kourosh, Yasemin und ihre beste Freundin Shirin die Arme auf Schulterhöhe von sich strecken und mit ihrem Oberkörper vor und zurück federn. Yara und Kian sitzen auf der Couch, kichern und machen Selfies. Bijan spielt DJ und hält die Tanzmeute auf Trab. Yasemin und Shirin tragen schicke Partyfummel, und ich ein weites Hemd. Wir brauchen keine Vorhänge, denn hoch oben im zwölften Stock sind wir sicher vor neugierigen Blicken.

»Komm zu uns!«, ruft Kourosh, doch ich zögere, weiß, dass ich zwischen den sich wiegenden Körpern so rhythmisch wie ein Klappstuhl wirke. Aber da zieht mich Kourosh schon auf den Dancefloor und wirbelt mich herum. Einmal stolpere ich, doch ich kann es als Showelement verkaufen. Und bekomme Applaus. »Warum trägst du eigentlich ständig diese hässlichen Hejabs? Du kleidest dich ja wie eine fromme Muslima!«, merkt er an, und ich kann ihm nicht widersprechen.

»Los, Nadine, nicht reden, tanzen!«, ruft Yasemin und schnipst. *Beshkan*, das ist das persische Wort für Fingerschnipsen. Man legt beide Hände aneinander und macht akrobatische Sachen mit seinen Zeigefingern.

»Schau, so geht das!«, mischt sich Kourosh ein und schnipst zusammen mit Yasemin zur Musik. Und auch Shirin legt jetzt ihre Hände aneinander und schnipst. Das Schnipsen ist so laut, als klapperten die drei mit Kastagnetten. Ich schaffe es selbst nach zehn Versuchen nicht ansatzweise, ein Geräusch zu erzeugen. Allerdings kann ich nicht mal pfeifen. Insofern bin ich kein Maßstab. Kourosh lacht und dreht mich um die eigene Achse.

Unter dem Vorwand eines leeren Glases strauchle ich nach viereinhalb Liedern in die Küche und verwehre eine Zugabe. Für deutsche Verhältnisse war ich haltlos ausgelassen. Mein Päuschen nutzt Kourosh, um sich Shirin für einen Engtanz zu schnappen, oder Shirin schnappt sich Kourosh – doch das werde ich nach vier Wodka und zwei Gläsern Eistee niemals mehr rekonstruieren können. Shirin ist sexy und bewegt sich wie eine Katze. Und ich trinke noch einen Wodka und versuche, dabei lässig auszusehen. Aber das bin ich nicht.

Wenig später verlagert sich die Party auf das Dach des Hochhauses. Die Luft ist lau, und Teheran liegt uns zu Füßen. Bis zum Elburs-Gebirge ist alles in orangegelbes Licht versenkt, und die Spitze des Milad Tower leuchtet wie ein UFO am Himmel. Die anderen schwofen zu persischer Musik, und ich stehe am Gitter, blicke in die Nacht.

»German girl«, Kourosh kommt auf mich zu und kneift mich in die Seite, »komm und tanz mit mir.«

»Tanz doch mit Shirin«, antworte ich und klinge dabei schnippischer, als ich wollte.

Kourosh grinst. »Du bist eifersüchtig.«

»Nein, bin ich nicht.«

»Klar, du bist eifersüchtig! Che khub!« Er zwickt mich erneut, ich muss schmunzeln, und er drückt mir sein Glas in die Hand. »Hier, trink. Wir nennen das *Aragh Sagi*, Hundeschweiß. Und wir feiern jetzt, dass unser German girl endlich auftaut!«

Er lacht, und ich leere den Rosinenschnaps in einem Zug. Dann tanzen wir zusammen. Auf dem Dach. Mit Hundeschweiß auf unseren Lippen.

»Ich will euch etwas vorspielen!«, ruft Omid irgendwann. Er tippt auf sein Handy, dreht die Lautsprecher auf. Und wir hören ein Klavier. *Comptine d'un autre été* heißt das Lied, und es ist aus dem Film *Die fabelhafte Welt der Amélie*. »Wisst ihr, wer das spielt?«, fragt er in die Runde und lächelt stolz.

»Ach Papa«, antwortet Yara, »das ist peinlich.« Sie versteckt das Gesicht in ihren Händen.

»Du spielst so schön, Yara-*joon*!«, meint auch Yasemin, und Kian schaut Yara noch ein Stück verliebter an.

Ich schließe die Augen und höre zu. Es gibt kein Musikinstrument, das mich mehr berührt als das Klavier. Die Tasten sind schwarz und weiß. Und doch klingen sie wie Millionen Farben im Ohr. Wir horchen dem Piano, und am Himmel schimmern rote Wolkenstreifen.

Aufbruchstimmung. »Ich komme dich heute Nachmittag besuchen. Lass uns picknicken.« Kourosh umarmt mich, ich schließe die Tür, und dann wird es still.

Wie am Ende eines guten Theaterstücks ist die Bühne verwüstet. Auf den Tischen stehen halb volle Gläser, ein paar Käsecracker liegen zertreten auf dem Marmorboden, ein Teller ging zu Bruch, und das Klopapier ist alle. Durch die Fenster scheint die Sonne, und ich lege mich schlafen.

## Abschied

Es riecht nach Rosen und frisch gemähter Wiese, die kurzen Grashalme biegen sich im Wind. Wir sitzen auf einer Decke im Schatten. Kourosh greift in den Korb und reicht mir eine Cola, lächelt mich an, und ich lächle zurück.

»Heute Nacht fliege ich heim«, sage ich, »das ist irgendwie traurig.« Kourosh nickt. Und obwohl die Vögel zwitschern, hängt über uns eine Schwermütigkeit. Jene bittersüße Melancholie, die sich nur im Moment des Abschieds zeigt. Und der man nichts entgegensetzen kann.

»Den Duft von Orangenblüten. In Shiraz. Den werde ich vermissen«, sage ich.

Kourosh denkt nach. »Ich schicke dir ein paar Blüten per Post«, verspricht er, und auf seinem Gesicht tanzen Lichtreflexe.

»Würdest du mir zum letzten Mal ein Hafis-Gedicht aufsagen? Auf Persisch?«, frage ich.

Er zögert kurz, überlegt, doch dann rezitiert er ein paar Zeilen.

Ich verstehe die Bedeutung seiner Worte nicht, aber ich weiß um ihren Inhalt.

»Das war ein Liebesgedicht«, flüstere ich, und Kourosh antwortet nicht. Er schaut mich an, seine Finger streichen über meine Wange. Und für einen Atemzug vergesse ich, dass wir auf einer Decke im Park sitzen. Dass unsere Zuneigung hier und im ganzen Land unerwünscht ist und dass uns jeder dabei zuschauen kann, wie wir ein Verbot brechen. Hätte ich all die Ängste und all die Zweifel nur eine Sekunde länger vergessen – nur eine Sekunde –, dann hätten sich unsere Lippen berührt. Doch ich erinnere mich. Und drehe den Kopf zur Seite.

Im Taxi bereue ich meine Feigheit und suche Kouroshs Nähe, pikse mit meinem Daumen in seine Rippen, weil mir nichts Besseres einfällt. Und er nimmt meine Hand in seine, hält sie fest und lässt sie nicht los. Unbemerkt von der Welt, als wären da nur wir und niemand sonst.

Omid bestellt Pizza. Yasemin, Bijan, Yara, Kourosh und ich sitzen an dem großen runden Esstisch und plaudern.

»Und?«, fragt Omid. »Wirst du uns noch mal besuchen kommen?«

»Ja, bestimmt!«, lächle ich und spüre Kouroshs Blick auf meinem Gesicht.

Um Mitternacht ruft Yasemin ein Taxi. In zehn Stunden werde ich wieder in Düsseldorf sein, werde meine Wohnungstür aufschließen, werde die Rose auf meinem Balkon gießen und werde über all die Empfindungen in mir nachdenken müssen.

Der Taxifahrer verstaut das Gepäck im Kofferraum. Abschied. Wie vor vier Wochen stehen sie aufgereiht vor mir. Damals nur Omid, Yara und Bijan. Nun auch Yasemin und Kourosh. Und mich überfällt eine Trübnis. Es ist noch zu früh, um zu gehen. Dennoch. Ich umarme Yasemin, die so liebenswürdig daherkam, ich umarme Yara, die wahrscheinlich die entzückendste Teenagerin in ganz Teheran ist, ich umarme Omid, der mich mit seiner Großherzigkeit beschenkte, und ich umarme Bijan, der von alldem nur wenige Worte verstanden hat. Zum Schluss umarme ich Kourosh, und das Loslassen fällt schwer. Wir winken so lange, bis die Konturen verwischen und sich die Dunkelheit dazwischenschiebt.

Der Taxifahrer hat die Musik leiser gedreht und lächelt in den Rückspiegel. Ich schaue aus dem Fenster, Lichterketten blinken, und von den Fassaden glotzen die bärtigen Ayatollahs auf mich herab.

»Und? Was denken Sie über mein Land?«

»Iran khube«, der Iran ist gut, antworte ich.

Der alte Mann schmunzelt zufrieden. Und ich kann nichts weiter sagen. Ich kann nur versuchen, die Gefühle zu ordnen, sie in kleine, mit Samt ausgeschlagene Schmuckkästchen zu packen. Persische Miniaturen, die ich hineinlegen möchte. Erinnerungen. Wunden und Wunder. Lachende Münder, die mir Süßigkeiten und Tee anbieten. Ein Mosaik, durch das sich Sprünge ziehen. Widersprüche. Alles, was die Netzhaut belichtete, bereicherte. Und vielleicht habe ich sie ja gefunden, die Schönheit. Sie ist wohl in den Menschen. Nicht in allen. Ein Wort wie »alle« kann es nicht geben. Aber in vielen. Und die vielen Menschen sind es, die mein Herz schwellen lassen. Ihre Fürsorge für eine Fremde beschämt mich. Tröstet mich. Nicht die Ruinen in Persepolis oder Susa berühren, auch nicht die Schreine mit ihren goldenen Kuppeln. Nichts Pompöses. Nur die Menschen. Welch Überraschung.

Und dann passiert es – ich heule. Leise. Weil mein Herz überläuft. Das klingt kitschig, aber so ist es.

Ich kurbele das Fenster ein Stück herunter, wir verlassen Teheran, fahren vorbei an grauen Betonklötzen. Hinter den versperrten Türen lebt die Freiheit, da wohnen Seelen, die sich nicht von mir unterscheiden. Die genauso lieben, hassen und weinen wie ich. Wie wir.

Hätte ich für diese Erkenntnis so weit reisen müssen? Hätte ich das nicht schon längst wissen können? Ja und ja. Zwischen Wissen und Fühlen liegt ein Unterschied. Und der ist 5000 Kilometer breit.

Der Fahrtwind trocknet meine Tränen, und ich verspreche mir, in das Land zurückzukehren. So vieles habe ich nicht gesehen, so vieles habe ich nicht begriffen, und niemals werde ich mir anmaßen, das iranische Gemüt auch nur annähernd verstanden zu haben. Meine Eindrücke sind ein kleiner Zipfel eines gigantischen Kaleidoskops, das sich wiederum in unzählige weitere Kaleidoskope aufsplittert. Manches mag stimmen, manches nicht. Ich bleibe bloß ein westliches Mädchen, das sich umgeschaut hat.

Der Flug ist ruhig, und ich dämmere bis zur Landung. Es ist früh am Morgen, deutscher Nieselregen fällt vom Himmel. Um mich herum wuseln Geschäftsmänner, Frauen mit wehenden Haaren, bimmelnde Straßenbahnen und Fahrradfahrerinnen. Ohne Schleier fühle ich mich nackt, der Wind pfeift, und ich wickle den Schal um meinen Kopf.

An einem sonnigen Morgen im Mai streife ich durch mein Viertel, draußen vor den Cafés sitzen Verliebte, wärmen sich am Kaffeebecher und an der Schulter des anderen. Ich muss an Yara und Kian denken und an unsere Sorglosigkeit hier in Deutschland. Unsere Freiheit. Die wir nicht bemerken, solange wir sie haben. Wie unbekümmert wir sind. Wie glücklich wir sein sollten.

# NACHWORT

Ich bereiste die Islamische Republik Iran von März bis April 2016. In jenem Monat wurden laut Amnesty International und Iran Human Rights 53 Menschen hingerichtet. Im gesamten Jahr waren es 567 Exekutionen. Dreiunddreißig Hinrichtungen fanden in der Öffentlichkeit statt. Auch sieben Jugendliche wurden gehängt. Mindestens eine Frau verurteilte das Gericht zum Tode durch Steinigung. Die Hinrichtungen gingen zwar im Vergleich zum Vorjahr um 42 Prozent zurück, doch der Iran liegt damit trotzdem auf Platz zwei hinter China und noch vor Saudi-Arabien und dem Irak.

Am Tag meiner Abreise ließ die Regierung in Golpayegan, in der Provinz Esfahan, eine Frau öffentlich geißeln, weil sie eine außereheliche Beziehung geführt hatte. Nur ihre Initialen S. T. gab der Staat bekannt. Sie erhielt hundert Peitschenhiebe.

Von alldem habe ich nichts mitbekommen. Das letzte Kapitel schreibe ich eineinhalb Jahre später. Ich habe mein Versprechen gehalten und bin tatsächlich zurückgekehrt, in dieses Land, das mich so sehr beschäftigt hat wie keines je zuvor. Doch das ist eine andere Geschichte.

Auf meiner Reise 2016 wurde mir zum ersten Mal bewusst, welch großes Geschenk meine Freiheit ist. Zum ersten Mal fühlte ich die Macht eines repressiven Staates und die eigene Ohnmacht. »Staat heißt das kälteste aller kalten Ungeheuer«, schrieb Nietzsche in *Also sprach Zarathustra*. Das mag stimmen. Und dennoch sind da die Menschen mit den warmen Herzen.

Kourosh und ich verliebten uns. Er besuchte mich in Deutschland, ich ihn im Iran, und wir reisten durch Europa. Fünftausend

Kilometer Fernliebe sind mühsam. Wir strauchelten. Trotz alledem bleiben wir uns innig verbunden und telefonieren mehrmals die Woche. Vor Kurzem schickte er mir einen Briefumschlag, darin lagen getrocknete Orangenblüten, die er für mich eingesammelt hatte. Und jedes Mal, wenn er zu Besuch in Deutschland war, schenkte ich ihm einen REWE-Einkaufskorb, den ich für ihn »eingesammelt« hatte. Die perfekten Picknickkörbe seien das, meinte er und freute sich. Zuerst nahm er nur einen mit, doch in Shiraz wollten immer mehr Leute auch so einen Korb. Mittlerweile dürfte die halbe Stadt mit roten REWE-Einkaufskörben ausgestattet sein, obwohl es den Supermarkt im Iran gar nicht gibt.

Die liebe Familie in Teheran ist ebenfalls wohlauf, Fatemeh aus Kashan ist noch immer blond, Herr Jafari hat ein neues Handy, Taxifahrer Sadegh schickt Nachrichten mit *Hello, Natrium*. Leila und Navid haben geheiratet, Maziar sucht weiterhin nach einem Blockheizkraftwerk, Kouroshs Neffe Tufan mag Helene Fischer, und Mommy feierte ihren 93. Geburtstag.

Diese Perser. Herrlich. Nun ja, über Helene Fischer müssen wir noch mal reden.

Die Arbeit an dem Buch war herausfordernd ob der Brisanz des Themas. Iran. Uff. Kann ich der Materie gerecht werden? Bin ich differenziert genug? Mir wird das nicht immer gelungen sein, und letztlich bleibe ich Europäerin mit meiner eigenen gesellschaftlichen Prägung. Am Ende ist die Beschreibung der iranischen Lebenswelt bloß ein subjektiver Versuch, ein Schnappschuss.

Für die Niederschrift galt es, nicht nur Erinnerungen zu ordnen, sondern die umfassenden Recherchen zu Religion und Politik auszuwerten. Nicht selten existieren diametral entgegengesetzte Meinungen zu ein und demselben Thema. Und oft stimmen beide.

Manche Regeln, die ich beschrieb, sind wieder aufgehoben worden, andere kamen hinzu. Über die Auslegungen des Koran und die unterschiedlichen Auffassungen der Rechtsgelehrten ganz zu schweigen.

Es gibt kein Schwarz oder Weiß. Nirgendwo ist mir das so deutlich vor Augen geführt worden wie in der Islamischen Republik Iran. Ich vermute, dass eine tiefe Diskrepanz zwischen Bevölkerung und Regierung besteht, aber die Grenzen sind fließend und verschieben sich, der Situation entsprechend. Dennoch bin ich überzeugt, dass die Mehrheit der Iraner nicht länger unter einem doktrinären Zwang leben möchte. Dass sie frei sein wollen. Wie ihre Freiheit aussehen soll, müssen die nächsten Generationen definieren.

Letztendlich kann nur eine friedliche, unblutige Bewegung von innen das restriktive System aufbrechen, und das mag Jahrzehnte dauern. Die Iraner müssen das wollen, nicht der Westen. Demokratie, wie wir sie kennen, ist nicht überall ein Exportschlager. Wir sollten unsere Finger aus den Ländern anderer Leute heraushalten.

Der Klerus und die Despotie sind gewiss nicht reformierbar. Darauf braucht niemand hoffen. Das System an sich ist veränderungsresistent. Und kleingeistige Theologen wandeln sich nicht zu weltlichen Humanisten. Nirgendwo auf dem Globus. Wer sich auf Gott beruft, kann nicht irren, und noch gibt es ausreichend Geld, Soldaten und Sicherheitsapparate im Iran, um die Allmacht Allahs durchzusetzen.

Dass der Mensch Gottes Allmacht überhaupt durchsetzen muss, führt die ganze Chose zwar ad absurdum, aber diese Bemerkung soll nur am Rande stehen. Sicher ist, dass die Verbindung von Staat und Religion stets verheerend war. Mullahkratien und jedwede religiöse Diktatur gehören auf den Misthaufen der Geschichte. Ob Kirche, Muslimbrüder oder Taliban – solche Systeme können in modernen Gesellschaften nicht mehr funktionieren, und das wäre eine Chance für Veränderung.

Vielleicht. Eines Tages.

Fakt ist: Die Alten werden sterben, und die Jugend wird folgen. Eine Jugend, die immer weniger an die Ideale der Islamischen Revolution glaubt.

Seit 2018 nehmen überall im Land Frauen ihr Kopftuch ab, stellen sich an Hauptverkehrsstraßen und schwenken es wie eine Friedensfahne. Den Anfang machte eine Frau aus Teheran. Vida Movahed. Ihr Mut ging um die Welt.

*Sie können wohl alle Blumen abschneiden,*
*aber sie können den Frühling nicht verhindern.*

Pablo Neruda

# KLEINE ZEITTAFEL

**Ab 4200 v. Chr.** Terrassenbau in Susa

**Ab 3000 v. Chr.** Gründung des Reichs Elam

**Ab 1200 v. Chr.** Arische Stämme aus Zentralasien wandern verstärkt ein. Sie geben dem Gebiet den Namen Iran. Land der Arier. Allerdings ist der genaue Zeitraum, wann die Bezeichnung entstand, umstritten. Der Name kann also auch schon älter sein.

**559 v. Chr.** Kyros II. wird Herrscher.

**540 bis 539 v. Chr.** Kyros II. erobert Babylon, Belutschistan und Baktrien. Persien steigt zur Weltmacht auf.

**532 v. Chr.** Der Zarathustra-Kult wird vorherrschende Religion. Wann Zarathustra geboren wurde, ist unklar.

**480/479 v. Chr.** Die Perser zerstören Athen mitsamt der Akropolis.

**449 v. Chr.** Ende der Perserkriege

**333 bis 323 v. Chr.** Alexander der Große erobert das persische Großreich und zerstört – gewollt oder ungewollt – Persepolis. Ende der achämenidischen Herrschaft.

**226 n. Chr. bis 642 n. Chr.** Die Sassaniden errichten das Neupersische Reich. 642 siegen die muslimischen Araber bei Nehawand und erobern weite Teile Persiens. 651 stirbt der letzte sassanidische Großkönig Yazdegerd III.

**632** Tod des Propheten Mohammed in Medina

**642 bis 945** Arabische Kalifate beherrschen Persien. Unter Alis Regierung (656 bis 661) beginnt die Spaltung der Muslime.

**680** Alis Sohn Hussein wird ermordet. Der Tod des Prophetenenkels und dritten Imams wird die Muslime endgültig spalten. Es bilden sich zwei Gruppierungen: Sunniten und Schiiten.

**749 bis 1258** Kalifat der sunnitischen Abbasiden mit Zentrum in Bagdad

**Um 800** Das Werk *1001 Nacht* wird zusammengetragen. Die Erzählungen sind aber wahrscheinlich älter.

**Ab 1040** Die Seldschuken erobern Persien und Bagdad.

**1220** Die Mongolen unter Dschingis Khan erstürmen Persien.

**Um 1315** Der Dichter Hafis wird in Shiraz geboren.

**Ab 1370** Die Timuriden beherrschen Persien. Hauptstadt wird Samarkand.

**Ab 1451** Die Osmanen werden Großmacht.

**1501** Die Safawiden erklären die Schia zur Staatsreligion.

**1587 bis 1629** Abbas I., der Große, wird Schah. Unter seiner Herrschaft erreicht das Safawidenreich seine Blütezeit.

**1722** Sturz der Safawiden durch die Afghanen

**Ab 1730** Nadir Schah vertreibt die Afghanen.

**1739** Indienfeldzug

**1747** Die Afghanen gründen ein Königreich. Der Name Afghanistan wird erst im 19. Jahrhundert eingeführt.

**1796 bis 1925** Herrschaft der Kadscharen

**1796** Teheran wird Hauptstadt Persiens.

**1902** Ruhollah Musavi Khomeini wird in Khomein geboren.

**1925 bis 1979** Unter der Dynastie Pahlavi beginnt die erzwungene Säkularisierung und Modernisierung. Das Kopftuch wird zeitweise verboten.

**1935** Schah Reza Pahlavi lässt die Bezeichnung Persien durch Iran ersetzen.

**1951 bis 1953** Mohammad Mossadegh ist Premierminister. Er verstaatlicht die Ölindustrie. Großbritannien ist *not amused.*

**1953** Schah Mohammad Reza Pahlavi, der Sohn von Reza Pahlavi, flieht aus dem Iran. Nach einem von der CIA und dem britischen Geheimdienst lancierten Militärputsch wird Mossadegh gestürzt. Der Schah kehrt zurück.

**1963** Der Schah führt das Frauenwahlrecht ein.

**1964** Khomeini wird ins Exil verbannt, da er den Schah öffentlich kritisiert. Der Ayatollah ruft die Geistlichkeit und die Bevölkerung zum Widerstand auf.

**1978** Das Militär schießt auf Demonstranten, die gegen den Schah protestieren. Der Tag geht als »Schwarzer Freitag« in die Geschichte ein.

**1979** Die Islamische Revolution beginnt. Der Schah flieht nach Ägypten, später in die USA. Khomeini kehrt zurück. Die Islamische Republik wird am 1. April ausgerufen. Im November stürmen militante Studenten die US-Botschaft in Teheran und nehmen amerikanische Diplomaten in Geiselhaft, um die Auslieferung des Schahs zu erzwingen.

**1980** Schah Mohammad Reza Pahlavi stirbt in Kairo an Krebs. Der Iran-Irak-Krieg bricht aus, als Saddam Hussein seine Truppen im Iran einmarschieren lässt.

**1981** Die amerikanischen Geiseln werden freigelassen. Ali Khamenei wird Präsident.

**1988** Ende des Iran-Irak-Kriegs

**1989** Khomeini spricht das Todesurteil gegen Salman Rushdie aus. Am 3. Juni stirbt der Imam an Darmkrebs. Ali Khamenei wird Oberster Führer, Akbar Haschemi Rafsandschani wird Präsident.

**1991** Beginn des Zweiten Golfkriegs

**1994** Die Taliban rücken in Afghanistan vor.

**1997** Mohammad Khatami wird Präsident. Er sucht den Dialog mit dem Westen. Das gefällt den Konservativen nicht.

**2001** Am 11. September verübt Al-Qaida den Anschlag auf das World Trade Center in New York. Der Krieg in Afghanistan beginnt. Der Iran steht auf der Seite der Westmächte, wendet sich aber gegen einen lang andauernden Krieg.

**2002** US-Präsident George W. Bush spricht von der »Achse des Bösen«. Im Iran gibt es Protestaktionen gegen diese Äußerung.

**2004** Der islamische Wächterrat verbietet die Teilnahme von 4000 reformierten Kandidaten an der Wahl. Damit verlieren die Reformer unter Khatami ihre Bedeutung.

**2005** Mahmud Ahmadinedschad wird Präsident. Der Iran isoliert sich.

**2009** Ahmadinedschad wird erneut gewählt. Es kommt zu Massenprotesten, genannt die »Grüne Bewegung«. Laut Amnesty International werden unzählige Demonstranten inhaftiert, gefoltert und getötet.

**2013** Hassan Rohani wird Präsident.

**2015** Einigung über das iranische Atomprogramm

**2017** Rohani wird wiedergewählt.

# GLOSSAR

**Achämeniden** Ihr Reich war das erste persische Großreich des Altertums. Es bestand vom 6. bis ins 4. Jahrhundert v. Chr.

**Aragh Sagi** selbst gebrannter Schnaps, wird im Iran »Hundeschweiß« genannt.

**Arier** Der Ausdruck ist eine Selbstbezeichnung von Sprechern indoiranischer Sprachen.

**Ayatollah** ist der höchste Titel im zwölfer-schiitischen Islam und bedeutet »Zeichen Gottes«. Ein Ayatollah hat jahrzehntelange theologische Studien und eine Gefolgschaft hinter sich. Die Sunniten kennen diesen Ehrentitel nicht.

**Azan** islamischer Gebetsruf

**Azizam** heißt übersetzt »mein Schatz«. Wird inflationär häufig gebraucht.

**Badgir** bedeutet »Windfänger«. Es handelt sich dabei um einen Turm, der durch seine Lüftungskanäle die Außenluft in die Wohnräume schleust.

**Baha'i** Religionsgemeinschaft, die im 19. Jahrhundert von Religionsstifter Baha'ullah im Iran gegründet wurde. Das Baha'itum lehrt einen abrahamitischen Monotheismus, in dessen Mittelpunkt der Glaube an einen transzendenten Gott steht. Die anderen Religionen werden anerkannt, aber die Baha'i sehen in Mohammed nicht den letzten Propheten. Das macht ihr Leben im Iran gefährlich. Etwa acht Millionen Menschen weltweit bekennen sich zum Baha'itum.

**Basidsch** paramilitärische Miliz, die sich aus Freiwilligen rekrutiert.

**Beshkan** Fingerschnipsen

**Boregheh** Maske, die von Frauen am Persischen Golf getragen wird.

**Chadori** eine Frau, die einen Tschador trägt.

**Daesh** Bezeichnung für den sogenannten Islamischen Staat. Daesh ist die Abkürzung der arabischen Entsprechung von »Der Islamische Staat im Irak und der Levante«. Daesh klingt aber auch wie das arabische Wort *dais*, was so viel wie »Zwietracht säen« oder »zertreten« bedeutet. Die Franzosen verwenden den Begriff, weil das ähnlich klingende französische Wort *dèche* »Misere« bedeutet.

**Elam** Das Reich Elam bestand von 3000 bis 640 v. Chr. und lag mit der Hauptstadt Susa östlich des Tigris.

**Fatwa** islamisches Rechtsgutachten, ausgestellt von einer muslimischen Autorität

**Ghalyun** Wasserpfeife, wird zumeist mit Tabak und Fruchtaroma geraucht.

**Hadith** Überlieferungen der Aussprüche und Handlungen des Propheten Mohammed

**Haft Sin** Brauch an Nouruz. Sieben Gegenstände werden für das Fest benötigt, die allesamt mit dem persischen s beginnen.

**Haji** Titel für einen männlichen Mekka-Pilger

**Hamas** sunnitische Palästinenser-Organisation. Sie wurde 1987 als Zweig der Muslimbruderschaft gegründet und betrachtet Israel als besetztes Gebiet.

**Hejab** bedeutet »Hülle«, »Schleier« oder »Schirm«. Gemeint ist ein Kopftuch oder Kleidungsstück, das den Körper bedeckt. Seit der Revolution ist der Hejab im Iran per Gesetz vorgeschrieben.

**Hisbollah** schiitische Partei und Miliz im Libanon. Bedeutet übersetzt »Partei Gottes«. Als oberste geistliche Autorität wird der Revolutionsführer der Islamischen Republik Iran angesehen.

**Huthi** Bürgerkriegspartei im Jemen. Ihre Anhänger gehören den Zaiditen an, einer schiitischen Gruppierung mit eigener Rechtsschule.

**Imam** Vorbeter einer Glaubensgemeinschaft. »Imam« kann ebenfalls als Ehrentitel verwendet werden. In der Schia bezeichnet der Titel zudem die zwölf Imame.

**Islamischer Wächterrat** Teil der iranischen Regierung, besteht aus zwölf Mitgliedern. Theologen und Juristen. Der Wächterrat überprüft alle Beschlüsse des Parlaments auf ihre Übereinstimmung mit den Werten des Islam und der Verfassung der Islamischen Republik Iran. Er überwacht unter anderem auch die Eignung der Präsidentschaftskandidaten.

**Jende** Prostituierte

**Joon** Kosename, ähnlich wie »Liebling«; wird an den Namen angehängt

**Kadscharen** Herrscherdynastie, von 1796 bis 1925 an der Macht

**Khastegari** erster Schritt zur Hochzeit. Der Bräutigam besucht mit seiner Familie das Haus der Braut.

**Madrese** islamische Schule oder Lehrstätte

**Manteau** Mantel, der die weiblichen Kurven verhüllt.

**Mesopotamien** auch Zweistromland genannt; bezeichnet die Kulturlandschaft in Vorderasien, zwischen den Flüssen Euphrat und Tigris.

**Muezzin** Ausrufer, der die Muslime an das Gebet erinnert. Der Muezzin ist kein Geistlicher, sondern gehört zum Personal der Moschee.

**Mullah** Ehrentitel eines islamischen Rechts- und Religionsgelehrten. Nur ein Sayyid, ein Nachfahre des Propheten Mohammed, trägt einen schwarzen Turban. Andere Geistliche tragen einen weißen Turban.

**Nouruz** bedeutet »Neuer Tag« und ist ein Neujahrsfest, das seit Jahrtausenden in verschiedenen Ländern zum Frühlingsanfang gefeiert wird.

**Pasdaran** Kurzform von Sepah-e Pasdaran-e Enghelab-e Eslami, also »Armee der Wächter der Islamischen Revolution«. Die Pasdaran oder Revolutionsgardisten sind eine Elitegarde, aufgestellt von Khomeini im Jahr 1979.

**Peschmerga** Armee der Autonomen Region Kurdistan

**Safawiden** Herrscherdynastie, die von 1501 bis 1722 regierte und den schiitischen Islam als Staatsreligion etablierte.

**Sassaniden** Das Sassanidenreich bestand von 226 bis 642/651 und war das zweite persische Großreich des Altertums.

**Schah** persisches Wort für »Herrscher«

**Scharia** bedeutet »Weg« oder »Pfad« und umfasst Anweisungen zu allen Lebensbereichen, wie Erbrecht, Ehe- und Familienrecht, Straf- und Prozessrecht. Sie regelt auch das soziale Zusammenleben der Muslime. Koran, Sunna und die Hadithe sind die Grundlagen der Scharia.

**Schia** bedeutet übersetzt »Partei Alis« und ist nach der Sunna die zweitgrößte Konfession des Islam.

**Sheesheh** Chrystal Meth

**Sighe** religiöse Zeitehe ohne rechtlichen Wert. Kann zwischen dreißig Minuten und 99 Jahren abgeschlossen werden. Sunniten lehnen sie ab.

**Sunna** bedeutet übersetzt »Brauch«. Der Begriff war schon in vorislamischer Zeit bekannt. Seit der Islamisierung umfasst er die überlieferten Gewohnheiten des Propheten. Sunniten bezeichnen sich als »Leute der Sunna«.

**Taqiya** ist ein bei den Schiiten zulässiges Prinzip, um den eigenen Glauben zu verheimlichen, sofern Leib und Leben bedroht sind.

**Ta'arof** bezeichnet eine gesellschaftliche Etikette, wie das Anbieten und Ablehnen von Gegenständen, Geld, Einladungen und Lebensmitteln.

**Tschador** ein großes, meist schwarzes Tuch, das nur das Gesicht frei lässt. Der Tschador wird über dem Kopftuch und der Kleidung getragen und bedeutet übersetzt »Zelt«.

**Yalda** iranisches Fest zur Wintersonnenwende; stammt ursprünglich aus dem Zoroastrismus.

**Zoroastrier** Der Zoroastrismus bzw. Zarathustrismus ist eine Religion, die womöglich in Baktrien entstand und sich vom 7. bis 4. Jahrhundert v. Chr. in Persien und Zentralasien ausgebreitet hat. Ihr Stifter war der Gelehrte Zarathustra.

# ANMERKUNGEN

Ich habe bewusst auf das »Gender-I« verzichtet, weil dieser entgrenzte Gleichstellungswahn allen LeutInnen Lebenszeit raubt. Wenn ich »Iraner« schrieb, waren natürlich auch immer die »Iranerinnen« mit inbegriffen. Genau wie »Deutscher« gleichermaßen »Deutsche« bedeutet.

Das Buch beruht auf wahren Begebenheiten. Zum Schutz der Persönlichkeitsrechte und um die Menschen im Iran nicht zu gefährden, wurden Namen und Details verändert.

Diese Frauen sind Heldinnen. Und sie brauchen unsere Solidarität!
Facebook: My Stealthy Freedom
Twitter: #WhiteWednesday

Wenn ich Formulierungen schrieb wie »Viele Iraner denken, dass …« oder »Die meisten Iraner wünschen sich, dass …«, so fußen diese Äußerungen auf meinen Recherchen und auf Erhebungen, die Organisationen und Journalisten durchgeführt haben. Offizielle Meinungsumfragen sind schwierig im Iran, und deshalb bleiben Vermutungen und Trends stets diskutabel.

Grundsätzlich bin ich allen Journalisten und Autoren zu Dank verpflichtet, durch deren Artikel ich mich geblättert und gescrollt habe. Danke also an *Iran Journal*, *Frankfurter Allgemeine Zeitung*, *ZEIT*, *Süddeutsche Zeitung*, *taz*, *SPIEGEL* etc. Ich kann gar nicht alle aufzählen. Viele kluge Gedanken haben mich inspiriert und meinen diffusen Empfindungen eine Richtung gegeben, damit ich sie einordnen und in Worte fassen konnte.

Die Übersetzung vom Persischen ins Deutsche habe ich undogmatisch gehalten und von Wort zu Wort entschieden. In vielen Fällen benutzte ich die farsi-englische Schreibweise wie »Shiraz« statt »Schiras« oder »Hejab« und nicht »Hidschab«. Manche Namen und Begriffe allerdings, wie »Ahmadinedschad« oder »Tschador«, beließ ich so, da wir sie aus den deutschen Medien selten anders gewohnt sind.

**Kapitel »Nicht ohne Khamenei«:** Vgl. Hamed Abdel-Samad: *Der islamische Faschismus. Eine Analyse* (2014), S. 154/155.

**Kapitel »Da lebt das Böse«:** Den Ausspruch »Ganz so weiberfeindlich ist der Islam also nicht« tätigte in ähnlicher Form Peter Scholl-Latour in seinem Buch *Allah ist mit den Standhaften. Begegnungen mit der islamischen Revolution* (1989, S. 149).

Helena Henneken gebraucht in ihrem Buch *They would rock. 59 Tage Iran* das Wort »Bettlakengespenst« (2014, S. 161).

Bei der Beschreibung der »körperlosen« Chadoris im Innenhof habe ich mich von Carolin Emcke inspirieren lassen, die in ihrem Buch *Wie wir begehren* (2013) ähnliche Erfahrungen formuliert. Auch die Frage »Bist du verheiratet?« im **Kapitel »I love Khamenei«** hat Emcke auf ihren Reisen immer wieder beantworten müssen, sodass mich ihre Zeilen darüber bestätigt und angeregt haben.

**Kapitel »Welcome to Qom«:** Die Bezeichnung »religiös unmusikalisch« benutzten der Sozialwissenschaftler Max Weber und der Philosoph Jürgen Habermas.

**Kapitel »Lügen«:** Für weitere Informationen lohnt das Buch *Stadt der Lügen. Liebe, Sex und Tod in Teheran* (2016) von Ramita Navai. Das Kapitel ist an Navais Buch angelehnt.

**Kapitel »Iranischer Wein, komm, schenk dir ein«:** Die Assoziation, dass Hafis' Gedichte nach schwerem Jasmin duften, stammt aus dem Artikel »Im Garten der Sprache« in: *SPIEGEL GESCHICHTE*, Nr. 2, 2010.

**Kapitel »Stadt der Perser«:** Der Gag über fliegende Teppiche und Perserkatzen ist ursprünglich aus dem Programm *Axis of Evil* des amerikanisch-iranischen Comedian Maz Jobrani.

**Kapitel »Sternhagelschön«:** Das Wort »sternhagelschön« ist aus dem Lied *Kein Morgen* der Berliner Band Dota.

Das Hafis-Gedicht stammt aus: Hafis, *Liebesgedichte* (2015, S. 7).

Zum Thema Rohani vgl. das Dossier »Erfolge und Misserfolge des iranischen Präsidenten Hassan Rouhani in seiner ersten Amtsperiode«, *Iran Journal*, 2017.

**Kapitel »Liebe im Gottesstaat«:** Hier greife ich zurück auf Ramita Navais Recherchen und ihre Übersetzung der Passage von Ayatollah Gilani. Ebenfalls nachzulesen im Buch *Stadt der Lügen. Liebe, Sex und Tod in Teheran*. Auch die Äußerung »Es ist also besser zu vögeln, als gevögelt zu werden« ist aus ihrem Buch entlehnt.

**Kapitel »Khomeini weint«:** Zu Khomeinis Gedichten vgl. Peter Scholl-Latour: *Der Fluch der bösen Tat. Das Scheitern des Westens im Orient* (2015, S. 320f.). Der Vergleich »als wäre Moses ein zweites Mal mit den Zehn Geboten vom Berg herabgestiegen« entstammt in ähnlicher Form – allerdings in einem anderen Zusammenhang – dem Buch *Über das Schreiben* von Sol Stein (2015). Der Vergleich passt unverschämt gut auf Khomeini, deshalb habe ich ihn übernommen.

**Kapitel »Blaues Wunder«:** Mit dem Wort »Witwengesichter« beschrieb Roger Willemsen in seinem Buch *Afghanische Reise* (2007) die Kinder in Afghanistan.

**Kapitel »Shades of Grey«:** Der Begriff »Neo-Totalitarismus« in Bezug auf die Islamische Republik Iran geht auf Dr. Behrouz Khosrozadeh zurück, der am Göttinger Institut für Demokratieforschung tätig ist.

Die ersten Zeilen des Kapitels und einige Ideen sind folgendem Artikel entlehnt: »Republik, Diktatur oder Gottesstaat? Wahlen und Widersprüche im Iran« von Ali Sadrzadeh, veröffentlicht im *Iran Journal*, März 2017.

**Nachwort:** Den Satz »Haltet eure Finger aus den Ländern anderer Leute heraus« sagte der Historiker und Journalist Anthony McIntyre in einem Interview mit der *ZEIT* im März 2017.

Da Politik und gesellschaftliche Entwicklungen nicht absehbar sind, bleibt dieses Buch eine subjektive Momentaufnahme. Es erhebt nicht den Anspruch auf Vollständigkeit.

# LITERATUR


Abdel-Samad, Hamed: *Der Koran*, München 2016

Abdel-Samad, Hamed: *Der islamische Faschismus. Eine Analyse*, München 2014

Al-Buhari: *Die Sammlung der Hadithe*, Stuttgart 2010

Arendt, Hannah: *Die Freiheit, frei zu sein*, München 2018

Asad, Muhammad: *Die Botschaft des Koran – Übersetzung und Kommentar*, Ostfildern 2015

Buchta, Wilfried: *Terror vor Europas Toren. Der Islamische Staat, Iraks Zerfall und Amerikas Ohnmacht*, Frankfurt am Main 2015

Giordano-Bruno-Stiftung: *Aufklärung im 21. Jahrhundert*, Oberwesel 2014

Gronke, Monika: *Geschichte Irans. Von der Islamisierung bis zur Gegenwart*, München 2014

Hafis: *Liebesgedichte*, Frankfurt am Main, Sonderausgabe 2015

Han, Byung-Chul: *Die Errettung des Schönen*, Frankfurt am Main 2015

Henneken, Helena: *They would rock. 59 Tage Iran*, Hamburg 2014

Kermani, Navid: *Ausnahmezustand. Reisen in eine beunruhigte Welt*, München 2015

Kermani, Navid: *Schöner neuer Orient. Berichte von Städten und Kriegen*, München 2003

Khorchide, Mouhanad: *Gott glaubt an den Menschen: Mit dem Islam zu einem neuen Humanismus*, Freiburg im Breisgau 2015

Navai, Ramita: *Stadt der Lügen. Liebe, Sex und Tod in Teheran*, Zürich/Berlin 2016

Orth, Stephan: *Couchsurfing im Iran. Meine Reise hinter verschlossene Türen*, München 2015

Ourghi, Abdel-Hakim: *Reform des Islam: 40 Thesen*, München 2017

Schafi-Neya, Bita: *Mögen deine Augen leuchten. Meine Reise durch den Iran*, Wien 2016

Schmidt-Salomon, Michael: *Die Grenzen der Toleranz. Warum wir die offene Gesellschaft verteidigen müssen*, München/Berlin 2016

Scholl-Latour, Peter: *Der Fluch der bösen Tat. Das Scheitern des Westens im Orient*, Berlin 2015

Scholl-Latour, Peter: *Allah ist mit den Standhaften. Begegnungen mit der islamischen Revolution*, Stuttgart 1989

Wiedemann, Charlotte: *Der neue Iran: Eine Gesellschaft tritt aus dem Schatten*, München 2017

# DANKWORT

An erster Stelle danke ich allen Frauen und Männern, denen ich auf meiner Reise begegnen durfte und die mir ein Stück ihres Landes geschenkt haben. Mutig, neugierig, abweisend, fürsorglich, verunsichert – und stets menschlich. Ihnen gelten mein Herz, meine Erinnerung und mein aufrichtiger Dank.

Meine Dankbarkeit gebührt außerdem allen Lesern dieses Buchs. Danke, danke, danke! Ohne Sie, ohne Dich wäre nichts.

Ich danke außerordentlich lautstark Lektorin Margret Kirsch, Joscha Faralisch, Bettina Feldweg und sämtlichen Mitarbeitern des Verlags für das Vertrauen und die liebevolle Betreuung. Und dass sie sich auf eine Debütantin eingelassen haben. Ebenso vielen Dank an Fabian Bergmann für seinen scharfen Blick.

Danken möchte ich meiner Mama, die von mir gezwungen wurde, jede Silbe zu lesen. Ich danke meinen lieben Freunden Björn und Michael. Sie gaben mir Rat und Hoffnung, wenn ich an dem gesamten Buchprojekt verzweifelte.

Ein dickes Dankeschön an die ehemalige Klassenkameradin und ihren Liebsten für die Hilfe. Von Herzen. Einen großen Dank an Marco, der mich rettete, als mein Computer den Geist aufgab. Danke an Werner, dem ich ein paar »iranische Souvenirs« mitbrachte. Ein Dankeschön an den netten Herrn aus Yazd, der mir den Louis-Vuitton-Schal verkaufte. In Düsseldorf erntete ich dafür viel Lob.

Ich danke sehr Anne, Bernd, Lotta und ihrem »Buch-Café Peter & Paula« in Ratingen für ihren liebenswürdigen Beistand. Ein Dankeschön geht auch an Reinhard und Charlotte. An Gabriele

Hannen. An Pamela Broszat und Dieter Sieckmeyer. Danke an Wodad und Mehdi. An Abu. An Sahar. Vielen Dank an Daniel Kaselmann für die Versorgung mit guter Literatur. Ein gezuckertes Dankeschön an Michael Mohr für seine Unterstützung. Danke an Ali, der mir während des Schreibens iranische Musik zuspielte. Das hat inspiriert.

Ein schallendes Dankeschön an Johannes Klaus von *The Travel Episodes* und den *Reisedepeschen*. Außerdem an Katharina Wulffius und *SPIEGEL-ONLINE*-Reise-Ressortleiterin Antje Blinda.

Ich danke der gesamten Jury des *The-Travel-Episodes*-Schreibwettbewerbs. 2016 wurde vieles anders. Ich fühle mich sehr beschenkt.

Fast zum Schluss möchte ich noch einem Freund danken, den ich achte und innigst wertschätze – für so manches, auch für seine unverblümten Worte.

Und am Ende bleibt der Dank an meinen verstorbenen Großvater Jojo, der mich allzeit in die Welt hinausgeschubst hat und dessen Gesicht mir immer eine Heimat bleiben wird. *Sepasgozaram!*